宋庄当代艺术年鉴（2007）

THE CONTEMPRARY ART ANNALS OF SONGZHUANG CHINA

图书在版编目（CIP）数据

宋庄当代艺术年鉴.2007/洪峰主编.—北京：华艺出版社，2009.9
ISBN 978-7-80252-080-6

Ⅰ.宋…　Ⅱ.洪…　Ⅲ.艺术—通州区—2007—年鉴　Ⅳ.J12-54

中国版本图书馆CIP数据核字（2009）第159337号

宋 庄 当 代 艺 术 年 鉴
THE CONTEMPRARY ART ANNALS OF SONGZHUANG CHINA

主　　编：洪　峰
责任编辑：吴黎浪
出版发行：华艺出版社
社　　址：北京海淀区北四环中路229号海泰大厦10层
电　　话：010-82885151
邮　　编：100083
电子信箱：huayip@vip.sina.com
网　　站：www.huayicbs.com
印　　刷：北京经典盛世印刷有限公司
开　　本：787 × 1092　1/16
字　　数：335千字
印　　张：23.25
版　　次：2009年9月北京第一版
印　　次：2009年9月北京第一次印刷
书　　号：ISBN 978-7-80252-080-6
定　　价：598.00元（共3本/套）

年鉴编委会

宋庄艺术促进会出品

学术支持：北京大学中国现代艺术档案

编　　委：洪　峰
朱青生
杨　卫
吴黎浪
滕宇宁
陈晓峰
马陌上
王盼盼
黄维扬

主　　编：洪　峰

责任编辑：吴黎浪

书籍装帧：邢　毅
鞠　秀

目 录

宋庄 | One

2007年关于宋庄的重点文摘 | Two

2007宋庄艺术节 | Three

2007年展览 | Four

翟墨航海 | Five

宋庄房讼 | Six

艺术机构 | Seven

2007年宋庄报道 | Eight

宋庄 | One

艺术宋庄　魅力宋庄　活力宋庄

在北京有一块温榆河、潮白河、运河减河环绕的秀美平原，这就是宋庄。它位于通州区北部，在百里长街的东线上。其镇域面积116平方公里，辖47个行政村，交通便利，是北京文化创意产业和临空经济发展的重要区域。经过15年的培育和发展，宋庄艺术家由最初的架上画家，增加到现在的雕塑家、观念艺术家、新媒体艺术家、摄影家、独立制片人、音乐人、诗人、自由作家等等。丰富的文化底蕴，淳朴的民风，造就了中国乃至世界规模最大的当代艺术大本营——宋庄艺术家群落。

1993-1994年期间，艺术大师黄永玉，著名画家方力钧、岳敏君、刘炜和批评家栗宪庭等作为首批拓荒者，相继来到宋庄。当地政府和人民接纳着来自五湖四海的文化艺术同仁。据最新统计，到宋庄生活创作的艺术家已由2004年底的300多人聚增到现在的2500人，形成以小堡村为核心、分布在大兴庄、辛店村、喇嘛庄、任庄、白庙村，北寺村、疃里村、富豪村、宋庄村的艺术家群落。当代绘画艺术、公共艺术、综合材料艺术、艳俗艺术及新媒体艺术等主要现代艺术流派都集中在这里。众多艺术家的作品在国际上最有权威的艺术展中展出、获奖。许多优秀作品被几十家世界著名的博物馆、美术馆收藏。

在宋庄，你会看到各具特色和颇具规模的艺术家生活区及艺术家原创景观工作室。艺术部落由最初的1个扩展到现在的22个；画廊从2004年的1家发展到现在的66家；美术馆从无到有，目前已有12家；原创艺术博展中心、东区艺术中心、小堡艺术园区、国防工事艺术区、宋庄A区、左右艺术区也相继落成；三辰卡通、动漫、网游产业园的建设也在进行中。

随着宋庄艺术家群落在国内外声名鹊起，世界上许多当代艺术家、批评家、画廊、收藏家和拍卖行把目光聚焦在宋庄。为了让宋庄走向世界，让世界了解宋庄，宋庄镇党委、政府制定了“文化造镇”战略，并编制了2004至2020年发展纲要。“文化造镇”的总目标就是：用当代人的智慧和劳动，打造百年后的文化遗产。通过挖掘集聚文化艺术资源，弘扬先进文化，营造开放、包容、诚信、亲和的人文环境，以深厚的文化底蕴和良好的发展环境、生存环境来树立宋庄独特的形象，培

宋庄艺术家园区

育独具魅力和影响力的区域品牌，扩大影响力和辐射力，吸引资金与人才，用十年左右的时间把宋庄镇建设成为经济繁荣、文化兴旺、社会和谐的“中国文化艺术名镇”和“世界艺术中心”。

继2005首届中国•宋庄文化艺术节成功举办之后，每年十月拉开帷幕的该艺术节更为宋庄带上了耀眼的光环。艺术节从2007年起被纳入中国北京国际文化创意产业博览会。经北京市文化创意产业领导小组批准，宋庄被认定为“宋庄原创艺术与卡通产业集聚区”，成为北京市首批文化创意产业集聚区。在“2007北京和谐城乡游”大型评选活动中，被评为“北京十大旅游示范名镇”。2008年4月，“中国•宋庄文化创意产业集聚区”城市概念设计获得联合国人居署迪拜国际最佳范例推动设计奖。过去宋庄是一个创作地，现在正从艺术生态向产业生态转变，坚持两个生态并重，保持宋庄的包容性。

为了给艺术家们营造更好的生活、创作空间，扩大对外交

宋庄美术馆

流途径，将文化艺术资源与市场化、社会化运作平台很好的结合在一起，宋庄组织成立了宋庄文化创意发展公司、艺术促进会、文化产业发展服务中心、集聚区管委会和宋庄当代文化专项基金，努力把宋庄建设成为世界级的艺术创作基地、艺术品交易基地及国家级文化创意产业示范基地。

我们有理由相信宋庄正在成为艺术人文与创意个性完美演绎的经典，这个最具时代气息的文化创意产业集聚区正在焕发出蓬勃的生机。宋庄艺术家群落是属于中华民族的，更是属于世界的。宋庄正以鲜明的艺术特色向世人展示着独特的魅力！

联系电话：

行政：8610.69591792

艺术：8610.69598282

产业：8610.69596262

ARTISTIC, ATTRACTIVE AND ACTIVE SONGZHUANG

There is a piece of beautiful land surrounded by Wenyu River, Chaobiao River and branch canal in Beijing—this is Songzhuang. It locates in the north of Tongzhou district and is on the east part of Changan Stree, which is 24 kilometers from Tiananmen Square. The total area of Songzhuang is 116 square kilometers with 47 administrative villages. Its convenient communication makes Songzhuang become an important developing area of cultural creation industry and airport-oriented economy. After cultivation and development of 15 years, you may see easel painting artists, sculptors, conceptual artists, new media artists, photographers, independent producers, musicians and free writers in Songzhuang. Rich cultural atmosphere and rustic custom bring up the biggest contemporary art camp in China or even in the world---Songzhuang Artists Groups.

Famous artists Huang Yongyu, Fang Lijun, Liu Wei, Yun Minjun and critic Li Xianting came to Songzhuang as pioneers from 1993-1994. Government and people of Songzhuang take in artists from all corners of the land. According to latest statistic artists living and working in Songzhuang have increased from 300 persons in 2004 to 2500 ones by 2008. Artists formed an artists group based in Xiaopu Village scattering in Daxingzhuang, Xindiancun, Lamazhuang, Renzhuang, Baimiaocun, Beishicun, Tuanlicun, Fuhaocun and Songzhuang village. Some main modern art schools flourishing from 1990s such as contemporary painting art, public art, integrated material art, gaudy art and new media art all gather here. Some of the artists have personal exhibitions in many countries and win prizes in some most authoritative art festivals. Their art works are collected by hundreds of noted museums and art museums in the world.

You can see various artist living area and artists creating sight studios in Songzhuang. Art groups increase from one to 22; galleries rise from one in 2004 to 66 by 2008; there are twelve art museums. Besides these, Original Art Exhibition Center, Xiaopu Art Garden Area, Songzhuang A Area and Left-Right Art Area are built one after the other. The preliminary construction work of Sanchen Cartoon Industry Garden Area and International Art City are also

宋庄环岛

under planning and preparing.

Many contemporary artists, critics, art galleries, collectors and auction companies have been focusing on Songzhuang as it enjoys good reputation home and abroad. Party committee and government of Songzhuang shapes “creating a cultural town” course and 2004—2020 development plan in order to make Songzhuang known by the world. Its target is making best use of wisdom and innovation of this generation, coming into being classic culture heritages. They promote developed culture by digging and gathering cultural art resource, constructing open, comprehensive, cordial and kind people environment. They also set a unique image of Songzhuang through rich culture tradition and good development environment and living condition, and foster influential regional brand. It will take them ten years to make Songzhuang become a flourishing and harmonious “art and culture town of China” and “international art center’.

After the successful coming off of the first Songzhuang Culture Art Festival in 2005, this annual activity in October pulls a dazzling halo on Songzhuang, which is brought into Beijing International Culture Creation

以前的宋庄小堡村门楼

Industry Expo of China in 2007. Songzhuang was approved as Original Art and Cartoon Industrial Aggregation Area by Beijing Culture Creation Industry Leading Panel. Songzhuang was also chosen as one of Beijing Ten Best Touring Sample Towns through public appraisal in the competition “Beijing Harmonious Urban and Rural Tour 2007”. This conception design won international best designing prize organized by UN in Dubai. Songzhuang was a creating place before and now it changes from artistic ecosystem towards industrial ecosystem, adhering to the same importance of two ecosystems, keeping Songzhuang's comprehensiveness.

In order to create better living and working space for the artists, expand external communications and unite culture art resource with market and socialization platform, Art Promotion Committee of Songzhuang, Culture Industry Development Service Center, Aggregation Industry Area Committee, Songzhuang Culture Creation Development Co.,Ltd and Contemporary Culture Special Funds are set up in Songzhuang. These organizations are trying to build Songzhuang into world level art creation base, art works trade base and national culture creation industry sample base.

宋庄门楼

We have reason to believe that Songzhuang is becoming the classic interpreted by artistic people and creation personality. The culture creation industry aggregation area is flourishing with time spirit. Songzhuang artists groups belong to not only Chinese people, but also all over the world. Songzhuang shows unique fascination to people with its distinct artistic characteristics.

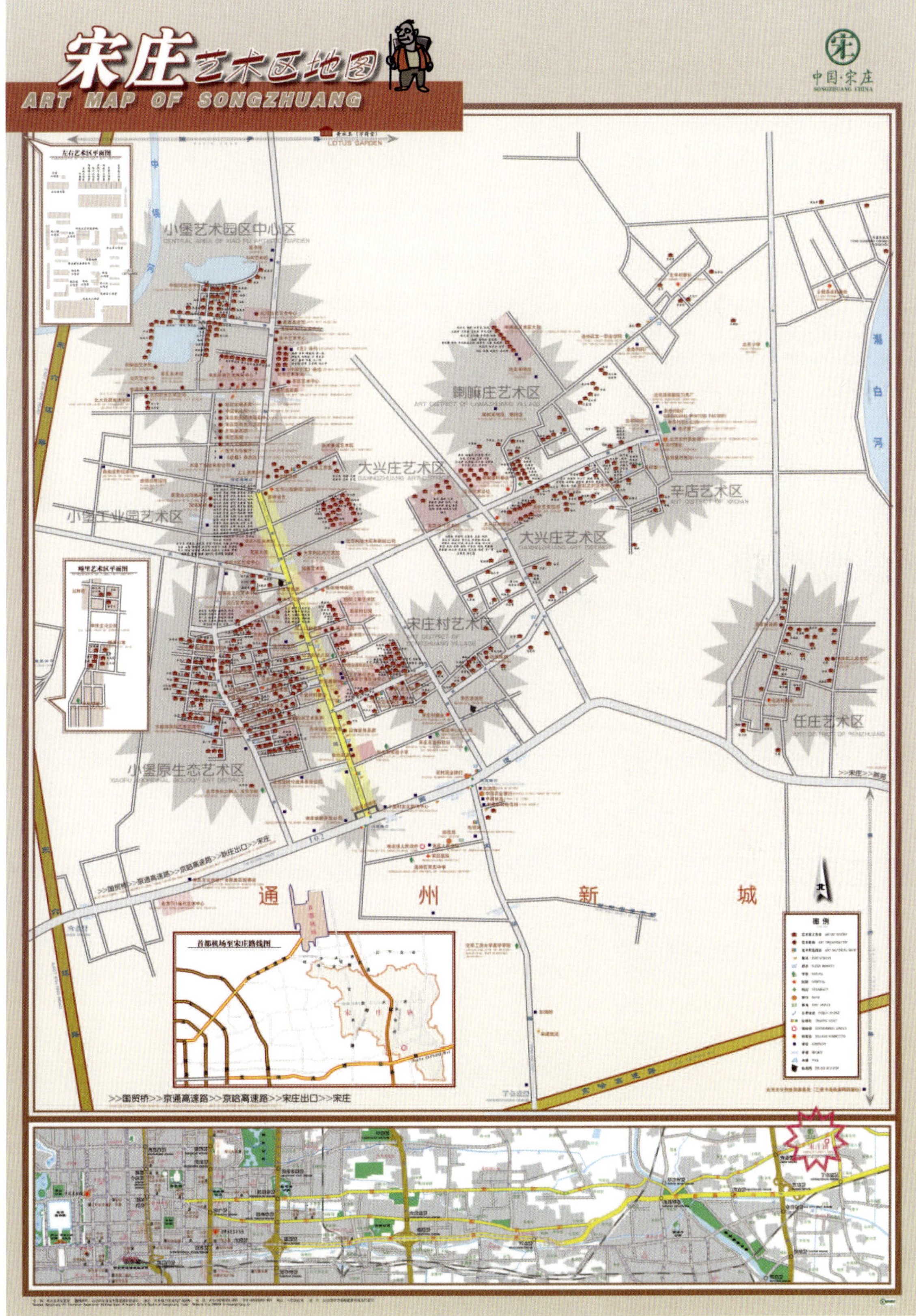

宋庄艺术区地图
ART MAP OF SONGZHUANG
中国·宋庄
SONGZHUANG CHINA
LOTUS GARDEN
小堡艺术园区中心区
CENTRAL AREA OF XIAO PU ARTISTIC GARDEN
喇嘛庄艺术区
ART DISTRICT OF LAMAZHUANG VILLAGE
大兴庄艺术区
辛店艺术区
小堡工业园艺术区
宋庄村艺术区
任庄艺术区
小堡原生态艺术区
通
州
新
城
首都机场至宋庄路线图
图例
>>国贸桥>>京通高速路>>京哈高速路>>宋庄出口>>宋庄
>>宋庄>>新县
102
北

宋庄艺术地图

宋庄艺术家进驻时间表 (1994–2007)

1994年

张惠平 （北京）
方力钧 （河北）
岳敏君 （黑龙江）
栗宪庭 （河北）
刘 炜 （北京）
王 强 （北京）
高惠君 （河北）
姚俊忠 （河北）
廖 雯 （北京） （女）
边 学 （黑龙江）
边 红 （黑龙江）（女）
杨少斌 （河北唐山）
张民强 （江苏）
王秋人 （上海）
陈光武 （广西）
邵逸农 （青海西宁）
幕 辰 （辽宁丹东）（女）
严 宇 （黑龙江）

1995年

刘枫桦 （河北）
高玉林 （河北）
张鉴强 （新疆）
李书英 （北京） （女）
索 探 （河北）
鹿 林 （山东）
陈 牧 （贵州）
马子恒 （江苏）
任 戎 （江苏）
张国龙 （江苏）
段英梅 （黑龙江） （女）

1996年

常宗贤 （河南）
张 湘 （湖南长沙）（女）
李胡勇 （四川）
王能涛 （黑龙江）
郎小杞 （江苏） （女）
饶松青 （湖北）
徐志伟 （北京）
刘国强 （河北沧州）
师若夫 （陕西乾县）
王 群 （湖南长沙）
王 琰 （湖北武汉）
杨 卫 （湖南益阳）
仲兆麟 （辽宁大连）
周 斌 （陕西）
魏 野 （吉林）
方 子 （美国）
四 毛 （贵州）

1997年

黄永玉 （湖南）
鲍智明 （安徽合肥）
刘 丽 （河南） （女）
伊德尔 （呼和浩特）
杨大味 （河南）
杨春白雪 （河南） （女）
晨 艺 （新疆） （女）
魏 林 （新疆）
胡向东 （江苏）
刘 瑾 （江苏）
王 峰 （山西）
王庆松 （湖北）
杨茂源 （大连）
张 东 （福建永泰）
罗氏兄弟 （广西）
廖邦铭 （四川）

1998年

何大桥 （黑龙江）
孟 凯 （河南）
殷小林 （北京）
尹 坤 （四川德阳）
吴 雪 （陕西绥德） （女）
马 野 （陕西绥德）
贺 天 （湖南）
陈秋池 （吉林德惠）
周 策 （黑龙江海林）
王雪林 （江苏徐州）
刘 桐 （贵州贵阳） （女）
片 山 （贵州贵阳）
杜 婕 （女）
刘海舟 （湖北襄樊）
石立峰 （河北石家庄）
李 佳 （河北涿州） （女）
马 越 （吉林）
林 红 （吉林） （女）
成 立 （甘肃兰州）
李勇哲男 （吉林）
刘 伟 （黑龙江牡丹江）
孟祥龙 （河北）
汪为新 （江西永新）
王 音 （山东济南）
张海鹰 （山东寿光）
张慧可 （宁夏银川）（女）
赵彤海 （西安）
张 涛 （黑龙江）
林天苗 （北京） （女）
郭俊杰 （山东） （女）
林天放 （黑龙江）（女）
王功新 （北京）

1999年

黄有维 （湖南临湘）
张 湘 （河南郑州）（女）
李光林 （辽宁辽阳）
刘 勇 （辽宁沈阳）（女）
单 智 （吉林辽源）
于生文 （黑龙江）
王殿森 （辽宁）
任 杰 （北京）
齐中华 （青海）
吴红梅 （山东） （女）
迟世云 （山东）
李 伟 （安徽）
杨文胜 （陕西）
肖国富 （贵州）
岳 蒙 （吉林）
陶 涛 （浙江）
雪 儿 （台湾）
童爱臣 （辽宁）
赵鲁军 （山东）
杜 撼 （江西抚州）
潘雪云 （浙江玉环）（女）
周洋明 （浙江临海）
孙光华 （北京）
赵光臣 （吉林松原）
刘 峥 （河北保定）
朴光燮 （吉林延边）
唐 城 （山西安泽）

魏　猛　（北京）
夏小万　（北京）
于远庭　（河北张家口）
赵禄寓　（山东邹县）
邝老五　（四川阿坝）

2000年

秦　剑　（陕西）
刘作瑞　（广西桂林）（女）
母　军　（河北秦皇岛）
王　飞　（山西大同）
吴德武　（河北）
唐建英　（河北石家庄）
申　云　（河北邯郸）
李大鹏　（河北唐山）
张学海　（北京）
原国镭　（北京）
张骞文　（浙江定海）
张海涛　（湖北宜昌）
董久平　（湖北襄樊）
冯国东　（广东）
李彦修　（河北深津）
梁长胜　（北京）
刘劲松　（北京）
刘纯海　（黑龙江）
刘立业　（山东）
刘　毅　（甘肃兰州）
陆晋生
马　晗　（湖南株洲）
彭　一　（湖南湘潭）
肖芳凯　（江西大余）
张德峰　（北京）
张　戈
张国平　（江苏）
张义旺　（天津）
郑学武　（黑龙江）
万　岭　（河北）
小　飞　（新疆）
扎　扎　（新疆）
日　出　（北京）
付尔康　（德国）
冯　兮　（北京）
白新成　（北京）
刘耀先　（内蒙）
吕　顺　（江苏）
张起田　（湖北）
李　云　（河北）
沉　波　（山西）
肖　翔　（河北）
班学俭　（宁夏）
黄文锋　（广西）
黄京哲　（吉林）

詹帙简　（湖北）
董　炎　（湖北）
薛耀辉　（江苏）

2001年

杨　钊　（北京）
宋广麦　（安徽合肥）
陶思睿　（新疆喀什）（女）
王世君　（北京）
陈剑锋　（四川简阳）
王　钧　（安徽淮南）
薛利铭　（河北承德）
张世君　（四川凉山州）
哈世友　（甘肃）
张建俊　（陕西渭南）
刘旭东　（湖南浏阳）
卫保刚　（湖北黄石）
张路桥　（吉林松原）
杨　洮　（山东临沂）
邢　波　（吉林松原）
何学升　（宁夏吴忠）
朱久洋　（陕西洛川）
戈　溢　（山东）
王时雨　（新疆）
叶丕祥　（湖南）
刑　宛　（海南）
刘　柳　（湖南）
刘金梁　（北京）
吕　上　（河南）
何　必　（湖南）
李　雳　（河北）（女）
李凌村　（山西）（女）
杨　斌　（湖北）
单竹兰　（江苏）（女）
范蕴蕴　（天津）
钟　瑶　（辽宁）（女）
徐　晖　（内蒙古）
殷霄云　（北京）
崔宝珊　（北京）
梁国安　（湖南）
薛　明　（河北）

2002年

周　祁　（黑龙江）
王继光　（甘肃兰州）
王思丁　（安徽阜阳）（女）
魏　超　（山东临沂）
金　宇　（北京）
孙　涛　（四川绵阳）
刘港顺　（湖北黄石）
谭小勋　（湖南涟源）

刘　海　（广西南宁）
鲁一凡　（湖北黄石）
张庭群　（福建福州）
周　燕　（四川西昌）（女）
郭利众　（北京）
龄　子　（吉林长春）（女）
张东红　（吉林长春）
窦金军　（山东陵县）
傅玉玺　（内蒙古通辽）
熊　涛　（中国香港）
李玉兰　（河北邯郸）（女）
江得农　（浙江）
马　上　（河北）
马　鸣　（山东）（女）
王无际　（安徽）
关旨越　（福建）
冯　峰　（沈阳）
毕小波　（河北）
李庆军　（陕西）
李明铸　（天津）
林林兮　（福建）
纹　子　（河北）
陈建国　（河北）
郑东生　（安徽）
音　达　（新疆）
秘金明　（北京）
康耀南　（台湾）
黄志琼　（湖北）
黄金哲　（吉林）
黄耿忠　（福建）
蔡卫东　（甘肃）

2003年

笠　泽　（海南海口）
邢　鹏　（陕西高洛）
于建涛　（山东文登）
赵　磊　（甘肃平凉）
张北云　（甘肃兰州）
李继森　（天津）
杨　媚　（天津）（女）
刘保民　（陕西西安）
邬金梅　（浙江桐乡）
刘思昂　（内蒙古）
武海龙　（河北石家庄）
张　伦　（山西太原）
子　真　（北京）（女）
宋绪军　（山东泰安）
赵映岚　（河北张家口）（女）
高　杨　（内蒙古包头）
姜　进　（江苏如皋）
李鹤峰　（内蒙古包头）
王鹏杰　（内蒙古乌海）

李　凤　（山东青岛）（女）
李　伦　（湖北）
刘润君　（河北唐山）
李云通　（河北大城）
孙　齐　（吉林白山）
王　鹏　（北京）
姜　涛　（北京）
魏葆利　（山东青岛）
文　科　（河北三河）
万　军　（北京）
万里英　（山东）
万里雅　（山东）
王　琪　（山东）
王胜先　（甘肃）
王继先　（甘肃）
王笠刚　（陕西）
天　青　（山西）（女）
皮文涯　（湖北）
包书彰　（贵州）
孙芙蓉　（河北）（女）
宋广利　（吉林）
张　帆　（黑龙江）
张　巍　（陕西）
张林海　（河北）
李　云　（山东）（女）
李秀芳　（广西）（女）
杨小四　（云南）（女）
陈　超　（河南）
龄　子　（吉林）（女）
季大海　（北京）
赵俊涛　（甘肃）（女）
赵映岚　（河北）（女）
骆　驼　（内蒙）
徐晓燕　（河北）（女）
栗胜春　（河北）
戚梦光　（河北）
韩旭成　（河北）
荣　晗　（河北）（女）
廖建华　（湖南）

2004年

朱国强　（辽宁锦州）
钟天兵　（甘肃兰州）
赵俊海　（吉林）
张柏涛　（黑龙江大兴安岭）
袁兴刚　（北京）
于建刚　（山东海博）
俞成浩　（吉林龙井）
伊贤彬　（福建三明）/03
一　牛　（北京）
杨小兵　（甘肃天水）
杨明炀　（北京）
杨　放　（新疆哈密）
徐弘滨　（河南遂平）
韦　仝　（四川重庆）
王　琪　（北京）（女）
王霁昕　（黑龙江大庆）
王　浩　（河北平顶山）
王海霞　（山东临沂）（女）
王　浩　（吉林）
苏梓寒　（安徽滁州）
盛　东　（山东）
任峥锋　（山西）
冉令欣　（辽宁抚顺）
宁方涛　（山东青州）
苗　壮　（吉林长春）
马东民　（黑龙江大庆）
李卫明　（北京）
李　刚　（甘肃兰州）
锦衣鸿　（四川）
姜永杰　（山东青岛）
江树海　（辽宁沈阳）
江会武　（贵州贵阳）
何树海　（黑龙江讷河）
关　健　（辽宁兴城）
龚　顺　（广州中山）
冬　宁　（四川重庆）（女）
陈志平　（甘肃临洮）
陈沿青　（河北邯郸）
陈活活　（广西北海）（女）
白野夫　（河北石家庄）
赵德伟　（山东青岛）/04
杜　丹　（辽宁营口）
大麦子　（陕西）
马嬿冷　（湖北）（女）
王振玲　（山东）（女）
叶观望　（广西）
田小赤　（吉林）
安　毅　（甘肃）
纪晓峰　（山东）（女）
张　婉　（辽宁）（女）
李天涧　（甘肃）
汪得农　（浙江）
迟树艺　（吉林）
陈剑青　（山东）
罗　海　（广西）
侯　庆　（湖北）
赵　丽　（山东）（女）
赵　跃　（四川）
索予彤　（河南）（女）
海　波　（吉林）
郭季军　（甘肃）
高伟刚　（黑龙江）
崔　涛　（山东）
郭金逸　（新疆）
野　雪　（甘肃）
焦可川　（陕西）
谢仁辉　（福建）
潘　洵　（吉林）
魏葆莉　（山东）
黎　丽　（法国）

2005年

朱　赤
张莹禹　（吉林长春）
崔　男　（河北邯郸）

张建龙　（甘肃兰州）
张建军　（山东潍坊）
张慧荣　（山西太原）（女）
曾建阳　（福建泉州）
尹　俊　（四川德阳）
于　若　（河北）
杨九云　（上海）
伍　礼　（湖南湘潭）
陶永升　（黑龙江）
王成城　（贵州贵阳）
王　新　（河北邢台）
王　默　（山西太原）
王俊彪
任战芳　（河北邢台）
让•刘峥　（北京）
曲　伟　（河南郑州）
祁百成　（天津）
梅　子　（四川西昌）（女）
刘新歌　（山西）
林志聪　（台湾嘉义）
李　雄　（陕西）
李　欣　（北京）
贾见罡　（山西原平）
黄金宝　（吉林磐石）
黄继德　（北京）
华继明　（湖北）
胡月朋　（辽宁锦州）
胡建涛　（河南濮阳）
洪　帆　（河北三河）（女）
红　树　（山东潍坊）（女）
贺洪志　（重庆）
郭仁杰　（山东平邑）
郭　波　（四川成都）
宫昌鸿　（黑龙江哈尔滨）
高海艺　（天津）
高　琦　（山东）
丰野秋　（内蒙古）
房　辉　（辽宁沈阳）
邓　彬　（湖南冷水江）

成　宇　　（辽宁沈阳）
陈　鱼　　（河南濮阳）（女）
陈　宏　　（河北）
陈道纯　　（北京）
陈百明　　（黑龙江）
蔡富军　　（广西桂林）
阿　西　　（广西南宁）
赵燕峰　　（北京）
贾　穹　　（北京）
马　修　　（瑞士）
马　杰　　（菲律宾）
尹恩江　　（天津）
王　风　　（山东）
王　兵　　（湖北）
王　洪　　（陕西）
王　觉　　（河北）
王　卿　　（河北）
王　琦
王江丽　　（吉林）　（女）
王宝明　　（河北）
叶植盛　　（广东）
老　木　　（湖北）
任　辉　　（江苏）
刑　明
刘　军　　（黑龙江）
刘　君　　（吉林）
刘　峰
刘　惠　　（四川）（女）
刘伟利
刘富春　　（吉林）
孙　侃　　（吉林）
孙　毅　　（辽宁）
朱拂梅　　（四川）（女）
权学俊　　（吉林）
何　杰
宋小鸿　　（河北）
张　彦　　（山东）（女）
张方白　　（湖南）
张建民　　（河北）
张谧诠　　（吉林）
李　勇　　（陕西）
李玉英　　（山东）
李志宏　　（河北）
李修祥　　（江苏）
李恒彪　　（四川）
李常生
李常宝　　（吉林）
杨久云
邹　操　　（吉林）
阿　兰　　（加拿大）
陈玫霏　　（海南）
麦　子　　（陕西）

若瑟林　　（马来西亚）
南　超　　（吉林）
柳　庄　　（黑龙江）
赵　刚
赵树林　　（河北）
赵燕峰　　（北京）　（女）
郝梦竹　　（加拿大）
徐若涛　　（辽宁）
海　上　　（上海）
袁　辉
高　栋　　（甘肃）
高德华　　（陕西）
梁建平　　（河北）
覃　余　　（广西）

2006年

赵智寰　　（山东）　（女）
包筱瑜　　（浙江乐清）（女）
毕　雨　　（河北石家庄）（女）
蔡志勇　　（广东梅州）
车波田　　（吉林白山）
程　伟　　（吉林吉林）
崔爱民　　（河北邯郸）
崔晓梅　　（河北沧州）（女）
崔秀男　　（吉林延吉）
窦　子　　（山东临沂）
封瑞昌　　（河北怀来）
高　粱　　（山东定陶）
关　葳　　（辽宁大连）（女）
韩　燕　　（四川内江）（女）
何秉华　　（天津）
何宏伟　　（呼和浩特）
虹　灵　　（辽宁葫芦岛）（女）
胡军强　　（云南昆明）
胡书鹏　　（江西瑞金）
花　哥　　（四川雅安）
华　军　　（北京）
黄国良　　（江西黎州）
寇占山　　（辽宁辽阳）
况枢锋　　（山东胶州）
赖小平　　（四川德阳）
李　高　　（陕西西安）
李　林　　（四川重庆）
李　磊　　（辽宁盘锦）（女）
李树桥　　（辽宁辽阳）
李锡钧　　（天津）
李雪瑞　　（河北邯郸）（女）
李一丙　　（河北邯郸）
李玉峰　　（山东济宁）
李岳洋　　（天津）
李志强　　（河北邯郸）
林剑峰　　（浙江温州）

刘　华　　（青海西宁）
刘　征　　（河北保定）
刘贵全　　（河北三河）
刘　休　　（湖南永州）
刘正勇　　（湖南株州）
刘志强　　（山东青州）
柳叶刀　　（山东济南）
卢　曦　　（陕西西安）（女）
罗　利　　（女）
罗　艺　　（四川彭州）
罗华江　　（福建龙岩）
马　鸣　　（广西北海）（女）
马燕翔　　（北京）
孟凡江　　（北京）
米　娅　　（山东烟台）（女）
穆道明　　（吉林吉林）
欧　阳　　（福建南安）
钱　盛　　（浙江金华）
沈俊杰　　（江苏海门）
孙　狄　　（安徽宿州）（女）
孙广义　　（辽宁盖州）
索　秀　　（河北邯郸）（女）
谈一峰　　（江苏南京）
王　赛　　（辽宁沈阳）
王保龙　　（山东临沂）
王楚禹　　（陕西高洛）
王芳芳　　（陕西西安）（女）
王建明　　（山东淄博）
王小腾　　（河北保定）
文　菁　　（湖南长沙）（女）
吴　悠　　（四川眉山）
吴文萍　　（四川自贡）（女）
吴震寰　　（广东湛江）
武嘉慧　　（河北邯郸）（女）
武文成　　（甘肃兰州）
武小会　　（内蒙古）（女）
夏　莹　　（天津）（女）
肖　千　　（黑龙江海林）
谢　雁　　（山西大同）（女）
谢　媛　　（山西大同）（女）
雪　浪　　（山西河津）
阎成林　　（天津）
阎卫东　　（重庆）
杨海平　　（黑龙江牡丹江）
杨玉芳　　（河南鹤壁）（女）
叶力萌　　（浙江温州）
伊　灵　　（上海）
袁克华　　（北京）
张　彪　　（云南）
张　谷　　（贵州贵阳）
张　霞　　（北京）（女）
张　敬　　（浙江桐乡）

张　聪　（吉林吉林）（女）
张国超　（黑龙江大庆）
张纪海　（山东临沂）
张继生　（北京）
张开兴　（天津）
张利平　（河北石家庄）
张清源　（安徽淮北）（女）
张秋荣　（福建三明）（女）
张晓红　（河北任丘）（女）
张英楠　（陕西宝鸡）
张永平　（黑龙江海林）（女）
张照会　（河南平顶）（女）
赵　默　（黑龙江安达）（女）
赵　浥　（湖北襄樊）（女）
赵巧云　（山西阳泉）（女）
赵学敏　（河南洛阳）
赵振岩　（吉林松原）
赵志刚　（吉林长春）
甄　伟
郑伯敏　（广东珠海）
郑益民　（江西九江）
支　子　（黑龙江大庆）
朱　岩　（河北唐山）
朱　岩　（湖北）
卓　玛　（辽宁营口）（女）
王兴刚　（辽宁）
万　力　（湖南）
也　宁
于建刚　（山东）
马东钦　（河北）
马若宇　（云南）（女）
云　芸　（天津）（女）
亢新路　（河南）
元新路
毛　珺　（河北）
王　飞　（山西）
王　卉
王　军　（北京）（女）
王　匡　（河南）
王　芳　（陕西）
王　默
王山山　（山东）（女）
王志平　（河北）
王俊标　（山西）
王南飞　（北京）（女）
王浩强　（山东）
王斌华　（福建）（女）
王智伟
付满乐　（河北）
冯路敏　（辽宁）
田会增　（黑龙江）
白　夜　（陕西）

白龙云　（辽宁）
白进梅　（云南）
亚力山大　（英国）
任芝田　（湖北）
伊林春　（福建）
刘　志　（吉林）
刘　浪　（吉林）
刘大顺　（辽宁）
刘天国　（北京）
刘存瑞　（辽宁）
刘剑霞　（河北）（女）
吉晓美　（湖北）
吕　彤　（河北）
杜　旻　（河北）
孙金虎　（山东）
安石榴　（广东）
朱小梅　（河北）（女）
毕　雨
江　洪　（山东）
江丽丽　（河北）（女）
许洪淘　（黑龙江）
余　峰　（安徽）
余留群
吴家高　（江苏）
库雪明　（北京）
张建军　（山东）（女）
张继晟　（山东）
李　汉　（山东）
李　磊　（辽宁）（女）
李广玉　（辽宁）
李广明　（安徽）
李宗阳　（山东）
肖　千　（黑龙江）
肖　昱　（内蒙古）
苏志强　（广东）
阿　平　（内蒙古（女）
陆　莹　（澳门）（女）
陈　美　（四川）（女）
陈士斌　（安徽）
陈晓峰　（福建）
庞　勇　（辽宁）
庞宏伟　（河北）
枝林风　（黑龙江）
武孟春　（吉林）
金春鹤　（吉林）
姜　旗　（美国）
姜晓梅　（辽宁）（女）
赵光武　（吉林）
赵红梅　（黑龙江）（女）
赵碧琴　（福建）（女）
闻　竹　（河北）
唐　群　（吉林）

敖　月　（湖南）（女）
贾宇然　（黑龙江）
高　旋　（辽宁）（女）
崔龙虎　（吉林）
梅　子　（四川）（女）
蔡一了　（北京）（女）
黄　娣　（辽宁）（女）
寒　嘶　（浙江）
斯巴斯詹　（法国）
曾　良　（福建）
曾龙飞　（湖南）
董青源　（山东）
董洒东　（广东）
蒋　亮
韩金英　（北京）（女）
韩淑英　（山东）（女）
漠　子　（安徽）
蒙　蒙　（新疆）
燕　子　（湖北）（女）
薛铜山　（河北）
小　骆　（西安）
谭慰萱　（湖南）

2007年

安垄　（江苏绿州）
白海涛　（内蒙古）
白琳　（辽宁营口）
白涛　（哈尔滨）
白文勇　（内蒙兴安盟）
白息海　（山东省）
白子　（辽宁沈阳）
柏青　（北京）
包治国　（新疆昌吉）
毕芳芳　（浙江省临海）
毕小波　（河北）
卞京明　（山东青岛）
卞相男　（吉林）
蔡汉森　（湖南常德）
曹操　（山西太原）
曹帆　（山东淄博）
曹宗田　（山东滨州博兴）
柴睿　（内蒙古）（女）
陈冬青　（辽宁大连）
陈华　（重庆）（女）
陈军义　（甘肃白银）
陈玲　（广东省兴宁）（女）
陈庆山　（山东临沂）
陈柔媚　（广西来宾）（女）
陈羲　（湖北黄石）
陈义　（湖北黄石）
陈雨　（广东）
陈增慧　（山东青岛）

陈卓 （江苏南京）（女）
池益圻 （福建厦门）
迟大平 （吉林省长春）
崔贵龙 （天津市迎宾）
崔龙虎 （北京市西城）
崔强 （河南郑州）
崔正植 （河北省三河）
刀 （贵州）
大丛 （辽宁营口）
邓晓红 （内蒙古呼和浩特）（女）
邓玉兰 （香港）（女）
丁万新 （辽宁营口）
董斌 （辽宁鞍山）
董春江 （黑龙江海林）
董国宏 （陕西渭南）
董海鹏 （辽宁省开原）
董梦娟 （湖北省黄石）（女）
董芮 （河北保定）（女）
杜江岩 （乌鲁木齐）
杜可 （安徽池州）
杜可春 （安徽池州）
杜可西 （安徽池州）
杜书宝 （湖北省荆门）
杜树杰 （山东济南）
杜唯 （河南）
段文波 （河北石家庄）
方浩
方慧生 （福建漳州）
房之皓 （山东临沂）
费佑明 （河北唐山路北）
风清 （北京）（女）
冯健慈 （安徽合肥）
冯丽涛 （北京）（女）
冯文秀 （辽宁抚顺）
付山丁 （河北石家庄）
高广春 （甘肃嘉峪关）
高焓 （天津）
葛霞 （河北泊头）（女）
古振宇 （辽宁海城）
郭贵君 （北京） （女）
郭金平 （山西长治）
郭俊贤 （山西原平市）
郭亮 （河北衡水）
郭辛辛 （上海市闸北）
郭自刚 （辽宁省开原）
哈哈 （宁夏）
哈世友 （河北省辛集）
韩光烈 （吉林省松原）
韩佳宪 （吉林辽源）（女）
韩铺天 （黑龙江省北安）
韩兴刚 （西藏阿里地区）
韩羽良 （河北石家庄）

韩志峰 （山西）
郝岩 （吉林珲春）
郝嫒 （宁夏）（女）
何俊兰 （四川省广元）（女）
何昕 （山西大同）
洪伟 （湖北武汉）
胡燃 （湖南永州）
胡生美 （河北）
胡廷武 （湖北省武汉）
胡馨洋 （辽宁沈阳）（女）
胡学夫 （天津）
胡志伟
华绪为 （北京）
黄冰 （四川省成都）
黄晓云 （福建三明）
惠大洪 （湖北南漳）
吉晓美 （湖北襄樊）
纪龙波 （山东泰安）
贾春雷 （吉林市）
贾和震 （浙江东阳）
贾立龙 （黑龙江市哈尔滨）
江远强 （广东河源）
姜询 （山东济南）
姜旗 （天津）
姜义涛 （内蒙古省牙克石）
蒋殿栏 （辽宁省锦州）
解成伟 （黑龙江哈尔滨）
金宝 （山东青岛）
金典 （北京）
金光新 （河北邯郸）
玖佰 （陕西）
凯勋 （吉林）
康桂梅 （呼和浩特）（女）
柯楚瑛 （广东省汕头）
库雪明 （北京朝阳）
匡雅明 （北京）
琅琅 （宁夏）
乐和平 （内蒙古）
雷柔芳 （江西省）
黎克佑 （重庆）
李波 （内蒙古呼和浩特）
李聪 （青海市东都）
李国瑞 （山东青岛）
李贺 （辽宁省抚顺）
李鸿阳 （甘肃天水）
李会昌 （辽宁抚顺）
李津 （天津）
李晶 （陕西西安）（女）
李景 （河北唐山）
李军豪 （吉林省延吉）
李俊军 （河南巩义）（女）
李凯文

李堃 （湖北省黄冈）（女）
李垒 （宁夏银川）
李明禹 （湖北省）
李铭盛 （台北）
李强 （辽宁抚顺）
李秦 （新疆库尔勒）
李森 （山东菏泽）
李思源 （辽宁本溪）
李松山 （北京西城）
李文龙 （河北）
李曦源 （陕西宝鸡）
李旭 （吉林白山）
李亚平 （山东省东明）
李亚松 （呼和浩特）（女）
李岩 （陕西西安）
李薏 （山东潍坊）
李涌 （北京）
李莜茜 （北京） （女）
李月领 （河北石家庄）
李跃国 （重庆）
李云枫 （河北石家庄）
李云云 （广西省桂林）（女）
李占洋 （吉林省长春）
李昭光 （陕西大荔）
李志强 （山西大同）
李宗阳 （山东济南）
梁伟言 （香港）
梁园安 （湖南岳阳）
廖鹏 （江西省新余）
林春岩 （北京）
林江东 （北京） （女）
林江岩 （新疆乌鲁木齐）
林力 （天津）
林茂源 （辽宁省大连）
刘爱国
刘冰 （河北邯郸）
刘达岩 （吉林辽源）
刘德维 （山东青岛）
刘鸿 （吉林白山）
刘鸿燕 （河北石家庄）（女）
刘辉 （河北沧州）
刘吉弟 （黑龙江哈尔滨）
刘继仙 （澳大利亚）
刘劲松 四川省广安）
刘俊彪 （山西省忻州）
刘磊 （陕西省延安）
刘立足 （湖南邵阳）
刘路喜 （湖北宜昌）
刘牧 （柳林）
刘佩丽 （山东） （女）
刘维明 （青海西宁）
刘文都 （湖北黄石）

刘曦 （江西赣州）
刘险峰 （湖南武冈）
刘晓 （河北省衡水）
刘晓亮 （山东省潍坊）
刘亚一 （辽宁大连）（女）
刘永斌 （河北石家庄）
柳巍巍 （天津）
卢莹 （天津） （女）
芦殿臣 （辽宁锦州）
鲁迪 （美国）
陆佩 （湖南冷水江）
陆新华 （江西景德镇）
吕贯刚 （安徽省淮南）
吕广磊 （天津）
吕杰晓 （山东省海阳）
吕凯 （宁夏银川）
吕宗平 （湖北）
罗锋 （吉林抚松）
罗广军 （吉林抚松）
罗辉 （云南昆明）
罗庆发 （湖南永州
马奔 （河北张家口）
马海山 （吉林白山）
马维山 （黑龙江大庆）
马潇文 （河北省保定）
马修 （瑞士）
马衍斌 （山东省菏泽市巨野）
马一平 （山东招远）
玛祖 （陕西西安）（女）
麦子 （陕西兴平）
猫 （内蒙古）
梅雪 （山东济南）（女）
梅谷 （山西运城）
梅明亮 （吉林白山）
妙佳 （四川内江）
明丽华 （黑龙江大庆）（女）
牟展琳 （山东烟台）
聂孟芳 （江西丰城）（女）
宁浩翔 （湖南衡阳）
牛见青 （山东省济南）
牛玉召 （河南）
侔 （宁波）
欧京海 （山东青岛）
潘凯章 （浙江杭州）
彭旭 （陕西省西安）
彭渊 （贵州省剑河）
平野昌史 （日本）
齐求实 （北京市海淀）
乔力成
秦保成 （山西太原）
秦风 （乌鲁木齐）
邱宇 （北京）

全镇港 （北京市朝阳区）
人然 （江苏南京）
仁志强 （山东省济南）
任重远 （山东青岛）
任子千 （黑龙江省齐齐哈尔
三毛 （内蒙古）
山川一青 （日本）
沈志 （吉林）
师芳 （陕西）
石谷 （四川）
石萍萍 （广西南宁）（女）
史力如 （内蒙古乌海）
史又春 （甘肃）
宋文 （北京）
宋一川 （河北石家庄）
宋昱 （山东枣庄）
苏华英 （呼和浩特）
苏武立 （辽宁）
苏玉明 （四川重庆）（女）
孙吉祥 （陕西汉中）
孙文九 （北京）
孙文新 （辽宁沈阳）
孙艺 （辽宁省大连）
孙毅 （天津）
孙月民 （北京延庆）
孙振鹏 （山东胶州）
谭海山 （广西南宁新城）
谭惠玉 （广西省南宁）（女）
唐涛 （山东青岛）
唐文涛 （陕西西安）
唐学东 （内蒙古省包头）
陶宝春 （辽宁沈阳）
滕莹 （山东临沂）（女）
田汉权 （广东省普宁）
田宏林 （山东省临沂）
童爱臣 （辽宁省抚顺）
汪俊峰 （江西省宜丰）
汪凌 （新疆乌鲁木齐）
汪任民 （四川）
王葆峰 （山东青岛）
王彩伦 （内蒙古满洲里）
王春生 （山西运城）
王存玉
王大海 （黑龙江鹤岗）
王丹丹 （北京）（女）
王殿鑫 （辽宁鞍山）
王东 （内蒙古）（女）
王东彪 （辽宁抚顺）
王栋 （北京）
王飞 （山东临沂）
王海鹏 （吉林白山）
王海鹰 （黑龙江哈尔滨）（女）

王昊 （吉林大安市惠阳）
王红彬 （山西）
王会丽 （内蒙古甘河）（女）
王及夫 （广东省广州）
王建军 （河北省邯郸）
王建中 （河北任丘）
王江扬 （四川省广元）
王磊 （湖北武汉）
王蕾 （河北石家庄）（女）
王连生 （辽宁抚顺）
王琳 （河北石家庄）（女）
王美 （湖南永州）（女）
王奇志 （湖北省宜昌）（女）
王荣 （山西大同）
王荣强 （北京东城）
王瑞清 （山东荷泽）
王瑞祥 （吉林省大安市惠阳）
王韶晖 （江苏徐州）
王胜利 （山东临沂）（女）
王涛 （山东临沂）
王天呈 （辽宁大连）
王晓珂 （青海西宁）（女）
王晓璐 （四川省乐山）（女）
王晓蓉 （陕西绥德）（女）
王兴杰 （辽宁抚顺）
王耀华 （辽宁沈阳）
王艺锦 （内蒙古包头）（女）
王毅 （河南郑州）
王永顶 （湖南常德）
王勇 （江苏徐州）
王云邦 （辽宁抚顺）
王云枫 （北京东城）
王珍 （湖南省湘乡）（女）
韦晓天 （甘肃陇西）
未平 （江苏常州）（女）
尉迟大平 （吉林长春）
魏辛艺 （福建）
温瑞雪 （河南省新乡）（女）
文蒂 （法国） （女）
文芳 （北京海淀）（女）
吴加高 （江苏省滨海）
吴琼 （北京）
武鑫 （北京）
夏俭宁 （江西九江）
夏书智 （黑龙江省大兴安岭）
成兰光 （山东临沂）
萧富元 （台湾）
肖波 （四川省遂宁）
谢俊领 （天津）
邢存富 （山西大同）
修建华 （辽宁朝阳）
徐凤龄 （江苏） （女）

徐华州　(辽宁大连)
徐晖　(内蒙古市赤峰)
徐江强　(北京朝阳)
徐若涛　(辽宁沈阳)
徐志伟　(沈阳市和平)
徐志伟　(河北石家庄)
许晗瑶　(湖南岳阳)
薛昌河　(内蒙古)
薛志峰　(山东省泰安)
闫大智　(甘肃)
闰忠生　(吉林辽源)
严超　(河北衡水)
杨翠芝　(吉林省临江)(女)
杨凡　(北京海淀)
杨峰　(广东普宁)
杨光　(湖南常德)
杨家本　(北京崇文)
杨金山　(福建厦门)
杨力宏　(内蒙古)　(女)
杨鹏　(北京)
杨青松　(湖南省株河)
杨涛　(山东临沂)
杨文胜　(陕西省洛川)
杨新德　(湖北随州)
杨洋　(北京)
杨毅达　(湖南株洲)
杨子勇　(河北省巨鹿)
伊火根　(福建三明)
伊茹罕　(呼和浩特)(女)
衣广成　(辽宁阜新)
亦云　(辽宁沈阳)(女)
易明豪　(福建莆田)
阴法明　(哈尔滨)
殷铭　(湖南娄底)
尹和平　(辽宁思图)
尹鹏飞　(湖北武汉)
尤劲东　(北京市朝阳)
游敏　(湖北省武汉)
于季至　(黑龙江哈尔滨)
于建明　(山东淄博)
于来　(山东威海)
于仁平　(北京)
于世涛　(河北石家庄)
余慧　(湖南岳阳)
余孝奎　(河南省光山)
俞蔓　(黑龙江大庆)(女)
雨失　(山东烟台)
玉盛彬　(北京朝阳)
岳铁华　(湖北黄石)
卓儿(杨莉)(湖南益阳)(女)
泽艺
张长明　(广西)
张朝阳　(吉林)
张代祥　(吉林抚松)
张东发　(黑龙江黑河)
张光泉　(湖北省)
张国栋　(内蒙古)
张皓　(山东省济南)
张惠平　(北京海淀)
张建中　(甘肃)
张杰　(山东省济南)(女)
张静　(陕西省西安)(女)
张静　(乌鲁木齐)(女)
张岚　(河北石家庄)(女)
张连云　(黑龙江牡丹江)
张柃祥　(湖南省湘潭)
张玲　(江西樟树)(女)
张淼　(湖南湘潭)
张强
张蓉　(广东省中山市)(女)
张胜利　(山西大同)(女)
张石生　(河北石家庄)
张士群　(河北唐山)
张守泽　(四川德阳)
张素华　(河北邢台)(女)
张铁英　(内蒙乌合浩特)
张微　(陕西省西安)
张微洲　(山东省济南)
张小华　(河北三河)
张啸天　(浙江乐清)
张烨　(辽宁抚顺)(女)
张已迪　(黑龙江哈尔滨)
张志忠　(北京市海淀)
赵海　(辽宁营口)
赵海东　(陕西省榆林)
赵海龙　(陕西西安)
赵红梅　(女)
赵华东　(河南省西平)
赵金鹤　(黑龙江海林)
赵雷　(河北省石家庄)
赵立　(陕西西安)
赵利民　(内蒙古赤峰)
赵美玲　(河北承德)(女)
赵师鲁　(辽宁营口)
赵朔　(陕西西安)
赵新政　(新疆吐鲁番)
赵政武　(北京)
甄嵘　(山西大同)
郑晨　(河北省唐山)
郑贵男　(吉林)
郑吉男　(吉林四平)
周海陶　(河北石家庄)
周红　(辽宁沈阳)(女)
周丽　(湖北鄂州)(女)
周苗英　(浙江)　(女)
周晓东　(北京)
周宜杰　(山东省青岛)
周永阳　(北京)
周远　(安徽黄山)
周震　(吉林通化)
朱宏君　(哈尔滨)
朱加合　(陕西榆林)
朱立波　(河北石家庄)
朱梦薇　(河北邢台)(女)
朱乒　(湖北省黄石)(女)
朱日坤　(广东省博罗)
朱神光　(江苏省苏州)
朱维彬　(北京)
朱晔　(山东省济南)(女)
祝林恩　(哈尔滨市道里)
祝万水　(山东胶州)
庄保林　(江苏徐州)

收集工作任务艰巨，很难顾及周全，望遗漏者谅解!

现居住宋庄的艺术家名单

白庙村

笠泽 刘作瑞 秦剑 黄有维 徐弘滨 王继光 张湘 常宗贤 高枫 李伟 高鉴 刘任 陆晋生 王立刚 王群 赵彤海 杨永乐

艺术家大院

阿蒙 蔡富军 陈德成 陈士斌 陈鱼 陈志平 楚天 杜婕 高伟刚 高旋 郭利众 寒嘶 韩香树 何杰 贺洪志 洪帆 虹灵 胡军强 华继明 华军 江会武 李常生 林春岩 林剑峰 刘海舟 刘军 刘剑霞 柳庄 吕顺 马杰 马鸣 毛钢 梅明亮 祁百成 曲伟 让•刘峥 任辉 沈俊杰 盛东 索探 谈一峰 佟大壮 汪臻 王兵 王琦 王琪 王青 王赛尉 迟木松 吴震寰 邢波 徐辉 徐杉 杨大味 杨春白雪 也宁(刘阳) 叶力萌 伊灵 伊贤彬 余留群 原国镭 张惠 张林海 张啸天 张彦 赵红梅 赵默 赵振岩 郑益民 钟瑶 周跃潮 朱新战 邹操

小堡村

阿蓝 阿如那 阿斯 白野夫 包筱瑜 毕雨 蔡志勇 曹操 崔男 车波田 陈道纯 陈光武 陈活活 陈美 陈牧 陈庆山 陈秋池 陈义 陈增慧 成宇 程伟 崔秀男 邓彬 董斌 窦子 杜江岩 杜可西 方力钧 房辉 封瑞昌 付山丁 高广春 高海艺 高惠君 高粱 高杨 高玉林 宫昌鸿 龚顺 古振宇 管义 郭波 郭贵君 郭金逸 韩旭成 韩燕 郝岩 何树海 贺天 红树 侯庆 胡建涛 胡燃 胡书鹏 胡月朋 花哥 黄国良 黄继德 黄晓云 贾和震 贾穹 姜进 姜永杰 焦可川 金宝 锦衣鸿 寇占山 况枢锋 郎小杞 李大鹏 李凤 李高 李冠德 李国瑞 李鹤峰 李俊军 李磊 李雳 李伦 李平吉 李秦 李庆军 李书英 李淑青 李树桥 李太默 李昕潞 李雄 李秀芳 李旭 李雪瑞 李一丙 李宜宣 李薏 李月领 李岳洋 李云通 李昭光 李志强 栗春 栗胜春 栗宪庭 廖雯 梁建平 林江东 林志聪 龄子 刘冰 刘纯海 刘劲松 刘海 刘华 刘辉 刘吉弟 刘润君 刘桐 刘新歌 刘休 刘旭东 刘玉君 刘正勇 刘志强 柳叶刀 鲁一凡 陆佩 陆新华 陆莹 鹿林 罗锋 罗广军 罗华江 罗利 罗艺 马东民 马维山 马嫶泠 马勇 梅子 孟凡江 米娅 苗壮 聂孟芳 宁方涛 欧京海 欧阳 潘雪云 片山 钱盛 饶松青 荣晗 人然 任战芳 日出 邵逸农 申云 宋绪军 宋一川 苏天强 苏志鹏 苏志强 苏梓寒 孙狄 孙芙蓉 孙广义 孙吉祥 孙齐 孙文九 孙文然 索秀 覃余 谭小勋 唐群 唐涛 田小赤 童子真 图布信 土风 王大海 王殿鑫 王芳芳 王飞 王建明 王俊标 王默 王南非 王鹏 王鹏杰 王秋人 王韶晖 王绍伟 王小腾 王新 王雪林 王艺锦 王毅 韦晓天 卫保刚 文菁 巫女 吴刚 伍礼 武海龙 武嘉慧 武文成 武小会 武鑫 夏莹 谢俊领 谢雁 谢媛 刑明 修建华 雪浪 严超 阎卫东 杨放 杨金山 杨京伟 杨九云 杨少斌 杨洮 杨小兵 杨洋 杨玉芳 姚俊忠 叶植盛 伊德尔 伊火根 伊茹罕 殷铭 尹恩江 于建刚 于诺 于世涛 于小雅 俞成浩 袁克华 岳敏君 泽艺 曾建阳 张柏涛 张彪 张代祥 张东红 张谷 张国超 张建军 张建龙 张鉴墙 张金禹 张敬 张开兴 张乐勤 张利平 张路桥 张伦 张淼 张民强 张清源 张秋荣 张士群 张守泽 张庭群 张小华 张晓红 张学海 张永平 张月 张照会 张巍峥 赵俊海 赵立 赵利民 赵美玲 赵巧云 赵朔 赵燕峰 赵浥 赵映岚 赵政武 赵智寰 甄嵘 甄伟 郑伯敏 支子 周策 周晓东 周燕 周洋明 朱赤 朱立波 朱维彬 朱岩 庄保林 卓玛 子真

曈里

吴文萍 王成城 张聪 关葳 张英楠 李云 赵俊涛 蓉海晗 索予彤 娄芳 贺中 张明伟

喇嘛庄

迟树艺 金宇 李胡勇 刘枫华 刘君 刘勇 刘征 史绪 王能涛 杨明炀 袁兴刚 张方白 张谧诠 张霞 朱国强 刘跃先 季大海 老付 孙侃 南超 李颜修 老杨 王蕾 刘艳华 王霞 杨宇光 刘炜 苹果

北寺

班学俭 崔晓梅 丰野秋 华绪为 秘金明 冉令欣 王世君 邢鹏 杨海平 一牛 小麦子

大兴庄

阿西 陈华 陈剑锋 陈沿青 冬宁 杜丹 韩宝全 黄金宝 贾见罡 姜涛 焦向东 赖小平 李林 李亚明 李志强 刘丽 刘维里 吕凯 孟凯 孙振鹏 万力 王保龙 王楚禹 王钧 王荣 王涛 王琰 王音 韦仝 吴红梅 邢一得 薛利铭 阎成林 于建涛 张北云 张慧荣 张鹏 张胜利张世君 张莹禹 赵磊 刘海洲 刘伟 邝老五 刘潼 陶涛 张赵前 杨键侠

大兴艺术空间

关健 何宏伟 李光林 母军 王飞 魏超 吴悠 肖千 谢仁辉 张纪海 张继生 张军

丁各庄

杜树杰 王浩

东区艺术中心

穆道明（住辛店）

周海陶（住辛店）

辛店村

傅玉玺 何学升 李刚 李佳 李卫明 李依依 李玉兰 刘贵全 马子恒 石立峰 孙光华 魏葆利 文科 熊涛 徐志伟 殷霄云 张海涛 张起田 张骞文 赵学敏 朱久洋 林天放 毛峰 陈波 王思丁 陈庆华 陈明肃 甄雪梅 赵禄寓 陈国东 马杰 贤波 刘熊祥 张兴远 陈建华 廖华 蔡卫东 刘柳 鲍志明 任杰 张帆 李天润 张东 张涛 魏林 陶红梅 杨小四 赵刚 孙光华 马子恒 黄京哲 刘峰 杨斌 梁长胜 何必 阴霄云 白子 唐城 大猫 王峰 陈

波 叶丕祥 谭洁 刘宁

任庄

大龙 范蕴蕴 戈溢 哈世友 江树海 李锡钧 刘毅 马越 朴光燮 王强 钟倩 张义旺 钟瑶 齐中华 李津 常工 赵德昌 林红 潘洵 朱尚熹 王福 王时雨 权学俊 严宇 光彩 杨祥 杨凡 翟墨 武宏峰 马保中 卢阳 王旭东 张继生 三山 冯峰 张晓军 苏步 林虹 朴光郡 杨晓静 刘景桥 赵学俊 庞永杰 黄燎源 王宝明

平家疃刘街

殷小林

宋庄

边红 边学 成力 崔爱民 单智 郭仁杰 李玉峰 卢曦 孙涛 王海霞 罗氏兄弟 刘中伟 秦利华 王俊标 蔡春连 潘金密

艺术工厂区

白琳 杜撼 何秉华 李继森 李勇哲男 李涌 刘保民 刘港顺 刘思昂 马燕翔 马野 史力如 唐建英 王霁昕 邬金梅 吴德武 吴雪 夏小万 杨媚 易明豪 尹俊 尹坤 张建俊 赵德伟 赵金鹤 赵志刚 钟天兵 王俊彪 李家阳

小杨各庄村

窦金军 冯国栋 林天苗 王功新

艺术合作社

刘艺君 张海鹰 郭俊杰 吕上

刑各庄

刘天国 赵光臣 马上 卢彪臣 刘国强 廖邦铭

燕郊秦合城京东国际艺术区

赵险峰 李宗阳 于达 于兴

龙旺庄

郑学武 马晗 冯路敏 岳梦 白也夫 李彦修 邵奇 马明

徐辛庄

王季夏 李可克 王饶玲

新潮家园

祝讯 王瑛

通州

杨卫 扎扎 张应华 董久平 马燕泠 四毛（陈牧）

名录收集工作任务艰巨，很难顾及周全，望遗漏者谅解！

宋庄大事记（1994—2007）

1994

◆ 1994年　原先住在圆明园的张惠平由于不方便再住在圆明园，移居到“宋庄”，宋庄的历史就此揭开。

◆ 1994年　300多名追求梦想的画家在这里租住农宅，生活、创作，宋庄原始景观形成。艺术家方力钧、刘炜、岳敏君、杨少斌、王音和批评家栗宪庭迁移到宋庄镇居住。

1995

◆ 1995年　圆明园画家村解散，大部分先锋艺术家迁移到宋庄，并在宋庄形成了深刻的影响，形成了颇具规模并不断完善和扩大的艺术家群。

1997

◆ 1997年　部分圆明园艺术家来到宋庄，宋庄成为海内外的一个新闻关注点。此时，艺术家几乎“进驻”了宋庄镇的所有自然村，如大兴庄、辛店、喇叭庄、北寺、小杨各庄、白庙、邢各庄等。

1999

◆ 1999年9月　宋庄镇被国务院体改办正式批准为全国小城镇试点镇。

2000

◆ 2000年　方力钧1999创作的一幅作品在嘉德春季拍卖中拍出了27.5万元的高价，同年嘉德秋季拍卖专场上，王广义的《大批判—可口可乐》以33万元成为当代拍卖品的第5名，创造了中国当代艺术第一次在国内拍卖市场的辉煌。

2001

◆ 2001年9月23　唐城和张义旺在潮白河实施行为作品“2001年9月23”，去了很多人。

◆ 2001年冬　唐城、高风、陈牧在北京芥子园实施行为作品“盐”。

2002

◆ 2002年9月 由宋庄小堡、辛店和滨河小区艺术家组成的“时空现代艺术展”在北京禅0家居举行。

◆ 2002年6月28日 李勇、张建俊、李卫策划的“芯片的心”油画展在北京BS艺术车间举行。参展艺术家大多都是宋庄的艺术家。

◆ 2002年冬 王强等人策划的“宋庄现象——艺术家群落展”在中华世纪坛被封闭。

2003年

◆ 2003年初 陈秋池策划的宋庄艺术家联合的“乡村制造”展，在“道谱视觉”艺术中心。

◆ 2003年5月 非典开始，各村抗击非典。

◆ 2003年6月 由居住在宋庄的著名批评家栗宪庭策划的“念珠与笔触”展在东京画廊展出。

◆ 2003年12月20号 “宋庄艺术合作社”在关辛庄成立正式对外开放。

2004

◆ 2004年4月7日 由齐中华赞助，画家马越、张鉴强主持的《热烈庆祝宋庄十周年暨国际名人签字消费品拍卖文艺联欢会》在宋庄东燕郊神州大酒店二楼举行，参加联欢会的艺术家及各界朋友近二百人。

◆ 2004年5月2日 下午14：00由宋庄画家村画廊主办的第一届宋庄艺术节在宋庄镇任庄村举行。

◆ 2004年5月5日 “人间烟火——宋庄艺术合作社视觉艺术展”在宋庄艺术合作社举行，此次展览是合作社成立以来第一次大型展览，展出的的作品包括油画、图片、行为录像、VIDEO、雕塑，大部分作品是第一次对外展示。参展艺术家共24人。合作社展厅是当时宋庄最大的展示空间，也是宋庄艺术家在宋庄首次举办最大规模的艺术展览。

◆ 2004年8月 “6959”宋庄艺术家展览在通州梨园举办。

◆ 2004年10月7日 张海涛策划的“当代权充艺术展”，在宋庄艺术合作社举办。

◆ 2004年10月16日 “尹坤十年(1995—2004)个展”在北京季节画廊（新加坡）展出。

◆ 2004年10月20日 “吃饭也是艺术”——宋庄艺术家沙龙餐厅“前哨”在宋庄小堡村成立，是宋庄第一家以展现艺术家集体面貌出现的文化、餐饮服务企业。

◆ 2004年11月28日 香港探岭画廊落户宋庄画家村。

◆ 2004年12月4日 “高风个展”在宋庄探岭画廊开幕。

◆ 2004年底诗人苏非舒发起的物主义公社在喇嘛庄成立。

◆ 2004年12月24日 由“十成十环境艺术事务所”主办，班学俭策划的“十成十——艺术家联展”在宋庄举行。参展画家有王能涛、王强、马越、尹坤、刘枫华、庞永杰、金宇、胡向东、班学俭、索探、高惠君、姚俊忠、龚顺、韩旭成。

◆ 2004年12月 李勇A著《千万别作艺术家》出版，大量资料介绍宋庄及七九八周边艺术区艺术家的生存状态。

2005

◆ 2005年5月6日 宋庄艺术合作社主办的“人间烟火——宋庄艺术合作社第二届视觉艺术展”开幕。展览共有30位艺术家参加，展出作品形式包括：油画、行为图片、装置、VIDEO、雕塑。

◆ 2005年5月14日 由宋庄艺术家张海涛策划的“暧昧•昧暧”当代艺术展在宋庄探岭画廊举行。参加艺术家有：韩兵、杨文胜、张义旺、冯兮、沉波、唐城、蔡卫东、郑冬生、华继明、苏非舒、原国镭、张海涛、刘港顺、麦子、刘瑾。此展后不久探岭画廊搬离宋庄。

◆ 2005年5月22日 上午11时至下午3时，二十几位男女在宋庄潮白河畔裸体集会，在旷野里游泳、聚餐、晒太阳、聊天，半裸全裸都有。倡导“国际裸体日”的艺术家成力认为：“裸体日活动不是做作品，实验艺术是‘不定质艺术’，艺术与生活处在一种贴合状态中，这样也许更好。”今年的主题是“你自愿参加吗？不请求别人”。

◆ 2005年6月5日 著名评论家廖雯策划的专题展“性殇”开幕。

◆ 2005年6月15日 电视剧《画家村》摄制组走进宋庄，对当年圆明园时期的艺术家及活跃在当代艺术市场的部分艺术家进行了纪录采访。主要记录了艺术家的思想状态、生存状态及艺术主张，采访分成两个部分、两个阶段。第一部分，以访谈为主，第二部分将主要对三十名艺术家跟踪拍摄，摄制组将陪他们回到他们的故乡或者那些对他们影响至深的城市和农村，回到他们的父母、儿女及那些在他们的人生转折点上打下烙印的人们身边，回到那些温暖的、痛苦的记忆当中。第二部分在2005年内未见施行。

◆ 2005年7月 由杨卫策展的“阁”当代艺术展在宋庄艺术大本营举行，参展艺术家40位左右，该展是宋庄艺术大本营的开场展。

◆ 2005年9月 圆明园艺术家村文献编辑办公室成立。秘书长杨卫，办公室主任王强，办公室筹备小组成员：方力钧、王音、王强、伊灵、祁志龙、张洪波、迟耐、邵逸农、岳敏君、杨少斌、杨卫、徐志伟、摩根。

◆ 2005年9月6日 宋庄艺术促进会成立。会长:洪峰。副会长：栗宪庭、王能涛。秘书长：李秀兰，副秘书长：李学来，理事：栗宪庭、洪峰、杨少斌、马越、王能涛。监事长：崔大柏，监事：方力钧、岳敏君。首批宋庄艺术促进会会员60名。

◆ 2005年09月10日 “法•中当代艺术家宋庄联展 ”在宋庄画家村画廊举行，参展的中外艺术家有Bertrand Foly、Dorian Francois、凌飞、Edith Henry、Genevieve Doctobre、Henry Lavie、Julien Hardy、饶松青、严宇、伊灵、刘毅、大龙、库雪明、徐志伟、宋海曾、朱发东、Sylvain Houcke、 Roger Beugre、Van M、朱炯、朱雁光、李广明、王秋人、石头、马燕泠、马晗、阿芳、郎小杞。

◆ 2005年9月17日 雕塑家索探发起的“宋庄十年邀请展”在宋庄举行，参展艺术家近百人。该展是宋庄艺术基地的开场展，宋庄艺术基地是目前宋庄第一大的画家集中营地。

◆ 2005年9月20日 “第二届北京国际美术双年展”在中国美术馆、中华世纪坛举行，宋庄画家村参展艺术家有：张国龙“天书”（主题展）、任戎“人•植物—兵马俑”(主题展) 、纪晓峰（女）“花开的季节”(序列展)，任戎作品获本届艺术大奖。

◆ 2005年9月23日 宋庄赵鲁军(老三)在山东日照老家自

杀，英年40岁。曾为宋庄“三元里画家村食堂”老板（三元里名称的由来：三元钱四菜一汤，白酒、瓜子、茶水免费，已破产。）

◆ 2005年10月7日 “捕风捉影”当代艺术展在宋庄艺术合作社举行，展出的艺术形式为摄影图片、行为、装置、VIDEO、油画。

◆ 2005年10月 《财经时报》的各路记者耗时1个多月，以《宋庄启示录》为主题的8个版面对宋庄艺术家群落的生态现状进行了全面报道。

◆ 2005年10月 由宋庄艺术家张海涛策展的“暧昧——不确定表达”在798零工厂展出。

◆ 2005年10月18日 由水墨画家鹿林倡导的“宋庄水墨艺术家同盟”成立。该同盟以宋庄水墨艺术家为主导，将在水墨艺术领域进行学术性，艺术性的全方位研究与探索，立足于中国当代水墨艺术，放眼于各种艺术形式，共同促进，吸收，开掘，发展水墨艺术新的内涵，这是同盟之特色。

◆ 2005年10月22日 宋庄艺术促进会主办，画家马越为主编的《宋庄ART》杂志出版，这是宋庄政府首次投资的“半地下”刊物。

◆ 2005年10月24日 由政府投资的大型文化活动“首届中国宋庄文化艺术节”在宋庄小堡村举行。其中“中国当代文化艺术展——宋庄路”参展的艺术家近三百人，作品700多件，包括油画、雕塑、水墨、版画、装置等，展览一天结束。本届宋庄文化艺术节标志由宋庄画家杨洮设计。

◆ 2005年10月 由策展人吴鸿在宋庄举办的“翻手为云，覆手为雨——TS1当代艺术中心第一回展”，参展作者为宋庄著名艺术家和村外著名艺术家。该展是“宋庄一号”艺术中心落座宋庄的开场展，“宋庄一号”在当时是位于宋庄地区内最大的艺术展示空间。

◆ 2005年12月7日 晚17：00 由栗宪庭展览统筹，对比窗艺廊主办的宋庄雕塑家冯国东先生个展“一个扫地工的梦”在北京798厂艺术区开幕。晚22：20冯国东先因患癌症在北京中医医院与世长辞，英年57岁 。

◆ 2005年12月24日 《“十成十”第二届当代艺术展》在宋庄艺术大本营举行，参展艺术家有王强、王晖、王国锋、马保中、马越、尹坤、枫翎、叶恒贵、伊德尔、刘枫华、刘飞、孙光华、张方白、李路明、庞永杰、余极、张利语、金宇、何云昌、班学俭、高惠君、徐志伟、索探、童正刚。

2006

◆ 2006年 廖雯策划“花非花”展览在宋庄美术馆开幕。

◆ 2006年7月2日 宋庄艺术家张海涛策划的“当代权冲艺术展II”在北京798艺术区锦都艺术中心开幕。

◆ 2006年10月16日 栗宪庭电影基金会成立。

◆ 2006年10月2日 上上美术馆开馆展，“天光云影”水墨联展和“印迹”当代艺术展。

◆ 2006年10月6日 第二届艺术节，主题“打开宋庄”。

◆ 2006年10月6日 邱志杰策划的“新民间运动”展开幕。

◆ 2006年 宋庄美术馆开馆展，“天与地——现实主义的记忆”记实摄影展。栗宪庭任馆长。

◆ 2006年10月6日 东区艺术区开馆展 “水墨在当代”，由刘晓纯主持。

◆ 2006年11月4日 张海涛策划的“当代权充艺术展III”在宋庄上上美术馆开幕。

◆ 2006年10月28 日栗宪庭先生在宋庄美术馆多功能厅作题为“中国百年艺术思潮”的报告。这也是宋庄美术馆将举办一系列学术讲座的开始。

◆ 2006年12月 宋庄被评为“北京文化创意产业集聚区”。

◆ 2006年12月21日 李玉兰夫妇收到宋庄法院传票，后来陆续有十几位宋庄艺术家被告，农民要求低价收回房屋。

◆ 2006年12月31日 李广明、胡月朋策划的“宋庄制造1”展览在上上美术馆开幕。

2007

◆ 2007年4月30日 第四届“中国纪录片交流周”在宋庄美术馆举办。

◆ 2007年5月 “宋庄当代文化专项基金”启动。

◆ 2007年5月19日 张海涛策划的“首届主题文献展——潜默•权充IV•暧昧III”在上上美术馆开幕。

◆ 2007年6月 王楚禹策划的“六月联合”行为艺术展在宋庄实施。

◆ 2007年7月10日 “李玉兰房屋案”在北京市通州区人民法院一审结案。

◆ 2007年12月17日 “李玉兰房屋案”在北京市第二中级人民法院二审终结。

◆ 2007年7月21号 “左右开工”在左右美术馆开馆。

◆ 2007年7月28日 长风策划的“欲象”在宋庄美术馆开幕。

◆ 2007年8月30日“走出宋庄”在上海多伦多现代美术馆开幕。

◆ 2007年9月 “水墨同盟邀请展”在东区艺术区举办。

◆ 2007年11月5日“十年一觉”在“和静园美术馆”开馆展。

◆ 2007年11月8日 第三届“中国宋庄文化艺术节”开幕，主题为“艺术链接”，王林策划“底层人文”开展。2007年11月10—11日，首届中国美术批评家年会在北京通州月亮河度假村召开，本届年会作为宋庄文化艺术节的一个重要单元，本届年会邀请到了范迪安、贾方舟、刘骁纯、水天中、郎绍君、王林、殷双喜、邹跃进、皮道坚、彭德、吴鸿、李小山、黄专、陈默等当代最具影响力的美术批评家参加，会议由王林、殷双喜共同主持。

◆ 2007年11月8号 “主题与协奏”中日法德艺术家联展，在北京当代艺术馆开幕。

◆ 2007年11月8日“宋庄制造2”在上上美术馆开幕。

◆ 2007年11月8日 小堡驿站艺术中心举办开馆展“中哈韩•韩哈中”中韩交流展。

◆ 2007年11月8日“艺术集市”在小堡村开展，这种低端价位的艺术展览吸引了大量未成名艺术家的参与，在活动期间和随后日子引起反响。

◆ 2007年11月8日“两岸当代•对照阅读”在宋庄美术馆举行。

◆ 2007年11月8日“1980年当代艺术青岛梦大型回顾展”在“宋庄一号”开幕。

◆ 2007年11月 第二届“北京独立电影论坛”在宋庄美术

馆开幕。

◆ 2007年11月8日 张海涛策划的 “07影像档案展”在宋庄北向阳光艺术空间及北京798艺术区OPEN实现当代艺术中心两地先后展出。

收集工作任务艰巨，很难顾及周全，望谅解!

2007年关于宋庄的重点文摘 | Two

宋庄原创艺术博展中心

艺术聚集点变身“创意产业园区”成风潮

来源/艺术财经

从艺术家聚集的松散部落，到艺术家工作室、画廊混合的商业群落，“艺术园区”从上世纪90年代下半叶起发展至今，经历了艺术市场的初创期、培育期与繁荣期，形成了以“画家村”为底层、画廊集聚区为中层、艺术时尚地标为顶端的艺术园区金字塔布局。

近年来，由上海、北京率先发起推广、全国各大城市跟进的“创意产业园区”建设风潮，以全新的概念与方法，掀起了新一轮由政府推动的产业转型，艺术园区纷纷挂上了“创意产业园区”的新招牌，搭上创意产业的顺风车。在本期专题中，本报记者将着眼于梳理当下具有典型运作模式的艺术园区，并对其未来走向进行分析和关注。

也许只是巧合，2003年中国艺术市场刚刚开始飙升，“创意产业”概念就开始在中国流行。在此之前，中国的北京、上海等地，已经形成了诸如“798”、“宋庄”以及“M50”这样的艺术园区。然而，这些艺术园区从诞生以来却一直默默无闻，直到2003年艺术市场走向繁荣后才开始风光乍现。 尽管如此，随着近年来“创意产业”的概念逐渐变得时髦，曾经黯淡的艺术园区也迫不及待地改换门庭，摇身一变成为“创意产业园区”。仅以上海为例，据上海市创意产业中心常务副秘书长潘瑾介绍，2004年底，上海召开第一届创意经济发展论坛，2005年初，上海市创意产业中心挂牌成立，以“M50”为首的第一批“创意产业园区”被中心授权挂牌。随后短短两年，上海先后授权挂牌了四批“创意产业园区”，总数已达75个。对此，人们不禁要问：“创意产业园区”招牌缘何拥有如此大的吸引魔力？艺术园区换上新包装后前景又将如何？

艺术园区“变形记”

1.圆明园–东村–宋庄：北京艺术家集聚区的迁徙之路

中国的艺术园区，最早形成、也作为最基础的部分是艺术家集聚区。20世纪90年代，由于当时多数艺术家没有固定工作与收入，许多人的作品在国内也没有市场，因此艺术家集聚区较多落脚在城乡结合部。

身兼艺术家与策展人身份的黄岩，曾在2007年10月的“北京制造：当代艺术展”中将中国艺术家的生产方式概括为“温州模式”。认为中国当代艺术的生产和交易中心都在城乡结合部，或者干脆就在乡村中。诸如北京的圆明园画家村、上苑艺术村、东村、小堡艺术村、宋庄艺术区、索家村艺术营、费加村香格里拉艺术公社、阜场地艺术区、环铁艺术区，包括798艺术区，等等。基本模型是艺术家以手工作坊进行批量生产。“他们在艺术区中的生产方式是原始的，但是他们生产出来的艺术品已完全国际化了。每年都在全球各大城市的博物馆中展出。并逐渐制造出了区域品牌，也就是被打上‘北京制造’、

SOHO

‘中国制造’的标签。”

从黄岩所列举的上述艺术家集聚区不难发现，当时北京艺术家聚落还处于艺术园区的金字塔底层。这也可以帮助人们理解宋庄的由来，理解为什么会在宋庄同时出现八个不同体制的“美术馆”——这些美术馆，如今已经成为各大机构争夺艺术家的重要资源库。

2.“798”：2003年起走向辉煌

798艺术区因其所在地北京20世纪50年代建成的798工厂（也叫国营北京第三无线电器材厂）而得名。其位于北京朝阳区酒仙桥街道大山子地区，故又称大山子艺术区。1995年，中央美院的迁址距离798厂不远处的望京花家地。当时，雕塑系教授隋建国曾以0.3元/天/平方米的低廉租金租用了一个3000多平方米的仓库作为雕塑车间，用以制作卢沟桥抗日战争纪念群雕。此后，该车间成为向艺术家开放的雕塑工厂，也开启了“798”从厂区走向艺术区的先河。

2001年，中央美院美院正式迁入望京花家地之后，艺术家们开始在此建立自己的工作室。2003年，798艺术区的艺术家们举办了“再造798”、“蓝天不设防”和“左手与右手”三次大规模的艺术展，引起海外媒体高度关注。然而与此同时，798艺术区却面临着拆迁的阴影。从2004开始，随着外国领导人的不断到访参观，该艺术区的知名度也随之扩大，一度被称为北京、中国乃至亚洲先锋艺术的前沿，成为目前中国最著名的艺术区和北京城市形象的一张名片。2005年，创意产业成为北京市热门词汇；2006年1月，在北京市发改委向“两会”代表下发的材料中，798艺术区被列为北京6个重点文化创意产业集聚区之一，并计划投资五亿元扶持重点文化创意产业园区发展；2007年，北京市制定的“十一五”文化创意产业发展规划中，798艺术区正式被列入北京市重点扶持的文化创意产业园区之一。

M50

3.“M50”：悬在头上的拆迁之剑

上海的“M50”在许多地方和“798”有着相似之处。比如都是从偏僻地段的闲置厂房再利用开始；都经历了艺术家先开工作室、画廊接踵而来的过程，最后都形成艺术家工作室和画廊混居的生态；都以国内屈指可数的领头画廊为核心产生集聚效应，形成中国当代艺术展示与销售的品牌等。

但是，相比而言两者仍存在较多差异之处，综合来看有以下三点：一，“M50”体量较小，因此画廊的集聚程度不可相提并论。画廊与艺术家工作室的流动性比较弱，发展受到局限；二，“M50”地处苏州河边，地理位置特殊，交通不便、周边环境的配套存在问题；三，北京很早就把发展文化产业作为城市发展的支柱产业，把“798”作为城市规划的有机组成部分，相比之下，上海的“M50”却早已成为房地产商开发蓝图中的一部分，未来发展还是未定之数。

“创意产业”带来哪些新概念？

上海社会科学院创意产业研究中心主任厉无畏指出，目前在我国被普遍接受的创意产业的定义来自英国。早在1997年英国大选之后，时任首相布莱尔提出“新英国”的构想，希望改变英国老工业帝国陈旧落后的形象。此后布莱尔着手成立了英国创意产业专责小组，先后于1998年和2001年两次发表研究报告，分析英国创意产业的现状并提出发展战略。这两份报告成功并快速地使创意产业成为英国经济发展的重要元素，也使世界各国开始思考并建立自己的创意产业。短短几年内，创意产业已如雨后春笋般出现在全球各发达国家，其中，美国、英国、荷兰等都属于其中的佼佼者。在亚洲，日本、韩国、新加坡等国家也在创意产业的发展上卓有建树。事实上，创意产业的定义实际上很宽泛，英国创意产业专责小组曾对创意产业下过一个定义：“源于个人创造力与技能及才华、通过知识产权的生成和取用、具有创造财富并增加就业潜力的产业”。具体说来，创意产业可分五大类：研发设计创意(包括信息服务业、软件业、工业设计、广告设计)、建筑设计创意(室内设计、工程技术与城市规划)、文化传媒创意(动漫、电影、音像、网游)、咨询策划创意(咨询策划、会议及展览服务)和时尚消费创意(时尚设计、旅游业)。此外，业内还有专家将创意产业大致分为三种类型：一是以英国和美国为代表的欧美型，其创意产业以文化产业为主体，较多地涵盖精神产品层面；二是以日本、韩国为代表的亚太型，其创意产业以文化产业和产业服务为主体，兼顾了精神产品和物质产品两个层面；三是以中国内地为代表的本土型，其创意产业以产业服务为主体，更突出地强调物质产品层面。

“创意产业园区”点石成金

“创意产业＋园区绝对是个中国特色”。北京大学城市与区域规划系教授王缉慈尖锐地指出，我国创意产业的发展，虽然所针对的大多是工业闲置房产，但从一开始就选择了类似“开发区”的方式。事实上，早在2005年初，上海市创意产业中心一成立，就批准了第一批“创意产业园区”。据中心常务副秘书长潘瑾介绍，这些园区的做法是坚持“三个不变五个变”——房屋结构不变、产权关系不变、土地性质不变；以及内容变、管理形式变、产业变、周边环境变等。从模式上探讨，过去主要是以企业自谋出路为主，譬如“M50”从最初的”都市工业园区”发展为“创意产业园区”，其间经历了从自发到政府引导的过程。潘瑾指出：“园区是有形的，自然有地产形式，但更重要的是产业的集聚。上海已进入创意产业园区发展的第二阶段，那就是内涵建设，其中有硬指标，如入驻企业数量、产值、税收等；也有软指标，如园区的功能、物业管理、市场推广与开发、人事服务等，乃至寻找各种支持比如知识产权联盟，引入中介服务机构；人事服务；园区资源整合、

宋庄

市场推广等活动。”她还强调，内涵建设也是市场配置的过程，必须服从市场规律。

与此同时，北京市在创意园区的运营探索上也经历了一个“质变”的过程。2007年北京市出台了《北京市“十一五”时期文化创意产业发展规划》，明确表示要把北京市建设成为全国的文艺演出中心、出版发行和版权贸易中心、广播影视节目制作和交易中心、动漫和网络游戏研发制作中心、广告和会展中心、古玩和艺术品交易中心、设计创意中心、文化旅游中心、文化体育休闲中心。在此基础上，北京市还成立了市级机构，名叫北京市文化创意产业促进中心，该中心主任杨淦表示：“文化创意产业存在着投入的周期较长，投入资本较大，而且固定资产较小，价值评估不够确定等等问题，所以融资这个问题是难上加难。”因此促进中心所做的第一件事就是解决园区企业的“融资难”的问题，包括设立政府投入的产业基金与园区基本建设基金，也包括与北京银行交通银行建立合作关系，为企业提供可以快速审批、无形资产质押和利率优惠的贷款。第二件事就是跟北京产权交易所合作，让创意产业企业与资本市场对接。从北京相关机构的这些认识和做法中，可以预见，北京未来的“文化创意产业集聚区”将会有更精彩的表现。

798

艺术园区“创意”进行时

1. 宋庄：确定三步走计划

宋庄艺术促进委员会会长洪峰在接受记者采访时表示，宋庄已经委托美国龙安公司完成了宋庄原创艺术与卡通产业集聚区的概念性规划，区域划分大约包括美术馆区、画廊区、艺术家区和展示交易区。该规划结合宋庄镇的镇域规划，目前已得到北京市政府的批复。宋庄将根据北京市委、市政府的要求，结合集聚区的规划，分三个步骤进行建设：第一个阶段是三年内搭建框架和结构，首先就是将概念设计、产业定位、原创艺术等重要内容引进，随后是大企业、大机构的进入，最后是卡通、音乐、演艺、出版创意等国际机构的进入；第二阶段是在框架的基础上进入3年-5年的规划；第三个阶段（5年-10年）则是把艺术生态、产业生态进行完善和链接。洪峰认为，北京首批集聚区中有二个集聚区特别引人注目，一个是宋庄原创艺术与卡通产业集聚区，另一个是“798”。只要发展得好，这些园区会推动艺术产业的发展，并可以将产业链条进行延伸。洪峰说：“有了人才会有创意，有了创意才能有产业，因此，宋庄将从艺术生态建设、产业生态建设的基础入手。”作为北京已经立项的两个区域，洪峰认为目前的“798”是宋庄的一个窗口，但从产业链来看，宋庄是不可比拟的；另一方面，宋庄所在的通州位于北京的东面，紧临机场，而未来北京的城市发展

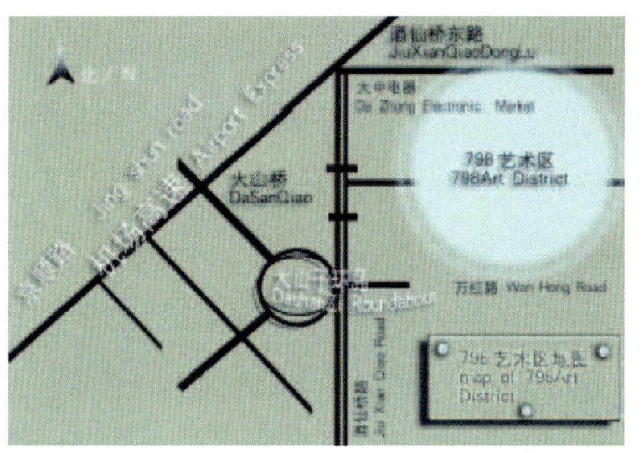

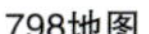
798地图

“798”艺术园区

规划就是向东南方向，通州将是未来北京的新城区建设中的重点。

2. “798”：将扩大投入进行基本建设

“798”列入文化创意产业集聚区后，变化有目共睹。身在“798”中的黄岩由衷地承认，园区近年来大规模投入道路与基础设施的改造，面貌已经焕然一新。目前艺术区里除了艺术家工作室，还有画廊、创意设计机构、特色酒吧、高档餐馆和个性化的家居服饰品店，加之已经连续举办几届的“798艺术节”，持续的基建投入让“798”已经成为一个名副其实的国际艺术交流平台和北京的时尚地标。同时，“798”的产业化也带来了园区内房租日益高涨，从1997年至今，其租金一路攀升，从0.3元／天/平方米到现在的2.5元／天/平方米，翻了八倍之多。而原来静谧的艺术区随着商业氛围的浓重变得喧嚣而浮躁，这些不仅阻碍了新艺术家们进驻，也令原有的艺术家们逐步撤出。由此也引发了围绕着“798”又衍生多个艺术家聚集区的现象。对此，国家行政学院综合教研部副主任祁述裕表示，有艺术的地方就有人流，有人流的地方商业就紧随其后，艺术家最终会被挤走，这是一个规律。

3. “M50”：着手二期规划

据“M50”的园区总经理金伟东介绍，当年，进入上海第一批授权的“创意产业园区”名单公布后，“M50”所做的第一件事就是规划与改造。2005年园区做了一期改造，包括道路（管道）、广场、灯光、绿化以及几幢老房子的修缮。最重要的，是请园区内的设计公司，对园区的视觉形象作了整体的设计，确定了一整套的标识系统。2008年，园区还将委托专家进行两期改造的规划：一是整个莫干山路的规划；二是M50的二期改造，其中包括修建基础设施、完善标识系统、重要建筑物的局部改造以及老房子的修缮等。不过，金伟东也透露，他们正在做的事还包括园区文化品牌的建设：2007年年末，园区首次推出了面向各艺术院校学生的“创意奖”，由入驻园区的著名艺术家和设计师组成评委，在应征的艺术与设计作品中评选“最佳创意奖”。这对其在上海树立艺术时尚地标的地位而言，可谓一举多得。

现场张江–孙良作品

新一代艺术园区更具创意对于在新世纪里涌现的新型园区，“创意产业园区”的概念和方法显示了神奇的魅力。其中，上海75个市级的“创意产业园区”中，就有“红坊”这样的例子——房地产开发商将原上钢十厂的厂区整体改造，再招商引入画廊、设计公司等艺术机构，把“红坊”建成了上海一个以雕塑艺术为特色的艺术园区。不过，新一代“创意产业园区”中最有意思的，还是张江高科技园区的事例。张江作为全国最重要的高科技园区，一直尝试着用文化艺术的建设来提升园区品牌。除此之外，张江不仅做动漫、游戏、设计等艺术产业，还做公益性的文化艺术事业。张江文化发展公司总经理周克勇向记者特别提到，浦东新区领导张学斌，在出席“现场张江”活动时就明确指出，要让科技插上文艺的翅膀，要让当代艺术点化高科技。按照这个思路，张江正投入大量的人力物力，建设张江当代艺术馆，并且推出全国瞩目的“现场张江”等大型公共艺术活动。

张江当代艺术馆馆长李旭则称，“未来张江还将加快文化艺术产业投入的步伐。其近期计划是在地铁二号线张江高科站东迁后，将原址改建称综合性的博物馆——张江博物馆。长期的计划则是用四年的时间在张江的中心区（地铁站往南2公里）建一个艺术城。计划中的艺术城坐落在“张江中区”（包括教育区、科研区）的智慧岛上。共有5万平米建筑面积，其中1万平米将用于建设一座全功能、符合国际展览要求的美术馆。此外，艺术家工作室群和画廊群各占2万平米；另外还有一个会所，提供一个公共活动的场所。”值得注意的是，在全国各

宋庄内的北京TS1当代艺术中心

地也纷纷出现了诸多别具特色的创意产业园区：在杭州，杭州蓝孔雀化纤厂的旧厂房，现已成为LOFT49，拥有19家艺术室和设计公司，330多个设计创作人员的创意型企业集聚地；重庆有9大创意产业基地，其中最著名的当属坦克库•重庆当代艺术中心，该中心由一个废弃的军事仓库改建而成，由四川美术学院打造成了艺术家工作室，其所在的黄桷坪目前已形成了动漫艺术、绘画艺术、工业产品设计、广告、环境艺术、旅游文化产品、陶瓷、建筑、雕塑等艺术设计基地；在武汉，由武汉至人文化艺术发展有限公司作为武汉艺术创意产业园区的“吃螃蟹”者，在汉阳工厂区发起了武汉“汉阳造”艺术区的建设，其中既有专门作为艺术家工作区的“824创意工厂”，也有取名“好莱坞”的摄影基地，各地不同的园区理念，不约而同地体现了“创意产业园区”点石成金的作用。

综上所述，“创意产业园区”作为一个更大的概念，正以其巨大的商业利润空间，以及符合城市产业转型的历史趋势而受到各地的鼓励与追捧，同时也正成为各种资金竞相角逐的热点。但是，正如上海市创意产业中心常务副秘书长潘瑾所指出的，创意产业园区的立身之本，还在于其对产业的贡献。上海的创意产业园区的建设，已率先进入加强内涵建设的第二阶段。相比之下，国内大多数地区都还处在大批生长的第一阶段。可见，未来创意产业园区的发展之路还很漫长。

SONGZHUANG ART CENTER
宋

2007，中国·宋庄横空出世

来源/雅客艺术

编者按：中国·宋庄——一个位于北京通州的普通小镇，在十余年的时间里，发展成为世界当代艺术的新贵与国际热钱追逐的焦点。而2007年宋庄镇政府的一纸规划，不但拉开了其“文化造镇”、打造世界艺术之都的序幕，更让一座金矿呈现于世人面前——发展创意产业，宋庄将厚积薄发！

如果说纽约苏荷区的历史，是一部二战后的世界当代艺术史，那么宋庄将有望成为21世纪以来，中国乃至世界当代艺术史新的书写者。

宋庄，北京市通州区行政区划下的一个镇，位于通州区北部，距北京CBD中央商务区13公里处，略显边缘的城郊处，总面积百余平方公里。作为国务院发改委批准的全国重点小城镇试点镇，宋庄的身份在悄然发生着转化。1994年以来，随着大量画家的进驻，这里逐渐形成了目前中国乃至世界规模最大的当代艺术大本营——宋庄艺术家群落。

在血脉传承上，它是北京圆明园画家村新的根据地；在空间分布上，它又是北京798艺术工厂的大后方；而在更多人眼里，它是当代艺术新的摇篮和母体，并且其在世界当代艺术版图中的地位正日益凸显--在中国当代艺术家的集体努力下，一个位于中国首都北京的边缘小镇，已经在通向世界当代艺术中心的道路上加速前行。

无论这一天何时到来，2007年都注定将在这部历史中留下浓重一笔。因为这一年，在宋庄镇党委书记胡介报的带领下，宋庄人开始盘点自身优势和资源，以长远的目光、开阔的胸怀、科学的态度，认识自身、确认自身、规划自身——我是谁，我往何处去？

如同一个人在旁人的认同以及自我的心灵探询下，认清自己的使命从而树立远大的理想一样，宋庄的未来之路在这一年拨云见日，指向终极。而这一盘点自身、设计未来的过程，既充满了偶然的际遇，同时也暗合着历史发展的必然规律。

一个梦，一篇文章，一个村庄

黄永玉，中国当代艺术的领军人物。他之于宋庄，就像旗帜之于营地。而对于他的到来，流传着一个颇具当代艺术特征的故事：据说黄老有一次坐车路过宋庄，途中酣睡时做了一个梦，梦见自己在此地有一座院子，于是就有了他后来位于宋庄的四合院——万荷塘。

传说并不可考。而第一位来宋庄的画家是谁，以及为何而来，如今也无从知晓。我们知道的，就是从1994年至2006年底，宋庄已经聚集了1200多位画家。除了黄永玉这样的画界泰斗，也不乏栗宪庭这样的大家，以及方力钧、岳敏君、杨少宾等当代艺术名家。

1994年的一个梦，在小堡村拉开了宋庄艺术版图奠基的序幕。而2002年的一篇文章，在一个人的心中激发了另一个梦想。这个人就是胡介报，而他看到的文章《苏荷》，则令他对文化产业、艺术城市有了最初的认识与向往。2003年，一篇名为《大文化》的文章，则让胡介报彻底明确了自己的理想和志趣——发展文化产业，打造艺术城市，用我们当代人的努力，打造百年以后的文化遗产。

2004年早春，胡介报调任宋庄镇党委书记。怀揣一腔热血的他在调研中，与当时小堡村聚居的100多名画家不期而遇。回忆当时的情景，胡介报的言辞依然掩饰不住那份激动——“真是踏破铁鞋无觅处！”通过了解发现，其时仅在小堡村一个村里，就已经有47个画家的作品，被国际、国内各类博物馆收藏，小堡村也已成为宋庄艺术家的大本营。碰撞之下，一个大想法在胡介报的心中产生了。

随后，胡介报领导成立了宋庄镇文化产业领导小组，并亲自担任领导小组组长。不久，又成立了宋庄文化艺术促进会，在为当地艺术家提供服务、开展实地调研的同时，开始正式培育当地的文化产业。一年之后，经过严密的调研与准备工作，宋庄正式提出《2004－2020文化造镇工程实施纲要》，亮出了“文化造镇”的口号。“15年，我们做好准备，用这么长的时间打造中国乃至世界的文化名镇。因为对文化产业来说，急功近利要不得。”胡介报如是说。在他眼中，“中国·宋庄”从此成为一个需要长期加以培养、维护和发展的品牌形象。

从特色到产业从画家村到梦工厂

与15年的长远规划相比，宋庄的迅速崛起似乎只在一夜之间。昨天的宋庄似乎还只是一个画家村，今天则俨然成为中国乃至世界当代艺术的代名词。

一切皆源于2005年宋庄艺术家作品在国内外艺术品交易市场的集体爆发。据宋庄艺术促进会统计，仅在这一年，几个领军人物的个人交易额就超过6000万元。其中，岳敏君的一幅画在欧洲拍卖，以90万美元的价格成交，创造了宋庄艺术家作品拍卖的最高纪录。据较为保守的估计，2006年在宋庄居住生活的艺术家们，一年艺术品的交易额已超过3亿元。

从特色到产业，宋庄“文化造镇”的发展路径，借由国际艺术品市场的认同清晰起来。“我们要把这个艺术资源变成一个产业，做强做大，这对艺术家是有利的，对社会是有利的，对政府是有利的，对黎民百姓也是有利的。”面对眼前景象，胡介报侃侃而谈，“文化产业的形成，将为艺术家的作品交易创造良好的条件。如果宋庄能实现国际化交易，艺术家就不用去外面奔忙了。”

而实现这一转变，宋庄将成为艺术家走向世界的窗口。他们的作品将因为宋庄被更多人了解并发现。由此产生的收益，既可以维持创作与生活的基本需要，同时利用宋庄这个大环境进行艺术上的切磋和交流，又促进了当代艺术的发展。更重要的在于，相比画家村、聚居地这样的单纯的地域特色，宋庄作为当代艺术梦工厂的产业内涵，无疑丰富许多，也深刻许多。

对照纽约的苏荷区，胡介报眼中的宋庄将在未来成为世界当代艺术的中心。而实现梦想的第一步，就是首先在“宋庄能实现国际化交易”。

2007年，在宋庄小堡村，八家大型的民营美术馆横空出世。宋庄的世界艺术中心之路由此发轫。而这仅仅是冰山一角。一个更为广大、更为具体、更为综合、同时也更为体系化的发展脉络，与此同时也浮出水面。

宋庄：一个中国当代艺术的神话

来源/上海证券报

11月8日第三届宋庄文化艺术节开幕，现场的气氛倒真有点像宋丹丹在小品中形容的“彩旗飘飘，锣鼓喧天”的热闹，而且虽然每天也处在以发展速度著称的北京，可是置身这块被政府划定为文化创意产业区的喧腾的地盘上依然感到有些眩晕，商业正以疯狂的速度改变着这里的空间结构和形貌。

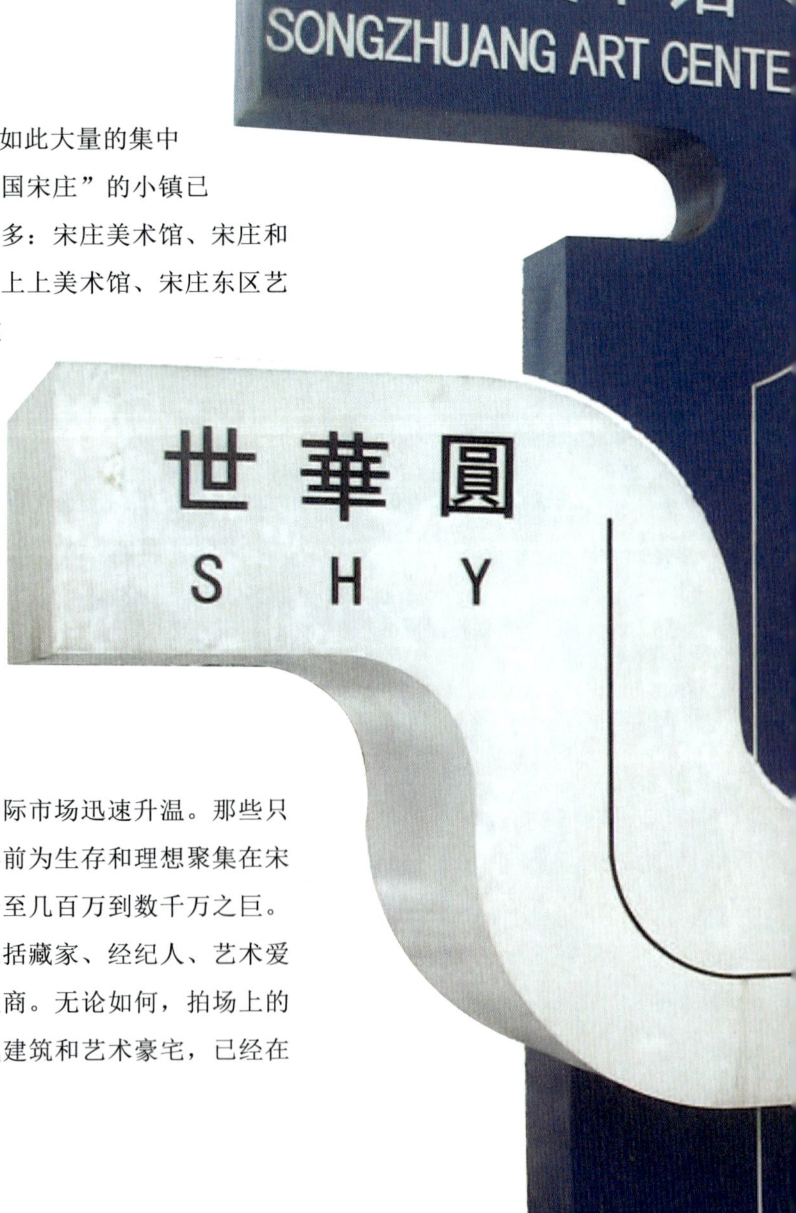

中国当代艺术的商标和神话

谁能想到，中国的当代美术馆会如此大量的集中在一个村镇里。据说，这个号称“中国宋庄”的小镇已经开馆和正在兴建的有八大美术馆之多：宋庄美术馆、宋庄和静园艺术馆、宋庄壹号美术馆、宋庄上上美术馆、宋庄东区艺术中心、宋庄国际艺术空间、宋庄左右艺术区、宋庄泰达美术馆。可是在宋庄的街道边分明还有“当代写实美术馆”等等几乎一夜之间拔地而起的更多空间。宋庄的路牌，东西南北指向各个艺术区域和文化产业区域。

中国当代艺术从某种意义上和宋庄之间划上等号：宋庄＝中国当代艺术的商标和神话。

两年来，中国的当代艺术品在国际市场迅速升温。那些只有四十多岁的明星艺术家们，10多年前为生存和理想聚集在宋庄，而今作品身价在今年的10月飙升至几百万到数千万之巨。天价给宋庄带来大量的游客，其中包括藏家、经纪人、艺术爱好者、小资、投资客甚至是地产开发商。无论如何，拍场上的天文数字与这里实实在在出现的现代建筑和艺术豪宅，已经在昭示着中国当代艺术不容置疑的发展与壮大，因为聚集着几位明星艺术家和1000多个追梦艺术家而越来越热闹的宋庄俨然成为巨大的舞台，上演着一幕幕的好戏。

艺术家追梦追出亚洲最大艺术硅谷

事实上，更多宋庄艺术家是潦倒的，只能说5%是富起来的艺术家，95%还在进行各种生活或者生存的挣扎。10多年来，正因为一批又一批艺术家的梦想，宋庄的经济得到空前的发展。以小堡村为例，1994年村里只有4个小卖部，2006年则有了8家超市和46家饭店。按照一个艺术家1年消费2万元现金估算，1000名艺术家可以给宋庄带来2000万的现金流，创造1000个就业机会。

从当年那些落魄小子们进驻的那一刻起，宋庄就注定要成为中国当代艺术的大赢家。

在某种程度上，当代艺术缔造了宋庄，也创造了神话。个别艺术家的成功经历给其他艺术家造就幻想，蛊惑越来越多想要发展的艺术家来到这里，也给政府注入强心剂，相信这条路在未来能够给政府的创意产业业绩带来非凡成效。

所以，宋庄可以很骄傲地说："我们将是亚洲最大的艺术硅谷！"

平衡艺术与商业，任重而道远

在宋庄镇党委书记胡介报的描述中，未来的宋庄"将是中国当代艺术中心区，也是国际当代艺术聚集区；融当代艺术的原创性与市场性为一体。现在做基础设施做环境，就是政府要把台搭起来，艺术家们源源不断地来投资。比如我们规划的艺术创作区，很多艺术家就来了，大师们也就来了。还有交易区，投资商就来了，拍卖行就来了。将来一提中国当代艺术，那就是宋庄。”

而从去年开始，宋庄文化大社区的梦想正在一步步接近现实。“艺术的变化就是社会的晴雨表。”短短十几年，中国艺术家身上的变化正反映了中国的变化。

然而，过分的商业介入也引发了一些人对宋庄未来的担忧。“商业的直接介入也容易让艺术家变得浮躁。”栗宪庭认为，艺术家得到商业认可是一件好事，但也会影响其创作的艺术性，这是一种无可避免的博弈。

虽然艺术市场的火热带动了无数商机，但是中国当代艺术生态圈的脆弱依然是显而易见的。已在海内外扬名的宋庄，想要规划好艺术和商业的未来，恐怕还是任重道远。

苏荷启示，宋庄的路径选择

来源/中国建设报

2005年10月，首届中国·宋庄文化艺术节开幕。

10余万人次参观，展出1000多幅油画，50多个绘画工作室对外开放，中国南北民歌擂台赛同期举办……这既拉开了宋庄艺术家群落走向世界的序幕，同时，用胡介报的话说，也“开创了我们做文化产业的先河”。

从此一发而不可收。2006年以“打开宋庄”为主题，举办第二届“中国·宋庄文化艺术节”，其参展作品来自全国各地，其文化艺术的内涵已由当代绘画艺术，延伸至公共艺术、雕塑艺术、行为艺术、综合材料艺术、艳俗艺术及新媒体艺术等主要现代艺术形式，它们充分体现了当代艺术的最新动态和发展趋势。

如果说首届艺术节成功地让宋庄走向了世界、让世界了解了宋庄，那么此次艺术节则在于让宋庄和外界建立了真正意义上的联系。无论是参展作品，还是同期举办的学术论坛，宋庄艺术节都强烈表达出中国当代艺术自己的声音，以及与外界沟通、对话的渴望。反思性、批判性、乌托邦化……除了这些当代艺术的主要特征，宋庄还传达出了中国当代艺术的开放性与融合性。

而正是这种独特的艺术魅力与精神气质，引起国际瞩目。当代艺术的焦点，也由此转移——中国·宋庄，会不会是“下一个苏荷”？

美国的苏荷，中国的宋庄，在错越的时空中，在当代艺术这条纽带的维系下，如此“幸会”了。对胡介报来说，一边曾经是他的理想，一边则是他的现实命题——文化造镇，打造百年以后的文化遗产。问题是：如何做？

全面借鉴苏荷的经验与教训

2007年初，宋庄8大美术馆的开幕，实现了宋庄艺术国际

雪后宋庄

化展示交易的第一步。随之，建立一个与之相对应的独立评论家、画廊、策展人、拍卖行、博物馆等配套的系统工程也摆上了桌面。

如何在宋庄建立一个完善的艺术品市场，最好的参照便是纽约的苏荷区。

二战后，纽约开始取代巴黎，逐步成为西方乃至世界的文化与艺术中心，其关键便是“苏荷区”的开发建设。该区原是纽约19世纪最集中的工厂区，随着金融业取代制造业成为纽约市经济的支柱产业，苏荷区逐渐成为一片废弃的工业区，仓库厂房大量闲置。由于租金低廉，吸引了一批美国新锐艺术家的入住。目光敏锐的画商随后在该区设立画廊。在随后的旧城改造中，纽约市作出了具有高度远见的决定：全部保留苏荷区旧建筑景观，确认苏荷为文化艺术区。

正是这一决定，加上苏荷艺术家的不断努力，造就了画廊

M50创意园区

逾千、艺术家逾万、世界顶级美术馆林立的当代艺术中心——苏荷区。同时，与之相关的书店、餐厅、咖啡座、时装店也在该区兴盛起来。当代艺术的时尚、前卫，与工业时代老厂房的古板、粗犷相映成趣，不但开创了LOFT居住与建筑形式的先河，其影响之深远，也使苏荷成为后现代城市建筑和现代艺术的专有名词与新文化符号。

作为20世纪世界当代艺术的中心，纽约苏荷的成功经验在于，它的发展离不开当地政府的大力扶持，从而使其成为城市规划方面的成功案例，进而成为培育城市文化的神来之笔；而它所反映的问题也同样明显，就是随着商业化的开发，上涨的租金逐渐成为其继续发展的瓶颈，最后由艺术中心演变而成画廊遍地、名店扎堆的高级商业住宅区。

正是这两点，成为宋庄未来发展之路上亟待解决的两大问题。

拆与建先想想我们留下什么

“未来的宋庄，将是中国当代艺术中心区，也是国际当代艺术积聚区；融当代艺术的原创性与市场性为一体。”谈到宋庄的远景目标，胡介报如是说。

纽约SOHO区内景

按照他的思路，政府现在将把主要精力用在基础设施与环境的建设上，“政府要把台搭起来，经营人要把市场做起来，艺术家们要把资源聚起来。比如我们规划的艺术创作区，已经吸引了很多艺术家入区创作。而展示交易区则吸引了投资商和拍卖行。”

尽管如此，胡介报依旧十分清醒。对他来说，规划先行，空喊口号是不行的。“我们首先要有一个意识，就是在规划之前，先想想我们留下什么。”

在今天的宋庄，很多新的艺术家工作区，或通过建筑形态、或通过室内装饰、或通过随手涂鸦、或通过因地制宜，体现了他们的独特创意。也许以今天的目光看，他们还只是一种个性的表达，但是很难说在多年以后，他们不会成为新的名人故居。正是这一点，使胡介报意识到，任何今天发生的事件，都可能成为宋庄留给明天的财富和遗产。“我们的拆和建，都要判断它的艺术价值。”在胡介报的规划思路中，这成为重中之重，“我们当代人要有所思考：怎样活得才有价值？我们将给子孙留下什么？我希望是文化的流传和继承，没有文化的民族是没有凝聚力的。曾经有一段时间，我们把什么都打破了，然后重建，而弥补历史的遗憾需要付出昂贵的代价。”

此外一个重要原因，就是商业化加速、经济发展所引发的租金上涨，往往对艺术家是一种灾难。而对宋庄来说，艺术家却是最宝贵的资源。如何通过规划和政府有意识地引导，避免出现这一情况，成为宋庄需要解决的另一大问题。

“我们所做的是要留住艺术家，他们是我们的宝贝。一个城市建设，拆是必要的，但我们不是瞎拆。”在这句话的背后，一个关于宋庄未来之路的整体规划，其框架开始浮出水面。“文化造镇就是要将宋庄打造成一个品牌，这个品牌是以经济实力为基础的，是以文化艺术为特征的，是以和谐的社会结构和优美的宜居环境为目标的。”胡介报表示，“未来的宋庄将以鲜明的艺术特色向世界展示独特的魅力。”

2007宋庄艺术节 | Three

首届宋庄文化艺术节

中国·宋庄文化艺术节历程

中国•宋庄文化艺术节，是实际落实国家关于“弘扬中华文化，建设中华民族共有精神家园，推动社会主义文化大发展大繁荣，让人民共享文化发展成果”号召的具体行动。

中国•宋庄文化艺术节是在市、区两级政府的指导、关心下，宋庄广大人民实施“文化造镇”战略，在“用当代人的智慧，打造百年后文化遗产”思想指导下，开展的具有国际影响力的文化艺术盛会。是“中国•宋庄”品牌增进深厚文化积累、增强可持续发展动力，打造世界文化艺术中心地位的重要活动之一。

“宋庄”不仅仅是影响中国艺术发展史的乡村，她也是世界文化艺术的交汇场，“宋庄”更是中华民族文化伟大复兴历程中的参与者和实践者。这是中国•宋庄文化艺术节不断追求的方向。

从2005年10月22日到2007年11月8日，中国•宋庄文化艺术节，历经三届。

'05第三届中国南北民歌展示周暨首届中国•宋庄文化艺术节以“宋庄路”为主题，由国家文化部民族民间文艺发展中心、通州区宋庄镇人民政府和宋庄艺术促进会共同主办。316位宋庄艺术家的760件作品在两公里的街道上露天展出；来自全国20多个省、自治区、直辖市的150多位民间歌手进行了6场民歌展演，历时3天，到场观众10万人。首届宋庄艺术节极大地鼓舞和振奋了宋庄艺术家的创作热情，进一步增强了宋庄艺术家群落的集聚效应。艺术节将最具民族性的原生态民歌展演和最具时代性的当代艺术展示推上同一个大舞台，引起国内外媒体的强烈关注。首届艺术节作为中国当代艺术发展史上年度重大事件，创造并载入历史。

'06第二届中国•宋庄文化艺术节以“打开宋庄” 为主题，由通州区宋庄镇人民政府主办，宋庄艺术促进会和北京宋庄文化创意发展有限公司具体承办。艺术节主题单元包括文化、学术、产业论坛，艺术展览，文化创意产业展示等各类活动21项，历时11天，累计到场观众15万人，参与报道的国内外媒体115家，艺术节取得了广泛而深入的社会影响。第二届艺术节是宋庄人民积极响应北京市大力发展文化创意产业要求的具体体现，为全面推进宋庄原创艺术与卡通产业集聚区发展和建设奠定了基础。

'07第二届中国(北京)国际文化创意产业博览会宋庄分会场暨第三届中国•宋庄文化艺术节，以“艺术链接”为主题，配合文博会的“文化创意与人文奥运”主题，结合宋庄的“原创艺术与卡通产业集聚区”特性，通过艺术展览、动漫论坛、批评家年会及群众文艺等系列活动，展示人文奥运、文化奥运、艺术奥运、文化创意产业的成果，推动北京文化创意产业发展以及宋庄当代文化艺术的国际化进程。

本届艺术节，由中国（北京）国际文化创意产业博览会组委会、北京文化发展基金会、通州区宋庄镇人民政府共同主办，北京文化发展基金会“宋庄当代文化专项基金”、宋庄艺术促进会、北京宋庄文化创意发展有限公司承办，并得到中国国际贸易促进委员会北京市分会大力支持。艺术节整体活动分为三大板块， “中国美术批评家年会”和“中韩动漫产业（北京）高峰论坛”组成的论坛板块；13大主题展览和众多不同

首届文化艺术节开幕式

首届文化艺术节开幕式

第二届宋庄艺术节之超女纪念碑

形式不同风格展览组成的国内板块；同时，美国、德国、俄罗斯、韩国、法国等国际知名艺术家参与的展览组成国际板块，一并呈现。

本届艺术节的特色是：一是突出“人文奥运与艺术链接”主题，彰显“人文奥运”对“宋庄原创”、“国际潮流”等独特属性；二是突出“宋庄原创艺术与卡通产业集聚区”特性，体现不一样的主题，一样的艺术；三是突出文化艺术活动的人民参与性，使广大人民群众既成为艺术的创造者，又成为艺术的享受者。

A Background for China Songzhuang's Culture & Arts Festival

The Culture & Arts Festival of Songzhuang, China is a concrete motion which "honors Chinese culture, while constructing a spiritual home for the Chinese nation, promoting socialistic cultural development and prosperity, and letting the people share in the achievements of cultural development.

It is an international and influential pageant of culture and art. Instructed and aided by the People's Government of Beijing and Tongzhou district, the people of Songzhuang have put "A Town Built on Culture" into practice. The present generation is creating a cultural heritage which will still be shared in a hundred years. This festival also deepens the accumulation of culture, strengthens sustainable development power, and helps to make Songzhuang one of the cultural & art centers of the world.

Songzhuang is not only a piece of countryside that has affected the development of China's art history, but also a field where world culture and art blend together. Furthermore, it is a participant and practitioner in the great course of revival for the Chinese nation.

From October 22, 2005 through November 8, 2007, the Culture & Arts Festival of Songzhuang, China has been open for three sessions.

The 3rd China North and South Folk Song Display and the 1st China Songzhuang Culture & Arts Festival took "Songzhuang's Road" as its subject, hosted by the Nationality Folk Culture and Art Development Center of the National Culture Department, the People's Department of Songzhuang Town, Tongzhou District, and the Songzhuang Art Promotion Association.316 Songzhuang artists'760 works were displayed on a two-kilometer long street. More than 150 folk singers from 20 provinces, autonomous regions, and municipalities carried on six performances. It lasted three days, and had

第二届宋庄艺术节——艺术与产业论坛

about 100,000 visitors. The 1st festival greatly inspired and roused the creative enthusiasm of Songzhuang's artists, and further strengthened the Songzhuang artistic community's accumulative effect. During the festival, original national ecology folk songs were displayed on the same stage as cutting-edge contemporary art, which aroused great attention from the domestic and foreign media. As a significant event in the development of China's contemporary art, it has been written into the history books.

The 2nd China Songzhuang Culture & Arts Festival took "Opening Songzhuang"as its subject. It was hosted by the People's Government of Songzhuang, Tongzhou District, and organized by the Songzhuang Art Promotion Association and the Beijing Songzhuang Cultural Creation Development Corp.,Ltd. The subject unit included 21 items, such as culture, academia, industrial forums, artistic displays and demonstrations of cultural creative industries and so on. It lasted eleven days, and saw roughly 150,000 visitors. About 115 domestic and foreign media reported on it, and the festival enjoyed a thorough and widespread social influence. The people of Songzhuang put "developing cultural and creative industries" into practice, laid a foundation for the development and construction of Songzhuang's original art and cartoon industrial agglomeration.

The Songzhuang Sub-venue of the 2nd China Beijing International Cultural , Creative Industry Expo and the 3rd China Songzhuang Culture & Arts Festival takes "Art Linking" as its subject, which matches the Culture Expo's "Cultural Creation and a Humanitarian Olympic Games." Taking Songzhuang's "Original Art and Cartoon Industrial Agglomeration"as its base, and through a series of activities and artistic displays, animation forums, annual conferences for art critics, the festival displays a humanitarian, cultural, and artistic Olympic Games as well as the cultural creative industry's achievements, impelling the development of Beijing's cultural & creative industry and the internationalization of Songzhuang's contemporary art.

This festival is co-hosted by the China Beijing International Cultural , Creative Industry Expo Organizing Committee, the Beijing Cultural Development Foundation, the People's Government of Songzhuang, Tongzhou District, and organized by the Beijing Cultural Development Foundation's "Special Fund for Songzhuang Contemporary Culture", Songzhuang Art Promotion Association and Songzhuang Cultural Creation Development Co.,Ltd. It receives great support from the Beijing Branch of the International Trade Promotion Committee. It is divided into three parts, the forum portion, the domestic portion, and the international portion. The forum portion concludes with an Annual Conference for Art Critics and Summit Forum (Beijing) for the Chinese and Korean Animation Industry. The domestic portion is made up of thirteen main subject exhibitions and various forms and styles of displays. The international portion will display the works of well-known artists from the US, Germany, Russia, South Korea and France.

This festival has three characteristics: Firstly, it promotes the theme of "A Humanitarian Olympic Games and Art Linking," and presents the unique attributes of "A Humanarian Olympic Games", "Songzhuang Originals" and the "International Currents". Secondly it promotes the feature of "Songzhuang's Original Art and Cartoon Industrial Agglomeration", demonstrating that different subjects have similar art forms. Finally, it shows that cultural and artistic activities can be available to anyone. People can be creators as well as members of the audience.

China Songzhuang Culture & Arts Festival Organizing Committee

Nov.8,2007

第三届宋庄文化艺术节开幕式

第三届中国·宋庄文化艺术节概况

第三届中国·宋庄文化艺术节开幕式

第二届中国（北京）国际化创意产业博览会宋庄分会场暨

第三届中国·宋庄文化艺术节

第二届中国（北京）国际文化创意产业博览会宋庄分会场暨第三届中国•宋庄文化艺术节于2007年11月8日—11月20日在北京通州文化重镇——宋庄隆重举办。本届艺术节由中国（北京）国际文化创意产业博览会组委会、北京文化发展基金会和通州区宋庄镇人民政府主办，北京文化发展基金会“宋庄当代文化专项基金”、宋庄艺术促进会和宋庄文化创意发展有限公司共同承办。开幕式于11月8日10点在宋庄美术馆举行，北京市人大科教文卫委员会委员、北京文化发展基金会理事长薛宝书，中国国际贸易促进文员会北京市分会副会长倪跃刚，中共北京市通州区区委副书记杨林致词，宋庄镇党委书记胡介报发言，裴志刚镇长主持并作艺术节总体介绍。

第二届中国（北京）国际文化创意产业博览会将北京“宋庄原创艺术与卡通产业集聚区”设为分会场，每年一届的“中国•宋庄文化艺术节”借势纳入分会场，成为一个国家级的文化盛典。这不仅拓展了“中国•宋庄”的品牌效应，为艺术节增添了广泛的美誉度，也为北京乃至全国文化创意产业发展提供一个示范性的模式。此届文化艺术节以“艺术链接（Art Linking）”为主题，配合第二届中国（北京）国际文化创意产业博览会的“文化创意与人文奥运”主题，通过艺术展览、动漫论坛、批评家年会及群众文艺等系列活动，展示人文奥运、文化奥运、艺术奥运、文化创意产业的成果，推动北京文化创意产业发展以及宋庄当代文化艺术的国际化进程。此次的“艺术链接（Art Linking）”主题，是对“文化造镇”与“打开宋庄”两个成功理念的深度拓展，通过互动的形式，让宋庄的艺术家和策展人与外界形成联动，并对正在发生的、动态的中外艺术资源进行整合，推动多元格局的当代艺术向纵深方向发展，致力于社会主义文化的大发展大繁荣，提高国家文化软实力。

本届艺术节主要分为两大部分：论坛和展览。论坛包括美术批评家年会、中韩动漫产业（北京）高峰论坛。本次批评家年会由贾方舟和杨卫负责，于11月9日—11月11日在宋庄月亮河度假村召开，参加年会的批评家将推荐本年度优秀艺术家三位、青年批评家和青年策展人各一位。批评家年会的主要内容有：一、关于当代艺术意义的再讨论；二、批评家年度推荐活动；三、编辑出版批评家“年度批评文集”。批评家年会作为宋庄艺术促进会和中国美术批评家网的一项常规学术活动，由中国美术批评家年会组委会与北京文化发展基金会共同发起，北京文化发展基金会“宋庄当代文化专项基金”提供资金支持，宗旨为：致力于中国艺术批评的学术建设，促进批评家之间的交流与合作，推出美术批评新人，关注和推进中国当代艺术的健康发展。

中韩动漫产业（北京）高峰论坛于11月8日—11月9日在北京华润饭店举行。本次论坛邀请了中韩政府主管部门领导、中韩著名动漫原创企业、动漫出版机构、教育机构、知名动画制作和播出机构及衍生产品开发企业的相关专家就如何整合资源，开创动漫产业运营新模式，拓展动漫产业发展新思路这一主题进行深入研讨。中韩动漫界精英畅谈最新动漫产业理念和运营模式，结合宋庄的“原创艺术与卡通产业集聚区”特性，整合中韩两国各自的动漫产业优势，通过理论探讨、经验交流、实地考察，创造中韩两国的动漫产业的合作契机，推动中韩两国动漫产业的和谐发展。

展览分为主题展和分题展两个部分，主题展含国内展览和国际展览，国内国际的优秀作品云集宋庄，充分体现了“艺术链接”的广泛性和思想深度。国内展览共九个，分别是“两岸当代•对照阅读”、“底层人文”——当代艺术展、“情景链接”、“宋庄制造”展览、“宋庄一代”艺术展、“宋庄原创艺术展”、“凹凸空间当代艺术展”、“墨缘100——中国•宋庄水墨同盟第二届邀请展”、“中国•宋庄当代艺术家大展”，作品基调依旧为打造品牌宋庄、学术宋庄、时尚宋庄、潮流宋庄。 国际展共四个，分别是“中德对话当代艺术展”、“俄罗斯当代艺术展——驻足”、“美国当代艺术展”、“ 韩国当代艺术展”，适时呈现当代艺术发展的多元化生态，并促进各国艺术家的双向互动交流。

分题展包括“中外艺术家联展”、“相约在宋庄”、 “中韩建交15年交流展”、“连•接”——中、韩、美 、法、德艺术家联展、“99个帐篷，99个梦想”影像图片展、“宋庄人文水墨百幅作品展”、“放怀自适”、“无主题绘画联展——虹湾国际艺术中心开幕展”等。作为主题展的有效补充和延伸，分题展与主题展共同呈现了宋庄当代艺术创作的总体风貌。

宋庄文化艺术节历经了一个循序渐进的发展过程。2004年，宋庄在对全镇可利用的艺术资源状况进行充分调研的基础上，提出了实施“文化造镇”工程的发展理念，成为宋庄大力发展文化创意产业的有效途径。2005年10月，中国•宋庄首届文化艺术节以“宋庄路”为主题，316位宋庄艺术家的760件作品在两公里的街道上露天展出，来自全国的150多位民间歌手进行了6场民歌展演，历时3天，到场观众10万人，极大地鼓舞和振奋了宋庄艺术家的创作热情，增强了宋庄艺术家群落的集聚效应。2006年10月，第二届中国•宋庄文化艺术节以“打开宋庄”为主题，包括文化、学术、产业论坛，艺术展览，文化创意产业展示等各类活动21项，历时11天，累计到场观众15万人，取得了广泛而深入的社会影响，为全面推进宋庄原创艺术与卡通产业集聚区发展和建设奠定了基础。2006年12月，宋庄被北京市文化创意产业领导小组认定为“宋庄原创艺术与卡通产业集聚区”，并在首届北京国际文化创意产业博览会中获得 “2006中国最佳创意社区奖”，在2006年“艺术中国”年度影响力评选中荣获最具有行业指导性和较高公众影响力的艺术机构之殊荣。2007年是“文化造镇”工程取得重大成绩的一年，宋庄镇内的艺术家人数已超过1500人，形成了中国乃至全世界最大的艺术家群落，镇内的多家美术馆、画廊均已开放。另外还举办了群众性的文化活动、艺术家工作室开放展、当代艺术展览展示活动、经贸洽谈和旅游观光活动，为第三届中国•宋庄文化艺术节提供了更加广阔的空间，也正照应了本届文化艺术节的“宣传文化造镇理念，塑造艺术名镇”的宗旨，而北京文化发展基金会“宋庄当代文化专项基金”的设立进一步提升了“中国•宋庄”在艺术领域里的吸引力和影响力，“中国•宋庄”迅速成为国际当代艺术领域的品牌翘楚。

相关链接：

“文化造镇”：2004年4月，宋庄镇党委书记胡介报对宋庄镇内的艺术资源状况进行调研后，提出了“文化造镇”的发展思路。并成立了工程领导小组和办公室，胡介报任组长，洪峰任办公室主任。“文化造镇”使宋庄形成独特的区域性文化品牌。

宋庄艺术促进会：于2005年9月成立，洪峰任会长。作为宋庄两届艺术节的承办单位，它曾为“文化造镇”工程和宋庄艺术家群落的发展搭建了社会化服务平台。

宋庄文化创意发展有限公司：承担文化创意产业项目的设计、引进、立项和开发等工作。为宋庄文化创意产业的发展、落实宋庄“文化造镇”战略组建市场化运作平台。

北京文化发展基金会“宋庄当代文化专项基金”：2007年5月11日由北京文化发展基金会发起设立，旨在汇聚社会各界力量，整合宋庄当代文化资源，推动北京宋庄当代艺术的良性发展，建立并加强宋庄与国际艺术机构的交流合作，增强宋庄原创艺术与卡通产业集聚区的凝聚力和吸引力，扩大宋庄在海内外的影响力，将之打造成世界知名的艺术群落。

第二届中国（北京）国际文化创意产业博览会宋庄分会场暨第三届中国·宋庄文化艺术节

主题：艺术链接（Art Linking）

艺术节活动时间：2007年11月8日－11月20日

主题一：首届中国美术批评家年会

主　　办：中国美术批评家年会组织委员会

合作主办：北京文化发展基金会宋庄当代文化专项基金

宋庄艺术促进会

中国美术批评家网

协办单位：中国雕塑研究中心

北京大学中国现代艺术档案

月亮河度假村

时间：11月9日-11月11日

地点：月亮河度假村

负责人：贾方舟、杨卫

内容：　1、关于当代艺术意义的再讨论

　　　　2、批评家年度推荐活动

　　　　3、编辑出版批评家“年度批评文集”

主题二：中韩动漫产业（北京）高峰论坛

时间：2007年11月8日-11月9日

地点：华润饭店

联系人：李霞

内容：本次论坛将邀请政府主管部门领导、国内著名动漫原创企业、动漫出版机构、教育机构、知名动画制作和播出机构及衍生产品开发企业的相关专家领导就如何整合资源，开创动漫产业运营新模式，拓展动漫产业发展新思路这一主题进行深入研讨。

主题三：“底层人文”——当代艺术展

时间： 11月 8日- 11月20日

开幕酒会：11月8日下午2：00

地点：原创艺术博展中心

策展人：王林

内容：展览拟邀21位（组）艺术家参加，取意21世纪。展览布置考虑独立空间和整体空间结合，每位艺术家尽可能充分展示自己的作品。

展览不仅包括成型的作品，如绘画、雕塑、装置、影像，还应包括与底层状态相关的各种原始图文资料、调研图文资料。每位艺术家可根据自己的创作进行布置。

主题四：情景链接

时间：2007年9月-11月

开幕酒会：11月8日下午2：00

地点：展览部分在中坝河文化艺术中心

艺术家创作部分在各个艺术家工作室

策展人：杨卫、管郁达

内容：为了全方位呈现中国当代艺术发展的多元化生态，促进不同区域艺术家的双向互动交流，我们发起“宋庄—西南艺术家交流计划”。该计划包括双方互派艺术家进驻各自所在城市的艺术社区和工作室进行艺术创作，考察当地文化生态，并与当地艺术家进行学术交流，然后共同举办工作室开放展。使之成为一个观察中国当代艺术本土化生成和草根精神的窗口。

主题五：两岸当代·对照阅读

时间：10月18日-11月18日

地点：宋庄美术馆

策展人：胡永芬

内容：这是由台湾省立美术馆和宋庄美术馆联合举办的展

览，为两岸艺术家搭建了文化交流的平台。

主题六：“宋庄制造”

时间：11月 8日（展期为两个月）

开幕酒会：11月8日下午2：00

地点：上上美术馆

策展人：胡月朋

内容：延续去年提出的清理世俗倾向的文化工作，大力塑造人文精神和弘扬社会责任，从学术和舆论导向的角度为艺术的良性发展给予理性的培养、协调，鼓励和推动。展览包括架上艺术、装置艺术、影像艺术、图片艺术、水墨艺术、音乐艺术，参展人数约为180人。

主题七：“宋庄一代”艺术展

主办：宋庄艺术促进会

承办：宋庄A区

时间：11月8日-12月8日

开幕酒会：11月8日下午2：00

地点：宋庄A区美术馆

策展人：马越、班学俭、赵光臣

内容：这是一个以地域和时间的划分来组织策划的一个宋庄艺术家联展。

主题八：宋庄原创艺术展

时间：11月8日- 11月15日

开幕酒会：11月8日下午2：00

地点：原创艺术博展中心

策展人：吴震寰、扎扎

内容：此次展览收录了艺术家们10余年来主要在宋庄的创作成果，涉及各类艺术样式与各种艺术流派。

主题九：“凹凸空间”当代艺术展

主办：宋庄凹凸空间、798可思空间

时间：11月8日-12月8日

开幕酒会：11月8日下午2：00

地点：宋庄凹凸空间、798可思空间（两地同时展览，宋庄-意象部分，798-抽象部分）

策展人：金山

内容：是理想主义叙事系列展览的首次亮相。理想主义叙事的目的是建构一种创新精神的艺术生态，本次展览根植于历史，并对新的现实有所发现与提问。

主题十：墨缘100——中国·宋庄水墨同盟第二届邀请展

时间：11月8日-12月31日

开幕酒会：11月8日下午3：00

地点：东区艺术中心

学术策划：刘骁纯、栗宪庭

策展助理：刘昕

内容：依然以“水墨在当代”为主题，探索当代水墨艺术在当前共建社会主义和谐社会的大环境中如何健康的发展，从而走向世界。

主题十一：中国·宋庄当代艺术家大展

时间：11月8日-11月13日

地点：原小堡铸造厂内（小堡村委路南工厂区）

策展人：栗春、张健龙、崔爱民

内容：以弘扬优良传统、突显当代艺术，我参与、我快乐为主题，邀请近300名宋庄艺术家参与的当代艺术大展。

主题十二：“中德对话”当代艺术展

时间：11月8日-11月20日

开幕酒会：11月8日下午2：00

地点：任戎空间

策展人：任戎

内容：展览让彼此了解了其产生的人文基础和两国不同的现实状况，从历史出发抑或是从不同的文化立场上切入，艺术家以严谨的态度，表达相互间由衷的问候。

主题十三：俄罗斯当代艺术展——“驻足”

时间：11月8日-11月20日

开幕酒会：11月8日下午2：00

地点：原创艺术博展中心

策展人：维拉•德米特里耶夫娜（俄罗斯）、郭宏梅（中方）

内容：届时邀请来自俄罗斯的七位青年艺术家参展，其参展作品形式包括摄影、摄像、绘画等，展览将围绕2007年第三届中国•宋庄艺术节的主题“2007艺术链接”来展开自己的叙述，为关注与热爱俄罗斯文化的中国观众展示多元的俄罗斯当代艺术面貌一隅，从艺术的角度链接中俄文化。

主题十四：美国当代艺术展

时间：11月8日-11月20日

开幕酒会：11月8日下午2：00

地点：原创艺术博展中心

策展人：王瑞芸

内容：集中展出美国波士顿地区当代艺术家的作品，在某种意义上代表了美国当代艺术的创作水平。

主题十五：韩国当代艺术展

时间：11月8日-11月20日

开幕酒会：11月8日下午2：00

地点：原创艺术博展中心

策展人：韩昌润、崔贞美

内容：近年来韩国的当代艺术--影像媒体和装置领域在国际上取得了很大成果，这次参展的艺术家也都是在这一领域的艺术先驱。在国际交流频繁的当代艺术界里，这是一次可以展现韩国当代艺术发展的展览。

“十年一觉”——从“东宇美术馆”到“和静园艺术馆”

文/栗宪庭

展览招贴

90年代后期，在国际艺术界走红了的中国当代艺术，也开始被国内的一些人关注，相继出现了三个民间当代美术馆：天津开发区“泰达大地资产管理有限公司”，由总经理马惠东倡导，廖雯任馆长，成立了“泰达当代艺术博物馆”；成都豪斯物业公司，由董事长陈家刚倡导并自任馆长，成立了“上河美术馆”；沈阳“东宇集团”由董事长庄宇洋、孙今中等倡导，艺术家王易罡任馆长，成立了“东宇美术馆”。三个美术馆馆藏作品，几乎一致由张晓刚、方力钧、岳敏君、王广义、刘小东、刘炜、周春芽、宋永红、王劲松、曾梵志、刘野、杨绍斌、曾浩等正冉冉升起的艺术明星们的作品构成。尤其东宇还首次收藏了汪建伟、李永斌和朱加的录像和装置作品。

那几年，泰达、上河都曾由批评家廖雯、黄专、艺术家张晓刚等人策划过一些专题展览，一时间，这些当代艺术家像频繁参加喜筵一样，一会儿沈阳，一会儿成都，一会儿天津。每个开幕酒会都是张灯结彩和喜气洋洋的，每个人的脸都喝得红扑扑的，会场上你说我笑，好一派欢聚一堂的气氛。但随着这几个美术馆所支撑公司的经营等问题，中国艺术市场的不成熟，以及国家美术馆政策的空白，2000年初，“东宇”和“上河”相继关张，泰达暂时歇业，民间美术馆进入了一个低靡、调整和重组的时期。那时候只有后起的“成都双年展”，在房地产开发商邓鸿的支持下，热闹过几年，虽然也有一个“成都现代美术馆”的名号，但那更像一个商业活动的场地。

2000年中期以来，随着欧美艺术市场对中国当代艺术品的涉足和拍卖，中国国内艺术市场尤其嘉德、华辰等众多拍卖公司也开始上拍中国当代艺术品，值得关注的还有艺术家出身的董梦阳，在中国首开了国际艺术博览会的模式。这个时期，中国国内艺术市场的活跃，与欧美艺术市场的刺激有关，并以当代艺术成为基本价值标准为特点。在这种态势中，中国民间美术馆再次出现了高潮：艺术家出身的沈其斌先后领衔了上海的“多伦美术馆”和“正大美术馆”；艺术管理者出身的乐正惟领

“十年一觉”展览现场

“十年一觉”展览现场

衔“何香凝美术馆”;著名批评家李小山领衔南京的“四方美术馆”，马惠东的泰达美术馆正东山再起，尤其编辑出身的张子康，把北京的“今日美术馆”操作得有声有色，以至于今日美术馆已经成为当今很多著名当代艺术家举办个展和联展的一张名片了。与此同时，广东和上海的两家官方美术馆，也效仿国际双年展的模式，开始把当代艺术作为双年展的主打对象。紧接着就是2006-07年，中国当代艺术在欧美艺术市场迅速升温，几个国际著名的拍卖行，把中国当代艺术品拍的价格之高，引起国际国内艺术界和新闻界的一片哗然。

2005年，就是在国际市场把中国当代艺术拍出高价之前的一年多，艺术家出身的 “和静园茶人俱乐部(沈阳)”的创办人李冰、王琼夫妇买断了东宇美术馆的全部藏品，而被拍出高价艺术家的其他作品，也恰恰包含在这批藏品中。按说这是一个巨大的商机，但2006年的春天，李冰来找我，说他要留下这批作品，并想把他们这批艺术家藏品和他们十年后的作品一起做个对比展览，嘱我写篇东西。那时我正在规划宋庄艺术家园区，“宋庄美术馆”的建筑工程已经接近尾声，环绕“宋庄美术馆”周围的私人艺术空间、画廊和艺术家工作室的两个区域正在规划。当时我问他愿不愿意在“宋庄美术馆”附近盖一个艺术空间，他立即满口答应。后来听他说，当时他正在北京城里投资一个高档酒吧，他们夫妇决定全身心介入艺术，立即把投资酒吧的资金撤了回来。之后的几个月我们交往密切，从设计到施工，紧锣密鼓，到2006年的9月底，他的艺术空间就开工了。整整的一年时间，李冰从监工到室内设计，从解决技术问题，到和工头打官司，事无巨细，一言难尽。人被折磨得

“十年一觉”展览现场

精疲力竭，可回报他的是，一个清水水泥墙面的现代建筑——“和静园艺术馆”拔地而起，成为“宋庄美术馆”周围最大的私人艺术空间。由著名建筑师康慨设计的这座艺术中心，面积达三千两百多平方米，投资一千多万，主要功能分展览和长期陈列两个部分。十年前“东宇美术馆”的那批藏品，将公开并长期在这里免费向公众开放，它的意义在于：艺术品不再是藏家藏在自己家里的宝贝，而成为一种面向大众的公益事业。同时，从这批藏品开始，也奠定了“和静园艺术馆”推介当代艺术的基本立场，所以开馆展览除了那批藏品，李冰也选择这些艺术家十年之后的作品作为对比，而且开馆展览还选择了一些年轻艺术家的作品，一方面，期望让观众看到十年艺术变化的蛛丝马迹，另一方面，体现的也是“和静园艺术馆”主人推介年轻艺术家的决心。

“十年一觉扬州梦，赢得青楼薄幸名”，十年是时间概念，更是中国人对人生的一种感慨方式，“十年磨一剑”“十年寒窗”“君子报仇，十年不晚”等。尤其“十年一觉”，饱含着复杂和难以言传的感觉。中国当代艺术走红的十余年，既始料不及，又恍然如梦，但醒觉之后，又五味杂陈。从“落魄江湖载酒行”，到社会名流式的生活方式;从几百美元一幅作品，到百万美元竞拍落锤，浮华背后，其中滋味，只有这些艺

“十年一觉”展览现场

术家甘苦自知。因为红火，便没有人注意这些艺术家初创时的艰难;只要西方人喜欢，便没有人认真区别被喜欢和投其所好的差别，更不在乎把一种模式的被泛化归咎于它的原型，在后殖民主义的政治帽子下面，还有多少人真正了解这些艺术初创时期的语境和感觉?在这些艺术品被拍出高价时，又有多少人关心过张晓刚、岳敏君、方力钧、刘小东、王广义等人的感受?不管是好评如潮，还是骂声一片，十年时间，一切都远离了十几年前的真切感受，一切都变得遥远和模糊。“赢得青楼薄幸名”，尽管名声不是“青楼薄情”，但杜牧对名声的自嘲感觉，在我心里引起的共鸣，却似非而是。好歹十年是是非非的名声后面，是我们能再次看到这些原作。

近十年恰恰是我内心最低落的十年，前二十年，尽管中国当代艺术在被压制的环境中举步维艰，尽管我被两次开除公职，但对艺术的执著，热情多于沮丧。但当代艺术走红的时候，我内心却对“当代艺术”的评价尺度产生了怀疑，或者说中国艺术从它原有的语境中，突然被抛到全球化的大海中，在巨大的风浪中，对何以是我们方向的追问，远比十年前更艰难，也远比掌声和谩骂更复杂。什么是“当代艺术”?它不会宽泛到所有今天人搞的艺术都是当代艺术这种程度，也不会狭窄到以西方当代艺术为准则的范围。西方艺术有着古典——现代——当代(尽管对于“当代”的理解依然有歧义)鲜明的阶段特征，中国艺术的发展历史显然要复杂、混乱很多，作为中国古典主流艺术的文人画，从没有过西方文艺复兴到十九世纪末艺术中的那种科学透视和解剖模式，反倒有类似西方现代艺术追求的特征，如意象，主观表现性等等。而从二十世纪初到七十年代，中国主流的艺术模式，学习的对象却是文艺复兴以来的西方科学解剖和透视模式。上世纪七十年代末至今，中国当代艺术，把整个西方现代艺术以来的各种语言模式都演练了一遍。从语言模式的角度看，中国当代艺术，承接的是三个传统：中国古代艺术传统;西方古典油画传统;西方一百多年的现代和当代艺术传统。因此，中国当代艺术除了文化背景不同于西方，就是在语言模式的继承和使用上，就和西方不同，而且，不管中国艺术对哪种语言传统的转换，都有可能成为当代艺术，关键在于文化态度，个人感觉，以及语言的转换方式。

当代艺术这个词汇，是针对现代主义产生的，就像现代艺术是针对古典艺术而产生的一样，而每一个阶段的西方艺术，都包含着在语言系统上大致鲜明的特征。但一千多年以书法为基本语言规则的中国古典艺术，没有在语言模式上发生根本变化。如果把二十世纪初到二十世纪七十年代，作为中国现代艺术的阶段，那么，以西方古典艺术作为语言楷模的中国“现代”，能用西方现代主义的语言规则来评判吗?同理，中国当代艺术从七十年代末至今，使用的语言模式涉及到我上面说的三个语言传统，那么仅仅用西方当代艺术的语言准则，能够把握中国当代艺术吗?在中国自古至今的艺术传统和历史中，从来没有过像西方那种在语言系统中一环扣一环的系统性、逻辑性的转变和创新现象，而在乎的总是感觉的表达，强调“功夫在诗外”，从格律诗到长短句，语言模式变化缓慢，自然而然，不在乎是不是创造了某种语言系统，更不强调语言和媒体上的不断创新。语言系统对于中国古代文人，那是一个被默认和被悬置的东西。而现代艺术，当代艺术，中国古典艺术，西方古典油画诸种语言传统，对于今天的中国艺术家，似乎依然是被悬置的东西，他们在乎的依然是感觉，而且不管这种感觉来自社会，抑或政治。这是否与中国“个人创造不离法度”的中庸传统有关，或者是否与更深的文化和国民性格有关，需要进一步探讨。

毛焰
王兴伟 王劲松 王岩 王易罡
永青 申玲 伍礼 刘炜
张晓刚 李大方 李山
杨茂源 汪建伟
杨 岳敏君
赵能智
唐志刚 秦琦
曾浩 曾梵志

据查“当代”这个词汇的拉丁文词根是时间，就是说，当代艺术就是艺术家对当代人的生存环境和生存感觉的关注。从这个角度说，当代艺术就不应当象西方现代、当代艺术那样，有明确的语言模式上的规则。我是想说，当代艺术这个词汇，是西方根据自己的艺术发展史创造的一个词汇，它也许不适应用来评判和研究中国的当代艺术，也许是不是当代艺术，对于研究和批评中国艺术的现状，都不是很重要，重要的是不是好的艺术，以及哪些艺术家以怎样的方式表达了什么样的感觉。

好莱坞导演罗伯特•阿丹托给我说过：“全世界都为中国当代艺术疯狂”;美国批评家芭芭拉•波洛克给我说过：“都说中国当代艺术红火，我看到的信息都是商业信息”;2008年，古根海姆美术馆要给中国当代艺术家蔡国强举办个人回顾展……;十年前，这些信息可能令人振奋或令人沮丧。十年一觉，什么信息都不再让我激动，突然发现往日渴望的国际化已经在自己心里烟消云散，更深信一个文化对另一种文化不是理解，而是各取所需。十年一觉，突然发现自己“少年狂”已失，只愿意关注地域和自己身边的实事，只愿意沉浸在梦与醒之间，咀嚼着自己的内心感觉，我想，对于艺术家，艺术只是自己的事情。

钧

玉平

箭今 韦尔申 尹朝阳 卢 昊 叶

艳 朱 加 祁志龙 何 森

季 李松松 杨少斌

文波 周春芽 尚

向东 赵晓佳

飙 俸正杰

晋 喻红

魏光庆

“欲辨已忘言”——“宋庄原创”当代艺术展

文/吴震寰

展览现场

一、一点衷心

以个人性情和对宋庄的理解，我想在艺术节期间同时组织三个展览是最有意义的，一是找一间大大的展厅，让所有居住在宋庄的人，只要他（她）是画过画的、做过雕塑或是别的艺术形式，那怕他（她）是卖菜的，那怕他（她）只做过一件作品，只要他（她）愿意，都可以把自己的作品带来展出，组织者要做的事只是简单的做做总体上的规划和把握：规定每人展出作品的数量，以免再大的展厅也布置不完带来的作品；安排人登记和照看展品，以免丢失。

我想再没有别的形式比这更公平、公正、客观、博爱地展示宋庄艺术、宋庄艺术家和让所有宋庄艺术从事者和爱好者感受温暖和展示自己的了，毕竟宋庄是所有宋庄人的宋庄，宋庄的艺术节是所有宋庄人的艺术节，毕竟作为一个生活和创作在宋庄的艺术家，我想我是深知在宋庄居住和从事艺术创作的二千多名（据说宋庄目前居住了二千六百多位艺术家）艺术家的绝大多数对艺术节的期待和曾经的失望的。

同时举办的另一展览是一个真正有目光，有胸怀和影响的策划人，以自己的学识挑选出最好的宋庄艺术家、作品，做一个既能展示宋庄当下最好的艺术家和艺术作品，也能启示和导引宋庄艺术发展的将来的展览。

同时举办的第三个展览是邀请国外当下最有高度、最有影响和活跃的艺术家同时展出自己的作品，从国外的博物馆、美术馆借历代大师的作品同时展出，让大家既能目睹当下最前列的艺术，也能感受和学习能经受时间考验真正有智慧和魅力的艺术真作。

展览之外，要有理论上的梳理、总结和定位……

打下上面文字时我淡淡的笑了：想自己真是一个理想主义者呢！

我同扎扎现在策划的“宋庄•原创”展览，多少还是由着希望能为大家、为当代艺术做些事的理想。展览所以取名“原创”，一是因为宋庄被国家命名为“原创当代艺术产业基

展览现场

展览现场

地”，而“宋庄•原创”某种意义上是代表整个宋庄艺术家群落的宋庄艺术促进会做的，促进会的希望是能做成每年一度的常规展，做成一个品牌；一是目睹太多艺术家受商业操作的影响，做艺术仿佛只是为了能卖出去，能挣个好价钱。有的艺术家甚至是商人需要什么就做什么，不独是没有了艺术，甚至连自己也没有了。

关于商业操作影响艺术创作的问题，我想我是能理解的，毕竟这只是个人的选择。俗世的生活、生命太过沉重，任何的选择都是可以理解和宽容的。但出于热爱艺术、纯洁的本心，也是作为世俗中人的俗世之为，我还是由着自己的性子，希望通过这个展览，选出一些优秀的作品，推举出一些真正的艺术家，说出自己认为正确、离艺术近些、纯洁些的声音，也希望大家关注这个问题，面对这个问题。

二、参展艺术家和作品的选择

一次展览的成功以否各人有各人的侧重和衡量标准，大众关注的一般是世俗的成功：譬如当时的影响（热闹），艺术品的商业运作一类。在我个人的侧重，第一是艺术家本人和作品的选择，我希望能找到真正能具备属于历史的艺术家，真正的艺术品。

所谓真正的艺术品和艺术家，一样是各人有各人的考量和定位，我个人的理解清晰又繁复（总体把握时简单又清晰，细分则繁复）：一类是有明确的传承、蜕变和造化。譬如沿袭古典主义的安格尔，既安之后的马奈，既马之后的印象派。我们能清楚的把握艺术发展的规律，清醒这是真正的艺术和艺术家；一类是以个人的性情，天赋的侧重，既从艺术本身，也以技艺或是内心原始的冲动成就独特的创造的。像达•芬奇对人的研究成就的千古杰作《蒙娜丽莎》，以科学的角度成就的“微笑”（他认为嘴角上挠到这个程度时最美）成为人世艺术最伟大的杰作之一。又如修拉“点彩”的创造、康定斯基“点线”的研究。这第二类中，还有一种是对艺术的透彻把握和反叛（我称为“超把握”），如杜尚以一个马桶颠覆整个艺术意识形态也成就另一完整艺术意识形态和创作态势。第三类是培根式忽略和创造。传统的优秀艺术是以美与好的形象、调子、构图一类成就画作的高度的，但在培根却只是绝然彻底的抛弃。天赋高标，独特的生命方式、体验、选择，成就了培根，也为艺术创造了另一新面。

展览作品

展览现场

与培根绝然不同却又有全新创造也有许多，像超现实主义的鼻祖契里柯，他对传统绘画的迷恋让他的画作既在形（技艺）与质（精神）上给人全新的感受，却又保持了高度的协调和统一，让人有深深的喜爱和尊敬。

数十年对文艺的学习和身体力行，让我有“经典主义”的情结，我觉得那些成为文艺金字塔最尖高，真正为人所推崇，经久益见高标，有人世永恒魅力的作品往往是“总结”式作品（典型与极至）。它以人类终极关怀为依归，如达芬奇的《蒙娜丽莎》（人性美好的极至和罪恶的临界）、《最后晚餐》（人性、宗教、哲学、神秘主义和总结），凡高的《向日葵》（个人品格的高标和极至呈现成为人世某类品格的极至与呈现），毕加索的《格尔尼卡》（人类战争的关怀和态度），莫奈的《日出》（生存环境的关怀与创作方式的革命），杜尚的《大玻璃》（颠覆与创造）等等。它们或是以图式，或是对人世喜怒爱憎情感的归结成为人世文艺的光荣和坐标。

我最近的思考和关注是艺术的民族性与时代性。真正的艺术是无民族和时代的（无限性），但任何作为都只是人世作为，必然地打上有限的痕迹，这使得民族与时代的要求成为必然。这也是法国艺术、美国艺术、英国艺术、意大利和别的任

展览作品

展览作品

何一个国家的艺术既有共同的高度却又不同的清晰面目原因。

艺术的民族性与时代并不是以清楚的哪国人为基础的，而是以艺术家们在哪一时代，哪一地域聚居创作为坐标，像杜尚们在美国，像毕加索、达利、凡高诸人在法国。我希望能找到既可与西方杰作并肩，又有真正的中华民族面貌的优秀之作。

毋庸讳言，每一时代真正的艺术家、真正的艺术品总是绝少数或至于没有，更不用说从事所谓当代艺术的中国当代艺术。合乎上面提出的标准是不可能的，我要做和能做的只是以我个人对艺术家有限的接触和有限的审美目光，鳞选出相对合乎展览主题、相对优秀的艺术家和作品。

在俗世，更多时候，你努力的结果是不重要的，重要的只是你过了全心和全力的过程。这次展览作品的挑选，侧重有两点：一是我先关注真正优秀的艺术家，再关注优秀的艺术品。我希望我们推举的不只是一两件好些的作品，而是能不断做出好的作品，能真正成就当代艺术的优秀艺术家。侧重的第二点是相对纯粹的绘画质地本身而不是当代流行的观念与制作。当代艺术过于追求当代性，以“当代”、“前卫”作为幌子，让太多所谓的当代艺术家找到了自以为是、自欺欺人的最好理由和借口。曾有人说过“当代艺术百分之八十”是垃圾，在我个人看法，当代艺术百分之九十九是。与传统的严重断裂，对艺术本身一无所知导致几乎整个当代艺术创作陷入误区。我们如果澄心以观时，我们会发现，几乎整个当代艺术连是不是艺术都成了问题，更不用说是好的艺术了。

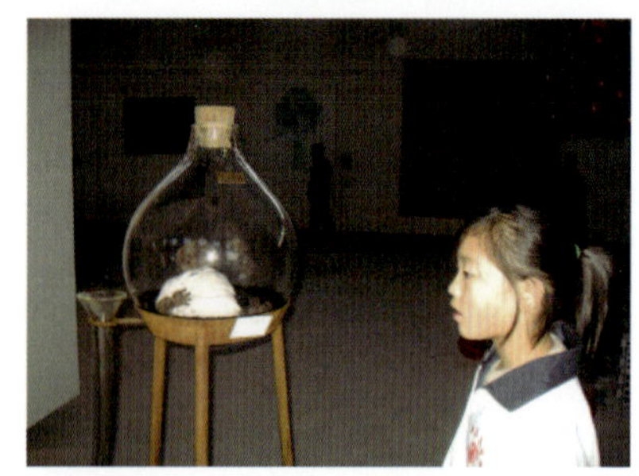
展览现场

没有高楼是建在空中的，我的态度是我们应永远追求“当代”与“前卫”，无限地追求“当代”与“前卫”，也永远和无限地对历史保持足够的清醒、了解与尊敬。永远无限的向前与永远无限的向后在历史的长河是统一而不是矛盾的。

三，我对原创艺术的理解

这次展览主题是“原创”，我在宋庄与原创之间加了一点，意思是关注原创本身也强调在宋庄这个小小的区域内的“原创”。

我个人对原创艺术的理解是：一个艺术家，他（她）以个人的天赋、自己的学识、修养，个人的生命经历、体验，对艺术的理解和把握，以真诚的态度创作的自己的作品。如果他（她）的创作同时具备了足够深远的影响和高度时，他（她）的作品便称得上是“原创艺术”。当然，当我说及“原创”，我心里更关注的是真正的艺术，即那些具有与已经成为历史经典的传统艺术的高度，又有时代、民族全新面目，同时对未来有启迪意义的作品。在我的观念，真正杰出的艺术首先是人类的艺术、时间历史的艺术。

四，“此中有真意，欲辨已忘言”

任何选择、放弃，行为、言说、书写都只是人世作为。在人世，我们只能以自己的态度和选择活着，这次展览，由于我个人原因和许多俗世的客观原因，有许多不如人意处，但我不想说肯定的话，也不说否定的话，我只由着本心，平淡面对和作为，知者知我，一笑而已。

无主题海报

“无主题联展”的题外话

文/栗宪庭

虹湾投资公司最近成立了“虹湾文化艺术有限公司”，在宋庄建立了一个四千平方米的展览场地，开馆展览由艺术家们组织了一个展览，让我写几句贺词，当然是祝展览顺利开幕，也谢谢虹湾投资公司投资艺术的举措。

近几年，我几乎把全部精力投入宋庄艺术家园区的规划和建设中，我戏称自己由一个批评家转变成一个有中国传统色彩

米娅作品

陶思睿作品

的“乡绅”角色。本来我到宋庄来是想远离艺术潮流，静静的反省二十多年从事新艺术推介的一些问题，但是，让我始料不及的是，十余年的时间，宋庄聚集了上千艺术家，它在圆明园画家村——艺术家群落雏型的基础上，真正形成了中国最早最大的艺术家群落。我在与宋庄周围艺术家的接触中，大多数艺术家生活和创作的艰难，给我留下了更深刻的印象，这也使我在宋庄十年的生活中，没有比十年前更安静。2004年，在我完全无法预料前景的情况下，开始和小堡村书记崔大柏一起商量规划艺术家园区的建设，当时我的想法主要来自对艺术家生活方式的关注，以及对艺术家群落正常存在和发展前景的关注。经过三年的努力，镇书记胡介报等领导提倡的文化造镇，以及国家文化创意产业政策的实施，使艺术家群落开始初具规模。艺术家园区包括非营利展览空间，画廊区和艺术家工作室区。艺术家工作室包括独特设计的方式，旧工厂改建和农家小院等多种方式，以及相关的服务项目，这样就使艺术家群落变成一个有机的活水结构，也为艺术家生活创作逐渐正常化奠定了一个基础。

艺术节前建设中的虹湾艺术中心

虹湾艺术中心

对于我来说，艺术家园区是一个新的“社区概念”，一个艺术家群落的乌托邦，一个自由主义的试验田——自由艺术、自由建筑、自由生活方式。近几年，在北京周围乃至中国的各个大城市，像宋庄一样的艺术家聚集地越来越多，事实上，它和它所在的地域之间，已经形成一种新的产业结构，同时，中国每年艺术院校几十万的毕业生涌向社会，其中以自由职业身份艺术家将会不断增加，更显示出艺术家群落的形成，并有计划地发展文化创意产业的前瞻性。

王南飞作品

正是从以上意义上，感谢虹湾投资公司展览空间的落成，并感谢所有支持艺术家群落建设和发展的投资人。

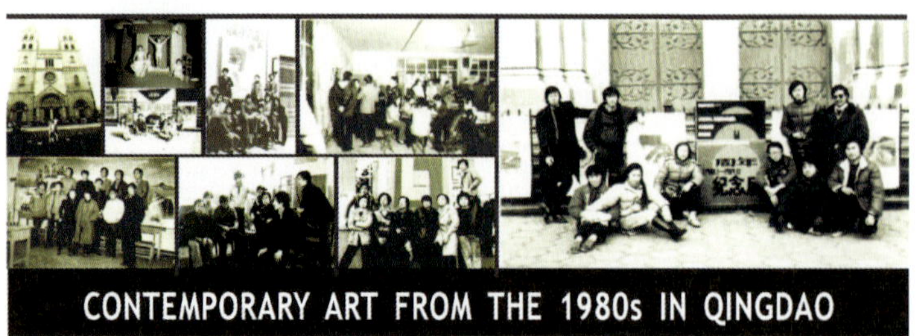

当代艺术青岛梦海报

1980年代当代艺术青岛梦

文/梁克刚

二十年也许是怀旧最佳的周期，在全国各地近来风起云涌的对中国现当代艺术最为重要的阶段——“85新潮”的集体追忆之际，我们关注到一个在中国当代美术史甚至没有被记录过一个字的一个城市和这个城市中曾经那么炽烈地燃烧过自己青春和激情的青年艺术家群体，这些青岛艺术家曾经轰轰烈烈地做过大量的艺术探索、实践与艺术活动，创办了“百人艺术沙龙”、“艺术集市日”以及持续近四年之久的“露天画展”，其投入的人数、力度、强度和对于当地的影响力与同期全国各地的新潮美术运动以及一些被美术史记录的著名艺术团体相比

青岛美协照片

露天画展图片

露天画展图片

几乎是最高的，可惜由于当时青岛的前卫艺术家们与国内重要的艺术媒体、批评家以及全国其他地区的艺术团体缺乏及时有效的联系与交流，青岛的新潮美术运动与中国当代艺术的发展历史擦肩而过，也与使青岛错过了美术史的选择，与成为中国一个重要的艺术城市的机遇失之交臂，同时也迟滞了很多优秀的青岛艺术家个人的发展，今天更被疏离在炙手可热的名利与市场之外，当时迫于保守的社会环境与意识形态压力，那些青年艺术家们并没有在本地获得认可与接纳，所有的激情与梦想在近十年的努力后逐渐消散，这些艺术家中有的因贫病英年早逝，有的因忧郁自杀，如今还有因生活窘迫而开的士、经营小卖部为生者，其中坚韧者仍自甘清贫坚持创作，转战北京，近年取得长足进步，逐渐融入中国当代艺术的主流群体，而青岛由于这段最为重要的文化记忆的缺失，如今的城市主流文化形态游离于国际国内前沿文化艺术潮流之外，北京壹美术馆经过艰辛的挖掘与长时间准备，筹划了这个大型文献性艺术展览，希冀能够为一座城市寻找回来曾经丢失的文化记忆，让那些曾经为青岛无悔地奉献自己青春与激情的优秀艺术家们成为这个城市共同的财富，同时也为中国当代美术史的研究提供一个独特的标本。

梁克刚作品

那些被美术史遗漏的激情岁月!

佚名

上世纪八十年代初是中国经历了文革十年浩劫，纠正了极左路线后，刚刚打开国门，尝试对外开放和经济改革，那也是一个充满了理想主义情怀的年代，那时候全国各地的青年知识分子近乎狂热地吸收西方现代思潮，寻求中国现代化的路径。而青年艺术家们也刚刚受到西方现代艺术的冲击开始打破僵化的文化体制樊笼，大胆尝试新的艺术语言方式与个性的表达，在全国范围内掀起了“新潮美术运动”，在西南、湖北、江苏、福建、东北等地已经形成了若干个激进的青年艺术群体，美术史称“85新潮”。

而在华东美丽的海滨城市青岛同样活跃着一群青年艺术家，也曾经轰轰烈烈地进行了很多艺术探索，创办了“百人艺术沙龙”、“艺术集市日”以及持续近四年之久的“露天画

李玉英作品

露天画展图片

展”，其投入的人数、力度、强度和对于当地的影响力与同期全国各地的新潮美术运动以及一些被美术史记录的著名艺术团体相比几乎是最高的，只可惜由于没有及时地与全国其他地区地艺术群体进行有效的沟通与交流，青岛的新潮美术运动与中国当代艺术的发展历史擦肩而过，也与使青岛与成为中国一个重要的艺术城市的机遇失之交臂，同时也迟滞了很多优秀的青岛艺术家个人的发展，今天他们更是被疏离在炙手可热的名利与市场之外，当时迫于保守的社会环境与意识形态压力，那些青年艺术家们并没有在本地获得认可与接纳，所有的激情与梦想在近十年的努力后逐渐消散，这些艺术家中有的因贫病英年早逝，有的因忧郁自杀，如今还有因生活窘迫而开的士、经营小卖部为生者，其中坚韧者仍自甘清贫坚持创作，转战北京，近年取得长足进步，逐渐融入中国当代艺术的主流群体，而青岛由于这段最为重要的文化记忆的缺失，如今的城市主流文化形态游离于国际国内前沿文化艺术潮流之外，北京壹美术馆经过艰辛的挖掘与长时间准备，筹划了这个大型文献性艺术展览，希冀能够为一座城市寻找回来曾经丢失的文化记忆，让那些曾经为青岛无悔地奉献自己青春与激情的优秀艺术家们成为这个城市共同的财富，同时也为中国当代美术史的研究提供一个独特的标本。

青岛是个只有一百多年历史的年轻的城市，由于曾经是德国殖民地，所以城市的风貌和建筑很漂亮，像一个欧洲的小城市，很多青岛的家庭从小就培养孩子画画、弹琴什么的，给全国各地输送过大量的艺术人才、国内有名的艺术院校经常组织学生到青岛写生，所以从八十年代初，改革开放开始以后，越来越多的热爱艺术的年轻人开始接受西方现代主义艺术思潮的影响，慢慢开始不满足于国内僵化的美术教育与交流体制，他们开始一些前卫的探索，互相之间也开始一些自发的交流，八二、八三年的时候就出现了一些小艺术团体，像赵德伟、刘辉明等人的“五人小组”，刘传宝、张瑜、范华等人的“太阳社”；邢维东、廖杰、李世先等人的“大沽路小组”；以及后来姜永杰、姜尊中组织的“小鸟画社”；尤良成组织的“艺术研究社”等，当时这些激进的青年艺术家没有什么机会参加官方组织的画展，所以大家一起发起成立了“青岛青年美术家协会”，名义上挂在团市委的青年联合会下面，实际上基本是自发和民主选举产生的，一没经费，二没场地，更没啥权利，但他们组织了很多艺术活动，有时候找到一些开明的餐厅老板提供场地举办了数十次“艺术沙龙”和小型画展，87年8月和10月在刘鸿雁的策划组织下还在青岛天主教堂前的广场上组织了数百人参加的“艺术集市日”，几乎把当时青岛的热爱文化艺术的青年人都团结了起来，当时把市委书记都给吸引来了。但是当时的会长赵德伟仍然觉得这种协会组织的活动昙花一现，对于提升艺术家自己作品创作的质量帮助不大，所以他在87年底以艺术家个人的名义发起倡议，号召大家自发在每个星期天到那个教堂前的广场展览自己的作品，开始响应的人很少，然后慢慢壮大起来，而且风雨无阻，原计划是实践一个延续十年的大型行为艺术计划，后来在三年半后被官方作为“不安定因素”而严厉取缔，大家一时心灰意冷，之后整个青岛的当代艺术陷入低谷，加之90年以后的经济大潮的冲击，那批艺术家有些下海经商了，有的穷困潦倒艰难度日，只有少数坚持创作的艺术家选择远离家乡，漂泊到北京从头开始寻求个人发展，所以这个城市最重要的一段文化记忆就这样被封存了起来，导致了如今青岛的主流文化形态非常落后，与整个城市的经济社会发展完全不匹配。而即将在北京宋庄壹号壹美术馆举办的这个回顾展就是希望将青岛这段散失的文化记忆挖掘出来，一方面对这些曾经为那个城市奉献过青春与激情的艺术家们有个交代，更是希望对于青岛市的文化现状有所促进和改变。

万里雅作品

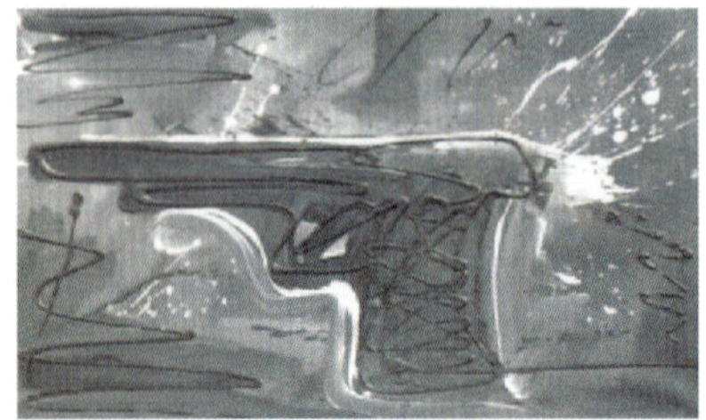

赵德伟作品

王海宁作品

徐立忠作品

“毕竟二十多年了，现在回首真有种恍如隔世的感觉！”当时的领头人赵德伟动情地说。那些作品，还有信件、文件、资料都是当年青春的见证，他们甚至不敢相信曾有那样地激情与热诚，甚至在今天觉得很荒唐，八十时代确实是个理想主义的时代，当时艺术家见面谈的都是艺术、哲学和人生，不会像现在只关心金钱和价格，所以那时候搞艺术很纯粹，当时赵德伟还是一个二十刚出头的毛头小伙子就不知天高地厚地提出要“把青岛建设成为艺术之城的”口号，当时年轻人没有什么机会和平台，那时他们只有自己给自己搭建舞台，美术馆不让进就走上街头，原本想坚持十年，做成全世界持续最久的行为艺术实践，但在三年半的时候被官方硬性取缔了，到如今青岛这个城市也没有正确的面对这段历史，所以一直在文化演进方面落后于其他大城市，这个展览将要呈现的是曾经的一代人的光荣与梦想，是八十年代的时代精神，在今天这种物欲横流、纸醉金迷的状态下，这样的缅怀与回顾尤其有着深刻的现实意义。

尽管这些青岛的艺术家们因为没有被美术史选择而没有得到世俗意义上的成功，但好像他们也并不在乎，他们觉得成功跟艺术没有关系，有几个艺术家直到到现在还在坚持创作，只把艺术看成是是一种不能改变的生命的存在方式而已，在那个年少轻狂的时候用自己内心的冲动为自己热爱的艺术和那座城市做了那么多的事情而无怨无悔，并且能够这些能够长时间坚持下来的艺术家们今天自然会成为这个城市最优秀与最重要的艺术家，而且他们之间也成为了终生的朋友，虽然没有获得所谓市场意义上得成功，但也躲过了潮流和金钱的侵蚀，保有更加独立的艺术人格和作品特质，其实这在某种程度上也是一种优势，而且现在逐渐开始显现出来了，现在来北京发展的几个艺术家像赵德伟、邢维东、万里雅等人的作品都不流行但都特别真诚、特别葛，其实真正艺术正是需要这样的气质、在大学时期就追随赵德伟他们参加露天画展的梁克刚更是京城艺术界举足轻重的人物，创办了北京最大的民营美术馆，自己创作的观念艺术作品更是声名鹊起，也是这次回顾展的主要发起人。

这些艺术家都该是这个城市最宝贵的财富，尽管这个城市到如今还没有意识到，当时他们的处境是那么的恶劣，都没有阻挡住他们的奋斗与行动，那时候官方压制、老百姓不理解、更没有所谓的市场，其艰辛是今天不能想象的，参加当时艺术活动的艺术家们一位因穷困疾病而自杀，另一位因压抑忧郁而自杀，但当时他们都为那个时代和那个城市奉献过自己的激情与想象。如果没有这个回顾展，这些宝贵的资料慢慢都会散失，当地的史志也只会记载些庸俗不堪的花鸟虫鱼的展览和一些虚伪的文化形态，那么这段宝贵的历史在这个城市就不会存在了，当时这么多热血青年所做的一切就失去了意义，所以也可以说这次壹美术馆的梁克刚为青岛市也为青岛的艺术家们做了一件功德无量的事。时间过去了那么久，是不是被历史接纳他们看得并不是那么重，真正看重的是那份情感，当时那些如火如荼的艺术实践确实影响了一代人和那个城市，而这个回顾展能够让这些艺术家当年的付出成为这个城市的公共记忆，对未来青岛的文化进步起到一点承上启下的作用。曾是当年“85新潮美术运动”始作俑者并被国际上誉为“中国当代艺术教父”的国内著名艺术批评家栗宪庭先生正是被这些艺术家的经历与遭遇感动才决定倾尽全力帮助他们做这个展览。今年年底差不多整个艺术界都在对“85新潮”怀旧，很多大展都是关于八十年代的追溯，但大家做的都是美术史上盖棺定论的事情，都是那些个早已成为市场宠儿的明星大腕们，只有这个回顾展才关注到那些被美术史遗忘的角落里曾经也发生过惊天动地的事情，那些如今还草根般生存着的无名艺术家们也曾毫无保留地为时代地进步奉献过青春和激情。

露天画展照片

薪传艺术梦

文/栗宪庭

梁克刚策划的1980年代青岛现代、当代艺术运动资料回顾和作品展览，是一个案例和解剖麻雀式的展览。这个展览里没有名家，展览里涉及的事件、人物、作品，与在整个1980年代的现代、当代艺术运动发展同步，且特征相近：如首先以文化运动的整体面貌出现，热衷讨论现代哲学和文学，艺术家和文学家、诗人一起出场；自由组合的群体；民间展览，露天展览的方式；语言媒介和模式涉及到表现主义，抽象，超现实主义，观念，现成品等等。但这些事件、人物和作品，在目前出版的艺术史书籍和文献中都没有记载，其实，像青岛这样被淹没的艺术历史，在全国尚有很多，有待进一步挖掘。

这个展览最突出的特点，是它给出了一个城市的现代、当代艺术运动的完整发展线索，尤其在人物与人物，人物和事件的关系中，让我们看到一个具体城市的艺术运动，是如何在完全与西方艺术现状隔绝的情况下，艺术家之间自然形成的如佛家传燈或薪火相传式的关系。其中资讯和导师人物至关重要，如1962年徐立忠先生组织的“台西画展”，以形式探索和风景画为主要特征，在铁板一块的革命现实主义形势中，透露出一点自由的火光，他也因此在文革中被关押，被迫害。1981－83年，徐立忠先生率先在文化宫向艺术青年宣讲西方现代主义诸艺术流派，徐先生曾为讲座还特意临摹过两百余张现代派的名作。另外两位导师人物是姜宝星和王庆平，他们都以宽容的教学态度鼓励学生个性的发展，这成为青岛年轻一代的艺术家大多选择现代、当代艺术的基本土壤，也为后来青岛八五新潮运动起到一种催化作用，据青岛八五新潮的主干艺术家赵德伟、李玉英、邢维东、万里雅、刘传宝、尤良诚等人的回忆，正是早期这些导师对他们艺术个性的鼓励，以及介绍给他们的现代艺术资讯，才影响他们进入现代、当代艺术大门的。在这个展览上陈列了一本西方《七十年代美术》的书，是后来青岛八五新潮主要现象－－露天画展的组织者赵德伟提供的，他说当时这本书对他的影响很大，问题是，当时出版的艺术书籍五花八门，如果不是前期导师宣讲的现代艺术观念对他们的影响，就不会是独独这本书对他们产生影响了。师傅领进门，修行靠个人，而师傅一个是前期导师，一个是西方现代、当代艺术的资讯。赵德伟组织的露天画展带有达达性质，它作为青岛八五新潮的一个标志，和1970年代末到八五新潮时期的不少展览有相似的特征。西方达达时期，多有露天展览和表演，在西方体制完备的今天，一些反体制的艺术家，经常会在展场外面展示自己的作品。我们也不会忘记中国当代艺术的先驱展览－－星星美展，是1979年秋季，首先亮相于中国美术馆东墙外面小公园里的，85新潮时期南京的“晒太阳”活动，也是把作品搬到外面“晒太阳”，黄永砯领导的“厦门达达”，更是多次在室外甚至野外举行艺术活动，还有杭州“池社”，在西湖边上的“杨氏太极”系列作品……。

太阳社

这次青岛的展览虽然还没有挖掘到青岛1980年代导师人物和1930－40年代现代艺术运动人物的关系，但徐立忠先生的现代艺术系列讲演，证实了现代艺术的资讯作用，我们需要进一步调查这些资讯是从哪里来的？是从谁那里来的？表面上，1930－40年代，1970年代末1980年代初，1980年代中期，直到1990年代初期，中国的现代、当代艺术，都呈现出风起云涌的运动形式，但事实上，它们不是孤立一个个没有联系的运动，而是一个从上世纪初就开始的持续性艺术运动，它的持续性表现在对西方现代、当代艺术的语言试验和线索的热情。而且，这种持续性，是在与西方艺术发展的现实几乎完全隔绝的情况下，靠资讯和“如灯传照”的方式展开的，如上海“十二人画展”之于吴大羽、林风眠等，“无名画会”的赵文量杨雨树之于留日现代主义画家熊唐守一女士。乃至八五新潮重镇——浙江美术学院的诸位当代艺术大将们，他们和杭州上海早期现代艺术运动宿将之间的精神联系，以及他们的老师徐君萱、金一德老师，后来从美国回来的郑胜天老师，从法国来的赵无极老师，尤其在法国生活的波兰裔艺术家万曼老师。另外就是资讯了，整个文革十年只有浙江美术学院一直持续购买西方艺术的书籍，文革后又率先向学生开放，所以，传灯者和艺术之灯，在这里都起到重要的作用。

而且，从1970年代末期到1990年代中期，中国的现代、当代艺术所依赖的开放背景，不是今天我们所说的全球化意义上的开放背景，不是指在世界范围与其他国家当代艺术交流的状态中发生发展的，而是向过去100年的西方现代、当代艺术历史开放的结果。而且，从1970年代末到1990年代中期，整个西方现代、当代艺术的各个流派，几乎都被中国的艺术家演练了一遍，它所借鉴的西方现代艺术语言的大致范围：1979年－83年，印象派、抽象表现主义到超现实主义；1984年－1989年，达达、超现实主义，以及博伊斯和激浪派等。到了1980年代末1990年代中，是波普风行的时期，而年轻一代的艺术家如方力钧、宋永红，以及张晓刚等人，干脆重新转换了写实主义。那么，在这样一种语境中的艺术探索，仅仅用西方语言的价值和逻辑能解释得了吗？

而且，我们要回答的是，中国的艺术家何以能在如此艰难困苦的环境中，甚至不顾身家性命地对西方现代、当代艺术保持持续性的热情？如青岛这些人的艰难困苦的探索，徐立忠以及后来的接灯者赵德伟等人所受的压制，范华、李善君等人自杀……，乃至在全国范围内如四川薛明德因为表现主义的探索，前后被关了九年监狱， 1983年西安艺术新潮群体的艺术家们数人被关被劳教，大连的蔡际平，大同张盛泉等人的自杀……，中国的现代、当代艺术的历史，好不夸张地说是一部血泪的历史！对我来说，这些艺术家对西方现代、当代艺术的持续热情，是因为西方现代、当代语言模式提供给个体生命较以往更为自由的表达方式，而潜藏在中国现代、当代艺术潜流和运动之下的，是生生不息的生命对于自由的追求，尤其在社会价值观念激烈变动的时期，我在乎社会对艺术的影响，不是强调艺术对社会现象的表现，而是强调个人和社会之间形成的生命张力。从来没有抽象和纯粹的人性，人只有在具体的生存环境中，个人的感觉由于它的针对性和冲突性，才显示出真挚、激情以及不畏艰难的人格力量。

问题的复杂性还在于，中国这一百年的艺术历史，从来没有过象西方那种在语言系统中一环扣一环的阶段性、系统性和逻辑性的现象，实际上是，中国古代文人画传统，西方写实主义传统，西方现代、当代艺术的传统，都或多或少、时断时续地在中国艺术的文化情境中起着作用。因此，我们能不能仅仅以西方语言系统的逻辑来判断和称呼中国艺术？能不能沿着不断“前卫”和“原创”的语言逻辑，来判断中国艺术哪些人更前卫，哪些艺术更当代。中国历代文人所强调的“功夫在诗外”，在乎的是个人和社会之间形成的生命张力，在乎的是语言法度和个人自由之间的游刃有余，而语言系统对于中国古代文人，那是一个被默认和被悬置的东西。对于今天的中国艺术家，那些被引进的西方现代艺术，当代艺术，西方古典油画系统，以及中国古代艺术传统，似乎依然是被悬置的东西，他们在乎的依然是感觉，而且不管这种感觉来自社会，抑或政治。或者说，正是中国艺术家个人和社会之间形成的生命张力，改变和转换着所有对中国艺术产生影响的原生语言结构，这是一个艺术系统的再创造过程，所以，不管对哪种语言传统的转换，都有可能成为当代艺术，或者成为好的艺术。从这个角度说，用现代艺术，还是用当代艺术的概念来称呼中国的艺术现象，或者是不是当代艺术，都已经不重要了。

大浪淘沙之后，难道只有闪闪发亮的“金子”，才是最有意义的么？难道只有被西方体制接受的八五新潮的英雄们，才配有红红火火的历史么？在我心中翻腾的，唯有大浪裹挟着无数粒沙子的瞬间。

展览作品

期待和艺术的沟通——韩国艺术展

文/韩昌润

我第一次去宋庄艺术家群里的时候是7年前，2000年的晚秋时节，从在北京留学的后辈那里听说了关于宋庄艺术家群落的事情后，就产生了特别想去看看的冲动。所以好不容易借了一辆出租车茫然地在北京市内找。虽然那天风很冷，也只是一般的寂静的乡村风光，但是我对广阔的玉米田留下了很深的印象。那时没有什么认识的人，所以只留下了逛村子和逛路边摊市场的记忆。

但是2年后我有了再去宋庄的机会。光州市立美术馆2002年举办的中国现代美术展中，有我认识了很久现在已变成好朋友的王强参加的原因。我和王强在宋庄见了面，通过介绍还认识了其他一些画家。

现在想起来就好像是昨天发生的事情一样。我对中国有这样规模的艺术家群落很吃惊，同时也很羡慕和产生了极大的兴趣。从那以后，我每次去中国的时候，都必定带着期待要去宋庄逛一下。去参观他们的工作室，关于他们的作品进行深入的

韩国艺术家作品

谈话。并且通过宋庄出版的书籍也使得我们去关心这里艺术家们的作品。因为这样的缘分累积，使得我去思考和中国艺术家们的交流问题，实际上也是可以在韩国办展览进行交流的。

现在的宋庄和以前不一样了，发生了很大的变化，我觉得艺术家们的活动和在世界上的认知度也比以前发生了很大的变化，特别是这次展览会，我觉得它扮演了一个很重要的角色，是宋庄为了成长为世界艺术的中心而进行的一次尝试。这次参加展览会的韩国艺术家们是我和崔贞美一起选拔出来的。为了吻合“艺术链接”的主题，我们广范围地挑选了多种不同类型的艺术家们参加这次展览。我觉得这是一次可以介绍韩国现代美术世界的好机会，参加展览的艺术家们都具有很强的实验精神，或者在海外流过学的，或者接触过多种多样文化的，他们都是为了韩国艺术发展而倾注心血的艺术家们。

这次展览上韩国艺术家们想表现的主题是生成、共存和消灭的循环性的意图。我们的生活最终都是和自然链接在一起的，是一种共同体关系。参加展览的艺术家们比起这样的主题，更希望利用积极进步的表现方式和媒体来进行广泛的交流。

金相年、朴素娥、辛昌云、晋始莹、郑云鹤都是国际上有名的光州双年展的举办城市，以及政府极力推广成为亚洲文化中心城市的光州本地艺术家。梁正秀，河锡沅、程廷柱、金道明、许旭是在政治经济的中心城市首尔创作的艺术家们，还有朴雄珪是在北京长期居住并热衷创作的艺术家。光州和首尔在韩国既是美术文化活动频繁的地域，也是政府极力推进文化政策的地方。我觉得我在这些方面上能很好的符合宋庄所梦想的艺术沟通和交流的意义。

同时对给与韩国展览关心和支持的宋庄艺术促进会的洪峰和杨卫表示衷心的感谢。希望以后这样的艺术交流越来越频繁，对相互间的理解和探索也越来越多。

Incorporating Mutual Understanding andExpectations of Art

展览作品

Han Chang——yun

The first time I visited Song Zhuang Artists Group was late fall of 2000,7 years from now.I felt the urge to visit If when I heard the story about Song Zhuang Artists Group from my junior in school who was studying in Beijing.Therefore,from Beijing downtown I got on a taxi with some trouble,and went straight to Song Zhuang.The wind was cold and silence prevailed over the rural scenery,however,the outstretched corn field was very impressive.At that time,I recall that I just looked around the village and visited a small street stall market becauseI dien't know anyone.However,after 2 years,I had an opportunity to visit this place again.It was the 2002 Chinese Contemporary Art Exhibition,held by Gwangju Museum of Art. where I met Wang Qiang whom had become a very intimate friend now that time has already long past.I met Wang Qiang at Song Zhuang and I was also introduced to other artists.

My memory of that time still remains as a refreshing memory.I was vew surprised and enviable about the fact that such artists'village was formed.And I was greatly interested by it.Late or on,whenever I was in China I visited this place with great expectations,And I visited several different artists' studios to share sincere conversations about their art.Then I started to have great interests on the works of these artis looking at the books published by Song Zhuang.This affinity grew to where I started to think about a matter of interchange with

Chinese artists.This actually led on planning and interchanging exhibitions in Korea.This relation made SongZhuang become a special place in China that cannot be separated from me.

Nowadays,we can see developments of the city in Song Zhuang as well,which is different from then,and I think the activities of these artists and international recognition have far impmved.Especially,this exhibition will be a major role and an important attempt for Song Zhuang to grow as the international center of art.I have chosen Korean artists for this exhibition with Choi Jung-mi,where we have tried to invite a wide and various artists in genre according to the theme,'Art Linking',It will be a great opportunity to introduce dynamic arts of Korea. Participating artists are very experimental and have extensive experience through studying abroad and encountering various cultures.They put forth their whole energy in search for their Korean origin based on their unique art.

The theme of this exhibition that Korean artists are trying to show is the cycling massage of creation,coexistence and extinction.Ultimately,our life is an endless link with nature in a symbiotic relationship.Participating artists wishes a broader interchange about this theme with a positive attitude and progressive method of expression.

Gwangju is the hosting city of the intemationally renowned Gwangju Biennale and being developed as the central city of Asian Culture by the

government policies.Kim Sang-yeon,Chung Woon-hak,Park So-bin,Shin Chang-woon,and Jin Si-young are Gwangju's local artists.Yang Jung-su,Ha Suk-won,Jeong Jeong-ju,Kim Do-myoung,and Heo Wook are active artists of Seoul-the capital city of economy and politics. And Park Wcong-kyu is an enthusiastic artist residing in Beijing for a long time.Gwangju and Seoul are vivacious cities in arts and culturally future-oriented policies are being promoted.I think that these reasons coincide with the significance of artistic mutual understandings and interchanges of Song Zhuang.

I would like to thank Hong Feng and Yang Wei of the Songzhuang Art Promotion Association of China for their deep interest and support.And for the future,I hope for more of these artistic interchange opportunities and immersing time for mutual understanding of culture.

刘枫华作品

连·接——从宋庄艺术到国际艺术

展览邀请到了中国、美国、韩国、法国等国的优秀艺术家参加展览。策展人李铁军将主题定为“连接”，连接的不仅仅是国内的小圈子艺术，同时也是国内艺术与国际艺术的接轨。著名批评家殷双喜在开幕式上说：以前我们是在向国外学习，不管经济、政治、军事、文化都是在向西方学习，那时候我们是学生，向他们学习。但是现在到了21世纪了，我们不能老是当学生，我们应该发扬自己的特色，是时候走出去了。宋庄就是一个很好的起点。宋庄镇党委书记胡介报说：这次艺术节的主题是“艺术链接”，秦峰从国外回来，切身了解了国内外的艺术发展状况，这次展览是名副其实的“艺术链接”。策展人李铁军也表示：我们说宋庄走向国际，不能老是口头上说，现在我们要切实实现了。当代艺术馆的馆长秦风则说：从宋庄到美国，我清晰地看到宋庄的崛起。宋庄的美术馆不比世界上任

殷双喜、秦风

秦风、胡介报、洪峰

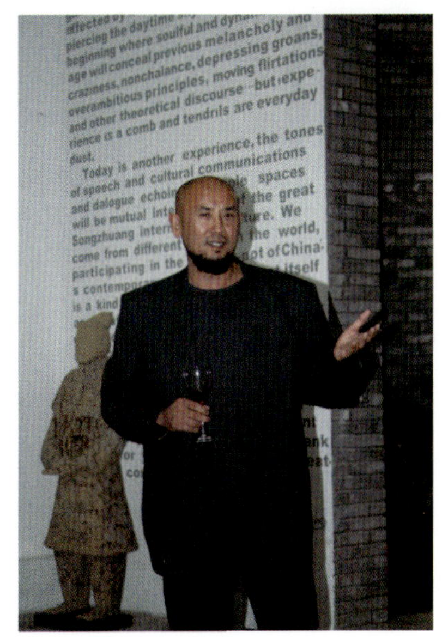

秦风

何其它的地方的美术馆差，中国的艺术，也不比其它地方的艺术家落后。

《连•接》意心灵与心灵的连接，是通过视觉转入心性的接触和溶汇，如同人文文化之脉系的交流与互动。艺术家们感受着和创造着时代的艺术，同时又被时代吞没与推动。当下的我们是否面临着抛弃历史同时被历史抛弃的命运。我们如何应对规律的运行，又如何面对自身的困扰和人类的疑团……

人的智慧只有同神化的德相呼应，才体现出大智慧来。（老子）道德二字的意思是规律与调节的结合，德是本质，质是表象。天地的运动是恒定不变的。大道的节律，均在运动中体现出来。

我们的展览正是基于对天理这样一个人性的大命题，和观念来提出问题。如同在大西洋中，投下一个带着问好和感叹号的浮标，这个浮标是自我们内心深处出发的，是道和人性深 层维度的强音律。

今天展出的每一件作品都是独立的。也望我们的参与者在展出的艺术作品中获得莫大的启迪和感动来连接艺术真实中的我们及感悟当下文化的德行。

开幕式现场

两岸当代·对照阅读

文/胡永芬

两岸在80年代末分别发生的事件,不只是对于各自广大的政治、社会、历史、经济等方面产生关键性的影响，还在对个体的生存状态、环境、文化、艺术的发展方面，同样具有时代分水岭的决定性意义。

单就艺术表现而言，后89的中国大陆当代艺术与后解严的当代美术，各因不同的时空背景，产生了不同的文化开怀面向和作取向。综观两者，得以发现在相近的时间舞台上，与不同空间和环境氛围的背景中所各自展现的艺术表达，两者也许在内在意义与讨论议题上或有不同，但却各自代表其背后所隐含的环境影响与文化哺养，而这各自表述的相异焦点，却有着极其相近的主管情感与内在需求。

因而，在这两个全面性地影响了两岸这一代人的历史事件，皆将近届满二十年的今天，举办这个展览，尝试将定位在两岸从80年代末已迄今日，当代艺术于“历史-文化-政治”与“个体-生命-环境”两个人文向度（humanistic dimension）上的表现，作一取样性的对照。

胡介报、栗宪庭、崔大柏与台湾友人在展览开幕式现场

著名批评家——也是本次展览的主要负责人之一栗宪庭在开幕前调侃地说：“这个展览把本来在全国最高级别的美术馆里边展出的一些作品放到了一个全国级别最低的美术馆展览来了”。据悉，本次展览集中了两岸最优秀的艺术家的作品，张晓刚、岳敏君、王广义、方力钧、刘炜、宋永红等当代名家的作品都在本次展览亮相，他们的作品在全国各大美术馆均有收藏，而宋庄美术馆是一个村级美术馆，所以栗宪庭调侃说宋庄美术馆是“全国最低级别的美术馆”。而在开幕式上，展览的策展人胡永分不无感慨地说，展览重要的不是展示场地，而在于展览本身。宋庄美术馆从来就不是一个不起眼的最低级别的美术馆，不单是因为栗宪庭在宋庄美术馆做馆长，而是宋庄美术馆所举办的一系列的展览，不但在宋庄产生了重要的影响，并且正在强力推动着宋庄走向国际。

第三届宋庄艺术节将在11月8日开幕，“两岸当代•对照阅读”展览将持续展出一个月，是本届宋庄艺术节的重要组成部分之一。同时，第三届宋庄艺术节也是第二届（中国）北京文化创意产业博览会的分会场，是宋庄文化走向北京，走向全中国乃至在更大范围内产生更大影响的的一个重要环节，此次展览熔合了两岸艺术家的静华，切合了第三届宋庄艺术节“情景链接”的主题，对宋庄创意文化产业的发展具有重要意义。

美国当代艺术展

文/王瑞芸

如今这年头要想惊世骇俗已经没有可能了，尤其在眼下日新月异的中国，尤其在如火如荼的中国当代艺术界。哪怕是美国来的展览，哪怕是美国来的前卫艺术展览——现在的中国人什么没见识过，美国人牛，中国人可以比他们还牛！

可是我们为什想惊世骇俗？尤其是我们做艺术，心里为什么要存着个惊人的念头？这只不过是因为我们仍然没有过艺术这个“坎”，没有过艺术家这个“坎”。我们一如既住地以为艺术不同于生活，艺术家高明于常人，如果我们依然心存此想，我们的前卫就是伪前卫，一切招式都将沦为花拳绣腿。

真正的前卫是：在表现形态上向后退，向下走，让艺术和生活重合在一起。它的重要性在于，只有达到了这个层面，接近了这个境界，方能让人获得真正的自由——等级高低的区别消失了。艺术不是总在标榜给人心灵以最大的自由吗？这个自由可不是虚张声势，道貌岸然，它是切实的，贴心的，貌不惊人的，润物细无声的，但肯定是真正让生命得到滋养和获益的。

因此这个美国展览的主旨是让艺术家联接普通民众。在宋

塔德·威廉姆森作品 历史的教训

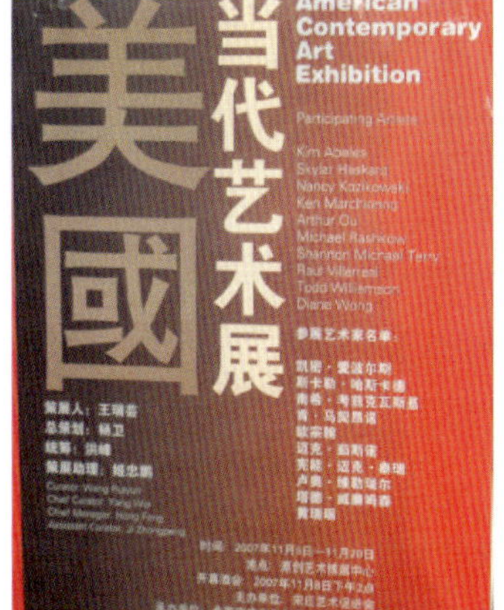

美國
当代艺术展
American Contemporary Art Exhibition
Participating Artists
Kim Abeles
Skylar Haskard
Nancy Kozikowski
Ken Marchionno
Arthur Ou
Michael Rashkow
Shannon Michael Terry
Raul Villarreal
Todd Williamson
Diane Wong
参展艺术家名单：

美国当代艺术大展现场

庄这样一个特殊的地方，艺术进入了，村民们和艺术家可以朝夕相处，艺术家这个角色对村民们不再是远在天边的神仙了。可是当村民能够和艺术家同进共出于村道上时，他们是否也能和艺术平等相处呢？他们是否能意识到艺术，跟他们做田、搭房、凿井、灌溉一样，是我们人类活动中的一种，他们若是愿意，他们放下锄头时也可以偶然做一下艺术，就像我们若愿意，也可以偶然拿起锄头下田一样。如果真能到达这个境界，才是触到了所谓后现代的核心；人人都可以是艺术家。不存在主导的风格，没有领衔的主义，一切凭自己做主，你是你自己的主人。

而今“后现代”这个词被弄成一种时髦，频繁出入于理论家的著作中，学术会议的议题中。其实，任何主义，最应该的是落实于普通生命，让人真正受用，这才是“后现代主义”存在的全部理由。

这个展览因此需要宋庄人的参与，让一向站在艺术圈外的人也进入艺术的创作，他们将和美国艺术家一起合作来完成他们的作品，比如凯密•爱波尔丝的“树叶休憩所”，睡榻上面的每一片树叶软垫都是由一个中国的学生动手制作完成的，五百片树叶有五百个中国的参与者。在上面，他们和艺术家一样，签下了自己的名字。通过这样的方式，让中国的普通参与者亲身体会到，他们自己也做了一回艺术创作，那就是动手做个东西，然后陈列在展览馆中。艺术到头来就是这么一回事情。

南希•考兹克瓦斯基的作品也是一个寻常举动：纺织。作为一个以编织物进行创作的艺术家，她意识到，编织，看似普通，其实丝丝缕缕地体现了历史、习俗、文化，甚至人性。这就是艺术啊！她在这里展出的作品也需要通过众人之手去完成——每个观众都可以上去织一段。这个过程形像地体现了一个事实：艺术、文化历史都是通过每个人的劳动完成的。我们每个人活着其实就是在创造着。

王瑞芸的作品“自画像”， 并非她本人，而只是一面镜子，因此观众需自己站到镜子面前去方可完成其“作品”。这个典型的由观众参与完成的创作，含意隽永：我们每个人其实就是自己一手造成的作品。自己的优稚，自己的粗卤，自己的成功，自己的失败，不能怨天，不能尤人，全要由自己全权负责。

现在我们在美国艺术中，要看的，不是他们的激动，而是他们的沉静。他们的自主，他们的不一窝风！如果这个展览能够让中国观众体会到艺术是可以亲近的，是可以和我们普通人生平等相处的，甚至是一个来自外国的艺术展览，也可以和中国的百姓人家打成一片，那么，这个展览的目的就达到了。请不必在这里找前卫，看新鲜，求刺激。前卫就是返璞归真，还艺术于生活。

当一切都平等了，平常了，平和了，压迫着我们心灵的种种名头才可以脱落，我们才可以得到自在。这就是艺术存在的理由，也是这个美国展览想要传达的信息。

美国当代艺术大展现场

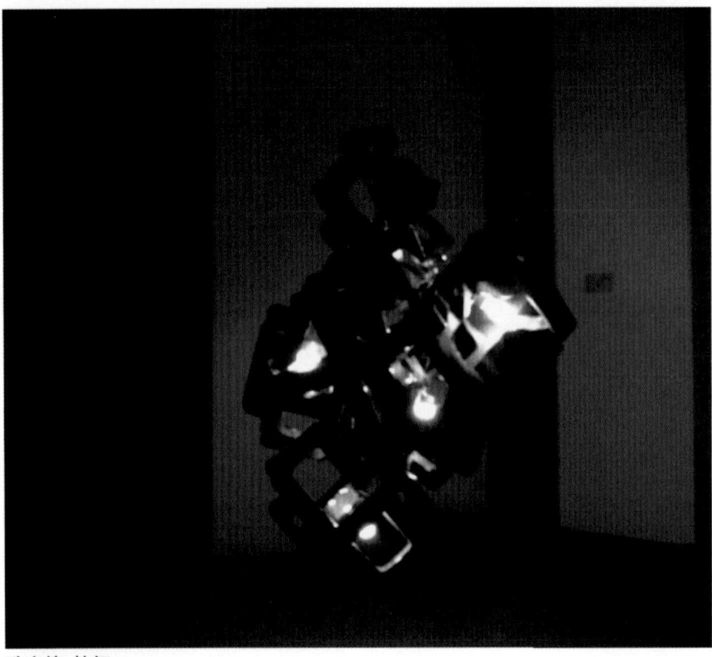

欧宗翰 挂灯

American Contemporary Art Exhibition

Holly Wang

Today it seem hard to surprise people by art in an ever changing China,and much herder within the Chinese coatemporary.Even a contemporary art show from the United States,0r a real avant-garde art show,would not be a super punch for the Chinese.What have the Chinese not seen?Yes,the Americans may be "extraordinary",yet the Chinese are more extraordinary!

Why do people want to be“extraordinary”in art?One reason might be that we are unable to overcome our misconception about art and

artists.Very likely we are still haunted by the romantic notion that art is separate from life,and that artists rank higher than other people.If we stand on this ground,the avant-garde could be amere fabrication,artistic maneuvers become part of a cunning game.

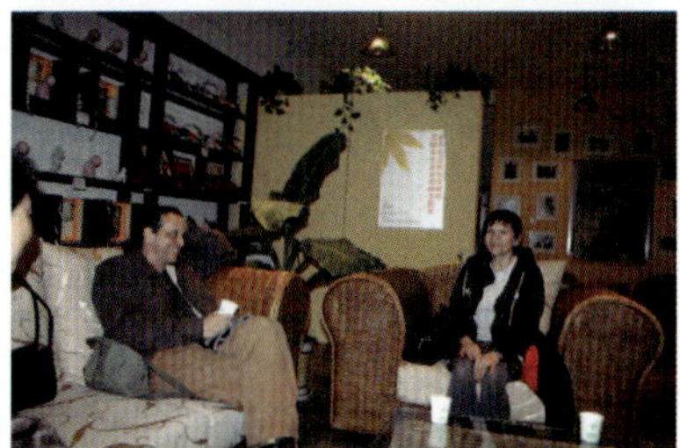

The true avant-garde should be the art that comes down to the earth and genuinely combines with life.This means only when art and life coalesce into one will people truly taste freedom.Art has always held the promise of freeing the soul from burden.Yet,that freedom should be not only a verbal announcement or a looking in from the outside,but the kind of freedom that brings with it deep feelings,feelings that warm and nurture,that relax,filling the body with silent recognition.

This is one of the goals of the America Art Exhibition,to link art with the public.In a special village such as Songzhuang,art has been moving in.Artists who used to be the celestial beings are now the farmers'next-door neighbors We wonder if the general populace of Songzhuang is able to experience art.Can the experience and equanimity of art fill thelr daily endeavors,things that include plowing,building,diggi ng,watering,and so on?In other words,is the public able to see art practicd in their daily lives?The point here is that everything is supposed to be equal,nothing special.If the Songzhuang people are willing to make something called art,they may do it when they put aside their hoe for a while,like artists who are willing to do farming by going out on the land and doing a little bit here and there as the farmers do.With this mentality,they may get to the core of what postmodernism means:everyone can practice their life as an artist does.Whatever you do,you are a creative agent.You are your master.

The word "post-modern" has become fashionable and frequently appears in theorist's books,or within agendas of panels or conferences.All"isms" should nurture people's lives.This should be the only reason for the concept of post-modernism to exist.

This exhibition is designed for the Songzhuang people,the so-called non-artists,to collaborate with American artists Without their participation some of the artworks in this exhibition would not have been completed,works such as Kim's Leafs Lounge Beijing.People visiting the exhibit will discover that every leaf has been made by a Chinese student from Songzhuang.Each of the 500 leafs were made by 500 Chinese participants,each of whom signing their name on the leaf,just as an artist does.In this way,the public realizes,that they too can take part in an art activity by making something with their own hands,and showing it in a galtary or museum. That is art,nothing more.

Nancy's piece is also a daily life deed,weaving. As a tapestry artist,she senses that weaving means history,custom,culture and even humanity.It is nothing but art! The piece she brings to Songzhuang Art Festival needs everybody's hands to weave a couple of centimeters.The whole process embodies the idea that,whatever it is,art,culture or history has always fulfilled its purpose by involving people. While people live,they also create.

Holly Wang's piece,Self-Portrait is a mirror instead of her self-porrtrait.Obviously the work would be completed onlywhen a viewer stands in front of the mirror.The significance of this typical collaborative piece is that we all are the creator of our own ascent,descent,success,lack of success and ultimately must depend only on ourselfes.Nothing from outside is there to help provide answers to the human condition.And nobody should be blamed for our frustration.We are the ones who must take responsibility for our whole life.

What we should perceive in American contemporary art is not its excitement,but the spirit of calm,self-contained beings who never act as followers.If the exhibition helps Chinese viewers become aware of the closeness between art and people,even an art show with foreigners can accomplish this.In that case this exhibition will achieve its goal.Viewers do not need to strain to find the meaning of the avant-garde,extravagant feelings,staring innovations.Instead it bears repeating,the avant-garde can actually be about coming down to each,thereby reminding us of the inextricable links between art and life.

When everythingis equal,familiar,and calm,all the burdens of life are lifted from our minds.We are on our own but connected.This is the purpose,and the gift of the American Art Exhibition.

开幕式现场

处在边缘的当代水墨艺术

——墨缘100 —中国·宋庄第二届名录邀请展

文/刘骁纯

“水墨•当代——中国宋庄水墨同盟首届邀请展”以“当代”为主题词，我在这里所说的“当代”，并不单纯是时间概念，而是与时间有关，更与艺术观念有关的概念；是与欧美艺术批评语境中的“当代”概念有关，又具有本土独立性的概念。他代指现、当代水墨艺术，其所指类似常说的“试验水墨”、“边缘水墨”。

所谓观念性，最主要的是指它对中国传统（包括 20世纪的新传统）水墨画的反叛性，或曰批判性、解构性。

当代水墨艺术是受西方现当代艺术影响而产生的艺术现象，是徐悲鸿、林风眠之后又一轮的西化思潮。它 逆反传统主要表现在“器”的层面上，在“道”的层面上每个艺术家都在自觉不自觉地寻求与传统的关联，因此西化的本质是引西润中、中西融合。

当代水墨艺术既不被西方主流艺术看好，也不受中国主流艺术重视。一方面，中国的政治波普、玩世现实主义、观念艺术在西方主流艺术中走红，另一方面，礼品水墨画和延伸传统的水墨画在中国主流艺术中走红；一方面，在西方主流艺术看来，中国的当代水墨艺术并不具有当代意义，另一方面，在中国主流艺术看来，当代水墨艺术跟随西方，缺少文化自主性。当代水墨艺术遭双重放逐，在两面都处在边缘。

但我相信当代水墨艺术的生命力。“水墨为上”（王维）是中国特有的古老文化现象，它与中国特有的老庄哲学、玄学、禅学有很深的渊源关系，在这种背景中，文人书画才绵延不绝、入继大统、成为中国视觉文化的最高代表。在今天，水墨艺术没有过时，它在国际文化交流中焕发出了新的生命活力和创造活力，并已经成为中国当代艺术重要组成部分。

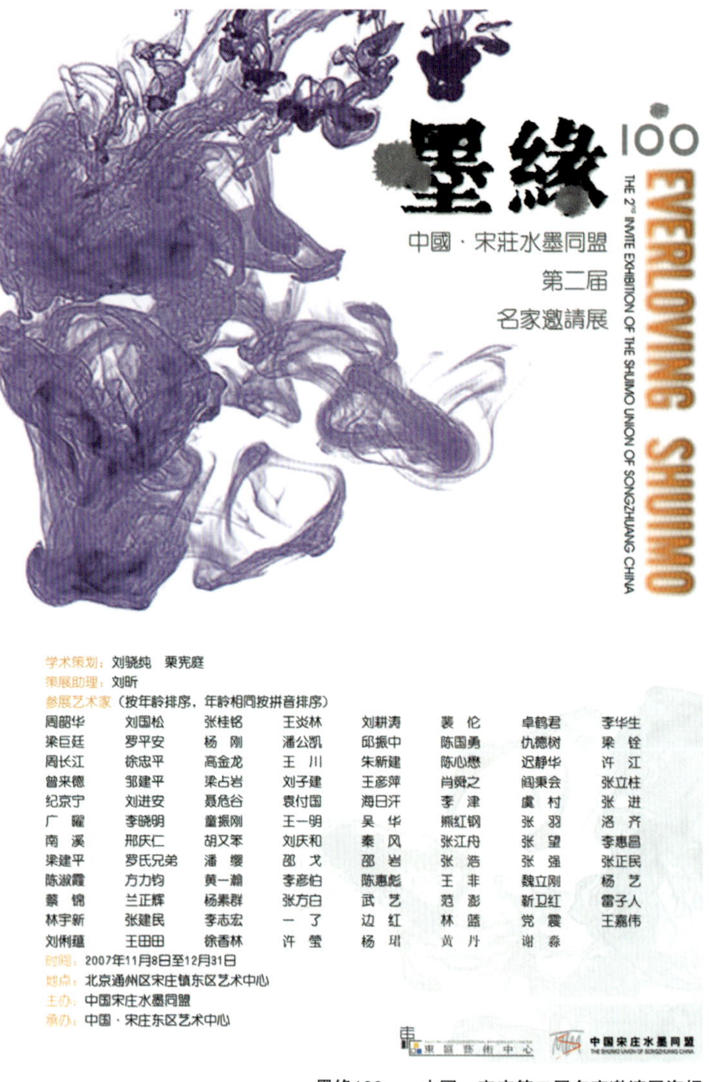

墨缘100——中国·宋庄第二届名家邀请展海报

墨缘100——中国·宋庄第二届名家邀请展

文/刘骁纯

关于“墨缘”

“墨缘”泛指一切与中国传统的笔墨纸砚、文人书画有缘分的当代艺术创造。包括新文人画、新中国画、现代水墨画、书法、现代书法、书象，以及与这些艺术有正关联或负关联的油画、丙烯、水彩、版画、摄影、雕塑、综合材料、装置、行为等等艺术现象。

或以为这样的林林总总凑在一起太杂，其实“杂”也可以

刘骁纯在开幕现场

开幕式现场

是一种选择。“墨缘”好像是个杂货铺，但万中有一 ——与中国水墨文化有缘。

“杂货铺”里的各类货色各有自己的评价标准，甚至每个艺术家的作品都有相对独立的评价标准，但都追求高品质的创造性——这又是共同的标准。

在追求高品质的创造性这一点面前，所有的艺术家人人平等。架上与架下无高下，前卫与后卫无高下，中心与边缘无高下，终极关怀与当下关注无高下，刺世与遁世无高下，一切只看艺术家的身手，看你的东西有多高的品质和有多大力度的创造性。或许在不少西方批评家看来岳敏君比朱新建更更值得关注，但我看未必；或许在不少西方批评家看来张晓刚比刘庆和更更值得关注，但我看未必。

林林总总杂凑一锅，目的是展现多元的当代艺术语境，提供多元艺术近距离碰撞的平台，以使固守自我者在多元语境中进入更高层面的固守，以使拓宽自我者在多元碰撞中进入更自由地开拓。

“墨缘”，是一种现实，它展示中国水墨文化向各个方位渗透的当代创造活力。

“墨缘”，是一种理想，它期待中国水墨文化经过当代再生逐渐形成世界当代艺术中不可忽视的文化现象。

作为初次尝试，本届“墨缘”展以现当代水墨画为主。

关于“100”

“100”，即百人，本届展览邀请100位艺术家参展。

“画道之中，水墨最为上”（王维）是中国特有的古老文化现象，它与中国特有的老庄哲学、玄学、禅学有很深的渊源关系，在这种背景中，文人书画才绵延不绝、入继大统、成为中国视觉文化的最高代表。这种基本文脉在在西方是没有的。因此，水墨艺术能否进入现当代，如何进入现当代，以及它在中国现当代艺术中处于怎样的地位，又具有怎样的意义，这一切，西方艺术界如何看并不重要，因为它是中国现当代艺术发展中的特殊问题。

现当代水墨艺术虽然既不被西方主流艺术看好也不受中国主流艺术重视，在两面都处在边缘地位，然而，它从1980年代兴起以来却一直受到学术的关注，批评、研究、展览、出版的波浪起伏一直伴随着现当代水墨艺术发展的波浪起伏。从这个角度看，常被称为“边缘水墨”的现当代水墨艺术，在学术层面上始终就没有被边缘化。或者说，它是地处边缘的汹涌大潮，参与其中的艺术家，可入品者岂止百人。举办百人展，就是为了多侧面地看看这个大潮景观。

中国现当代水墨艺术的大潮正在涌起。大潮总是泥沙俱下，大潮也会淘出真金。

拟邀请艺术家（按年龄排序，年份相同按拼音排序）

周韶华　刘国松　王无邪　袁运生　石　齐　张桂铭　王炎林　贾又福　石　虎
卓鹤君　李华生　梁巨廷　罗平安　王公懿　杨　刚　潘公凯　邱振中　陈国勇
仇德树　梁　铨　聂　欧　江大海　周长江　高金龙　石　果　王　川　朱新建
陈心懋　谷文达　田黎明　徐　冰　许　江　曾来德　邹建平　梁占岩　刘子建
王彦萍　肖舜之　阎秉会　杨诘苍　张立柱　纪京宁　刘进安　聂危谷　海日汗
李　津　张　进　李孝萱　童振刚　广　曜　吴　华　张　羽　周京新　刘文洁
洛　齐　南　溪　王天德　邢庆仁　胡又笨　林　延　刘庆和　张江舟　卢禹舜
罗氏兄弟　潘　缨　邵　戈　张　浩　张　强　张正民　方力钧　黄一瀚　徐　累
魏立刚　兰正辉　武　艺　陈光武　靳卫红　雷子人　邱志杰　魏青吉　刘俐蕴

The Generation of Songzhuang, the Contemporary Art Exhibition

主办：宋庄艺术促进会
Manager：Songzhuang Art Association

承办：宋庄A区艺术中心
宋庄A区美术馆
Organizer：Songzhuang A-area Art Center
Songzhuang A-area Gallery
协办：中国宋庄网
宋庄艺会馆
Associater：China Songzhuang Netware
Songzhuang Exhibition Center

学术主持：杨卫
Academic Supporter：Yang Wei

策展人：马越 班学俭 赵光臣
Curator：Ma Yue Ban XueJian Zhao GuangChen

组织委员会：洪峰 杨卫 刘志福 王建军 扎扎
Arrangement Committee：Hong Feng Yang Wei Liu ZhiFu Wang JianJun ZaZa

参展艺术家：班学俭 陈秋池 单智 戈溢 韩旭成 金宇 刘国强 刘海舟 吕顺 马越 庞永杰 片山 朴光燮 索探
天兵 唐建英 吴德武 邢波 杨洮 姚俊忠 尹氏兄弟（尹坤 尹俊） 扎扎 张东红 张健俊 赵光臣 周洋明
Artists：Ban XueJian Chen QiuChi Shan Zhi Ge Yi Han XuCheng Jin Yu Liu GuoQiang Liu HaiZhou Lü Sun
Ma Yue Pang YongJie Pian Shan Piao GuangXU Suo Tan Tian Bin Tang JianYing Wu DeWu Xing Bo Yang Tao
Yao JunZhong Yin Bro.(Yin Kun, Yin Jun) ZaZa Zhang DongHong Zhang JianJun Zhao GuangChen Zhou YangMing

时间：2007年11月8日——11月20日
Time： Nov.8-20，2007

开幕酒会：2007年11月8日14：00时
Opening：2pm Nov.8，2007

展览地点：宋庄A区美术馆
地址：中国宋庄小堡——宋庄A区艺术中心
Address：Songzhuang A-area Gallery
Songzhuang A-area Art Center Xiaopu Songzhuang China

宋庄一代

姚俊忠作品

单智作品

周洋明作品

“宋庄一代”

“宋庄一代”意旨在宋庄成长起来的第一代艺术家。这是一个以地域和时间的划分来组织策划的一个艺术家联展。参加此次展览的艺术家大都在宋庄文化造镇之前来到宋庄，他们不是艺术市场的淘金者和投机者，他们有的在宋庄画家村的前身——圆明园时期就投入到当代艺术创作的探索实验当中，但圆明园时期他们的艺术语言还没有成熟，他们的名字也不在圆明园的成功画家之列，他们是在宋庄艺术家的真正代表，他们真正生活和创作在宋庄，长达十余年的艰苦生活和艺术探索使他们在当代艺术界和当代艺术市场都有了一席之地，他们对宋庄镇的文化建设和画家村的成长都做出过不可磨灭的贡献。

江山代有人才出

——序《宋庄一代》当代艺术展

文/杨卫

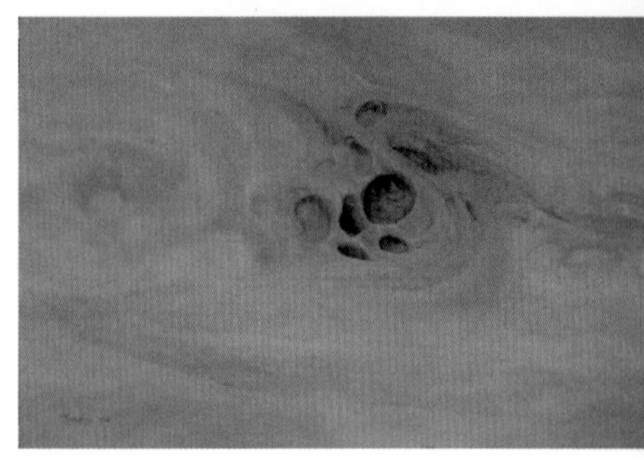

天兵作品

马越他们给自己策划的展览取了一个好听的名字——宋庄一代。这说明宋庄已经有了艺术发展的历史，并成长起来了自己的一代艺术家。我很喜欢马越他们的这个命名，尽管我一直不赞同在艺术创作上来划代，但用在这里我却觉得很有意义。因为这个命名不是要划出什么文化上的鸿沟，恰恰相反，它是在默认一种价值，实际上是对以宋庄为象征的一种文化情感的深深认同。

从1994年方力钧他们最早来到这里，给宋庄注入进艺术的因子以来，已经有了十几个发展的年头。当年出生的小孩子如今都已长大成人，真正是弹指一挥间，一个人的一生究竟又能有几个这样的十几个年头呢？记得方力钧说过一句话：把时间交给一个人就是把生命交给一个人。这么多的艺术家甘愿把自己最为激情的岁月交付给宋庄，表明了宋庄的魅力，而这种魅力却是因为这里集聚着许许多多真性情的人。

人，是宋庄最好的风景。马越他们做“宋庄一代”，也是想树人，是想树起来通过宋庄这片肥沃的人文土壤成长起来的一批艺术家。这些艺术家大都我也很熟悉，其中很多人也参加过我主持的“中坚力量”当代艺术展。的确，他们是真正从宋庄成熟起来的一批人，虽然现在他们还没有全面跃上历史的舞台，但我相信未来会呈现他们更多光耀的身影。这也正所谓“江山代有人才出”。当然，艺术创作争的不是朝夕，而是岁月的长久。所以也才有了后一句：各领风骚数百年。

我真希望这一代人能够成就百年以上的大计！

是为序。

宋庄A区艺术中心

宋庄精神

文/尹坤

我和马越、老班喝酒时常聊到前些年我们是如何如何地快乐，日子过的是如何如何地有意思，对过去的生活充满怀念。其实那时我们的生活是挺艰苦的，但有一种精神充实着我们每一个人。现在我们对过去的怀念确切来讲是对当时那种精神——如今已被商业稀释的精神的怀念；那是一种老革命式的充满了宗教信仰般的为艺术为生活奋斗的精神——我把它称之为“宋庄精神”。

“宋庄精神”让我们在自我苦难上构建了自己的乌托邦理想，使我们受着生活的苦（其实也不苦只是没钱交房租），却感受着艺术的甜（其实也不甜只是宋庄精神让我们感到了她的甜）。当时从圆明园到宋庄的艺术家中除了为数相当少的几个人生活好过些外，绝大部分人都是这样度日艰辛，靠着这份信念和理想苦苦地坚守在宋庄。不管当时是出于对在地方或单位感到压抑而来北京，还是为个人的发展或者就是为艺术献身而来北京的，大家不约而同都选择了这种生活方式——那就是选择了自由的生活，自由的表达，这就是从圆明园到宋庄的艺术家对社会贡献的意义所在。

“宋庄一代”我理解就是有“宋庄精神”的这么一代人，而不是那些策展人搞的什么“70前”“70后”的所谓学术上的断代。

马越、班学俭、赵光臣他们只是一些艺术家，不是专业的策展人，所以对他们所做的展览就不应有过分的学术要求。马越在接受《美术焦点》的记者采访时曾说过：“我不是专业的策展人，我们做展览大部分都是一些友情联展，和自己熟悉的较好的朋友在一起，目的主要是推我们自己的艺术作品，我没有策展人那个责任，也没有那个工夫；比方说去发现新人，更学术和全面的去展示当代艺术的状况。” 从马越直率的谈话和他的《我爱宋庄》的文章里可以看出他是一个对生活在宋庄的朋友充满感情的人；正是这种感情，和他身上的“宋庄精神”，使他做出了对已往的宋庄岁月和人充满温情的“宋庄一代”。

马越在我家的电脑前摆弄他的文字时，我见他全身以赴投入的身影，内心涌起了一种莫名的悲壮。

宋庄制造

文/胡月朋

凝聚新生的力量

宋庄制造是一股凝聚新生的力量，此次展览以宋庄艺术家为主，也邀请了全国部分地区的新艺术家。对当代文化的立场和态度给予补充和丰富，从多角度的表达上，推动认识向前发展。

宋庄艺术的多样性

宋庄制造展，已成为上上美术馆每年一届的延续推介工作，其策划理念是以“桥”为核心，沟通、连接、激发艺术的创作活力，使其成为艺术多样性的展示平台和宋庄艺术的一个品牌。以此促进宋庄艺术的繁荣。

Gathering New Power

“Made in Songzhuang” is the power of gathering freshman. Excepting that Songzhuang artists are principal part of the exhibition, we invited new artists from parts of the country. Strengthening and supplying the contemporary cultural standpoint and attitude, to push forward understanding in many aspects.

Multiplicity of Songzhuang Art

From now on, “Made in Songzhuang” has been annual continuous introduction work of Sunshine Museum, Its concept of planning is that, regarding “bridge” as the core, communicating, jointing, wakening the creative vigor of art, making it become a display platform of multiform art and Songzhuang art brand, and promoting the flourishing of Songzhuang art.

宋庄制造

上上美术馆2007宋庄艺术家推介
2007年11月8日下午2

Made in Songzhuang

展览时间：2007年11月8日—2008年3月8日
主办单位：上上美术馆
协办单位：中国(北京)国际文化创意产业博览会组委会、北京文化发展基金会、通州区宋庄镇人民政府、环铁时代美术馆、美术焦点网、宋庄印象网、美术焦点杂志、宋庄水墨同盟、宋庄艺会馆、宋庄A区美术馆、原创艺术博展中心、小堡驿站美术馆、宋庄凹凸空间、尚上仁和画廊。
总策划：李广明
策展人：胡月朋
学术推介：申云
责任总监：余峰
展务协调：陈卫国
展务助理：唐勋、郭丽华、李渊峰、杨高侨、郭俊贤、胡志伟
设计助理：蔡金存、车斐
翻译：王惠平、王妮
通讯地址：北京市通州区宋庄镇小堡村上上美术馆
邮编：101118
电话：010—89579853
传真：010—89579582
电子邮件：ssmsg@163.com

"Made in Songzhuang"
Sunshine Museum 2007 Songzhuang Artists Introduction Exhibition
Exhibition Dates: November 8, 2007–March 8, 2008
Main Organizer: (China–Songzhuang) Sunshine Museum
Co-organizer: (Beijing)International Cultural and Creative Industry Exposition Organizing Committee of China, Beijing Culture Development Fundation, Songzhuang Government of Tongzhou District, Huantie Times Museum, Art Focus Website, Songzhuang Impressions Website, Art Focus Magazine, Union of Ink and Wash of Songzhuang, Songzhuang Yihui Museum, Songzhuang A Zone Museum, Original Art Exposition Center, Posthouse Museum of Xiaopu, Aotu Space of Songzhuang, Harmony Gallary of Sunshine Museum.
Planner: Li Guangming
Curator: Hu Yuepeng
learning introduction: Shen Yun
Director: Yu Feng
Coordinating the Exhibition: Chen Weiguo
Assistants of the Exhibition: Tang Xun, Guo Lihua, Li Yuanfeng, Yang Gaoqiao, Guo Junxian, Hu Zhiwei
Assistants of Design: Cai Jincun, Che Fei
Translators: Wang Huiping, Wang Ni
Address: Sunshine Museum, Xiaopu Village, Songzhuang, Tongzhou District, Beijing
Post Code: 101118
Tel: 010-89579853
Fax: 010-89579582
E-mail: ssmsg@163.com

参展艺术家名单(按英文排序

自由表现：黄充（特邀：广州区）、李广明、唐建英、卫保刚、吴震寰、韦加（特邀：辽宁区）、赵光臣、赵晓佳（特邀：辽宁区）胡月朋
原生态艺术：哈世友、李一丙、刘征、母军、苏梓寒、王能涛、姚俊忠
卡通艺术：郝朗（特邀：重庆区）、江衡（特邀：广州区）
孙晓枫（特邀：广州区）、贾佳（特邀：重庆区）、李大朋
抽象艺术：陈鱼、迟静华、鹿林
非类型艺术：库雪明、林春岩、伊灵、张霞
雕塑艺术：班学俭、洪海金、黄瑾（特邀：上海区）、蒋佑胜、吴梁焰、王南飞
装置艺术：吕上、单竹兰、谈一峰、袁兴刚、赵碧琴、张杰（特邀：重庆区）
行为艺术：包治国、海容天天（特邀：广州区）、邝老五、李娃克、田流沙、吴幼明
影像艺术：陈学刚、高铭研（特邀：上海区）
苏畅（特邀：上海区）、郁天柱（特邀：上海区）、朱炎
图片艺术：成力、明可、庞宏伟、申云、田永华、邢鹏、也宁、张巍
舞蹈艺术：何其沃(舞)（特邀：广州区）、龙云娜(舞)（特邀：广州区）
符松、小不点、小月（手鼓）
音乐艺术：麦子和微乐队（5人）

Participating List:

Free Expression Art: Hu Yuepeng, Huang Chong (Special Invitation, Guangzhou), Li Guangming, Tang Jianying, Wei Baogang, Wu Zhenhuan, Wei Jia (Special Invitation, Liaoning), Zhao Guangchen, Zhao Xiaojia (Special Invitation, Liaoning).
Born-zoology Art: Ban Xuejian, Ha Shiyou, Li Yibing, Liu Zheng, Mu Jun, Su Zihan, Wang Nengtao, Yao Junzhong.
Cartoon Art: Hao Lang (Special Invitation, Chongqing), Jiang Heng (Special Invitation, Guangzhou), Jia Jia (Special Invitation, Chongqing), Li Dapeng.
Abstract Art: Chen Yu, Chi Jinghua, Lu Lin.
Non-type Art: Ku Xueming, Lin Chunyan, Yi Lin, Zhang Xia.
Sculpture Art: Hong Haijin, Huang Jin (Special Invitation, Shanghai), Jiang Yousheng, Wu Liangyan, Wang Nanfei.
Installation Art: Lu Shang, Shan Zhulan, Tan Yifeng, Yuan Xinggang, Zhao Biqin, Zhang Jie (Special Invitation, Chongqing).
Performance Art: Bao Zhiguo, Kuang Laowu, Li Wake, Tian Liusha (Special Invitation, Guangzhou), Wu Youming.
Video Art: Chen Xuegang, Gao mingYan (Special Invitation, Shanghai), Su Chang (Special Invitation, Shanghai), Yu Tianzhu (Special Invitation, Shanghai), Zhu Yan.
Photograph Art: Cheng Li, Ming Ke, Pang Hongwei, Shen Yun, Tian Yonghua, Xing Peng, Ye Ning, Zhang Wei.
Dance Art: He Qiwo (Dance) (Special Invitation, Guangzhou) (Hand Drum), Long Yunna (Dance) (Special Invitation, Guangzhou).
Music Art: Mai Zi and Wei Band (Five People).

2

《宋庄制造》六人谈

对话人：胡月朋、申云、杨文胜、吴震寰、张骞文、张海涛

胡月朋：今天把大家聚在一起主要是聊一聊第二届《宋庄制造》展，谈谈大家的想法和建议。目的在于大家共同表达认识，共同建设宋庄，繁荣宋庄。 我先介绍一下今年的《宋庄制造》展的整体内容，今年的《宋庄制造》展设置了12个类别，分别是：自由表现、原生态艺术、非类型艺术、抽象艺术、卡通艺术、雕塑艺术、装置艺术、行为艺术、影像艺术、图片艺术、舞蹈艺术、音乐艺术。

去年的展览核心是："对世俗倾向的批判"今年的展览核心是："艺术的多样性"所以在今年的展览中，每一个类别没有再强调去年提到的那些倾向性，去年提到的"后玩世"转换成"原生态艺术"。对于"后玩世"的提法，去年很多人给了我意见，"原生态"的提法我个人觉得更加吻合宋庄的地域性，希望大家多提意见。

另外"卡通艺术"在宋庄也具备了一个雏形，"抽象艺术"我觉得在宋庄有比较成熟的案例。"非类型艺术"，就是介乎左右之间，不属于目前任何艺术类型，现在还没法归类的。"装置艺术"和"雕塑艺术"，去年因为时间太紧，是把两者混在一起展出的，今年分开来展。"行为艺术"作为独立的声音今年仍然不可或缺。"影像艺术"今年邀请了几位来自上海的青年艺术家。"图片艺术"我觉得本土化的作品比较优秀。今年新增添了"舞蹈艺术"在展览里，我觉得宋庄的艺术在多样性的路上应该走的更宽阔一些，要从外面的角度来看宋庄，而不是孤立地从内部看宋庄。在宋庄，目前有很多倾向并不清晰，许多条件并不成熟，我们就要吸纳一些成熟的因素进来，融入到我们的集体当中，这样宋庄艺术的集体形象就会更加丰满，更加丰富多彩。"音乐艺术"就是麦子和微乐队的一个小时的摇滚长歌专场。

另外我希望在今年的《宋庄制造》展览文献中将宋庄一年内发生过的一些主题展览个案吸纳进来。因为有人提出这本书既然叫《宋庄制造》就要体现宋庄的整体风貌，如张海涛策划的"首届主题文献展"，张建俊策划的"欲象展"，田流沙等人策划的"99个帐篷"活动等等。他们策划的展览也是宋庄制造的。我邀请他们将他们的展览简介体现在《宋庄制造》展览文献中，得到了大家的响应，这样宋庄艺术的整体就有机的融合在了一起，有了集体的呈现。声音是共同发出的。

我和我们李广明馆长的共同构想是：《宋庄制造》展是一个长期、持续、持久的推介工作，以后每年一届，参展艺术家原则上是一年一更新，因为每年来宋庄的新的艺术家人数比较多，我们要推介新人，并以此为主。

这次展览有目地的邀请了一些外地的艺术家参加，来补充宋庄艺术的力量。

我们的展览推介的是目前在宋庄相对成熟的艺术家，选择参展艺术家是从几个方面来考虑的:1、艺术家对艺术的态度;2、艺术家作品的创作积累;3、坚持艺术创作有较长时间等。《宋庄制造》展是对这些艺术家，首先是在态度上，人格立场上，对精神追求的坚持上给予肯定，最后才回到对艺术作品的肯定，把艺术作品放到最后。因为宋庄凸显的应该是艺术家的实验精神！和很多人讨论宋庄时，我反复强调过宋庄区别于其他区域的最大特征就是实验，这种实验精神主要就体现在宋庄艺术的多样性上。艺术家的精神能够在社会上凸显，能够作用于社会，成为一道人文景观，那么宋庄的文化气氛才能够真正的崛起和繁荣，得到社会的肯定。

申云：我们现在要做的是主动地去选择，在一个平台上，既照顾多样性又照顾一个高度，是高层面的东西，而不是为了多样性而降格以求，把不好的东西也选入进来。《宋庄制造》要推介，肯定是选珠子而不是选沙子。别人是珠子就不管是骂你的还是恨你的都要选，那人家不愿意参加那就无可奈何了。但话又说回来，假如你选的都是珠子，那别人肯定不会拒绝你，反过来你选的都是沙子，那珠子肯定不会愿意了，本来人家是个清清白白的珠子，就不可能愿意和沙子混在一块，弄得不清不白。

吴震寰：《宋庄制造》展列举了这么多的门类，是想为大家做事，服务，主动或积极的全面顾及，这是上上美术馆以及《宋庄制造》展的定位，这是非常好的出发点。但我也有担心的地方，你列举了这么多门类，每一点都有的时候，就很难突出你的重点，就会像一盘散沙一样，你怎么顾及这一方面，你怎么平衡这一方面？你怎样才能把它做得完整，做得有高度有深度，这是非常难的问题。

你刚才列的这些门类中提到了“原生态艺术”，那么，什么叫原生态？抽象艺术里面是不是也有原生态艺术。各种艺术门类都会有原生态的状态，画具象的有原生态的状态，做行为的也有原生态，这不就有冲突了吗？

杨文胜：原生态本来就是一种现状，可能有好的，可能有不好，是一个模糊的概念。原生态有可能是落后的，他可能在模仿别人的作品，但作为他来说在宋庄的这种生存状态他是原生态的，他是朴素的，就文化来讲他可能不是原创。

张海涛：像音乐里的原生态，是一种自然存在的，也有可能是成熟的。

胡月朋：原生态是指继玩世之后在宋庄这一区域发展起来的这一拨人，这个原生态仅主要是指宋庄本土化，和外界的艺术类型有明显的差别。

杨文胜：从你这次展览安排的现代舞，音乐艺术这一块来看，《宋庄制造》展在艺术节期间与其他展览是有区分的，有特色。现代舞，乐队表演过后呢？展期还有几个月，你的展览又有什么特别的地方呢？所以你的画册一定要做得好，甚至于几年以后人们拿出画册还觉得挺牛的，这才有意义。我个人的建议是宁愿牺牲展览当天的独特，也要保证画册的质量，这才是长远的。就象上一届《宋庄制造》展览的展期只有一两个月，可画册人们翻阅了一年了。

吴震寰：编画册不是个问题，像去年那么匆忙的时间编的《宋庄制造》这本画册到今年还是一个榜样。

杨文胜：去年你提出后玩世，今年换成原生态，我想问一下，你为什么把宋庄的原生态艺术限定在后玩世的作品中，宋庄有很多艺术形态啊？

胡月朋：是很多，我不单纯是站在宋庄内部的这个角度上来看，更重要的是从外部看宋庄。

张骞文：我想说说你《宋庄制造》这个名称，现在提得很多的“中国制造”一般是指假冒伪劣的东西，现在人家提的都是中国创造或者中国创意，制造这个词现在是个很差的词，你的展览要经得起考验，那么你的展览名称是不是也要改成宋庄创造或者宋庄创意？

吴震寰：张骞文说的对，制造这个词现在已经变味了。

如果能够坚决贯彻制造这个词，有一系列的理论知识，行为操作，哪怕是旧的也会变成新的，很有分量的东西。但什么叫制造呢？这里的"制造"是你去发现，这个发现是属于你的，你有预见性，把这个东西培育起来。由你扶植起来，你鼓动某一个潮流，一个风气或者变成一个很有影响的势力或状态。这是你要先找到的，这才是你的制造，这很重要。

宋庄制造及其延异

文/申云

申云 薛利铭 后反恐·解决方案——试婚

宋庄，是一个地理概念的指认。宋庄，是一个文化场域的流变。随着两者的融合与生成，宋庄艺术的多样性已然成了中国当代艺术的一个缩影。尤以近年，随着国际艺术中心向中国的转移，国内经济的“腾飞”，艺术市场的“火爆”、艺术品的“走俏”、艺术品的“制造者”更是从四面八方云集而至，踌躇满志加快着“生产”、“研制”的步伐。这就是我们目睹的“文化景观”—“艺术北京”、“前卫宋庄”。

从通俗社会学的角度考量“艺术GDG”是艺术繁荣的一项基础指标，但是艺术作为“精神产品”，如果没有了文化坐标，放弃了批判立场，艺术就会变成无源之水、无本之木。

回顾中国当代艺术的发展历程，我们看到的是一部艺术精神渐次衰微的编年史。正是由于我们在吸纳西方文化思想过程中急切地采用了实用主义的态度，因而屏蔽了西方文脉中的救赎意识、牺牲精神；屏蔽了悲剧崇高及狄奥尼索斯的酒神精神；屏蔽了西方哲人对“形而上学”自我拆解、自我颠覆的批判精神；屏蔽了艺术家勇于对抗现实以及大无畏的艺术实验精神。如果我们的艺术家、批评家在接受西方文化中断章取义，剥离掉这些精神内涵及人格要素，清理掉这些“人文热情”，“中国现代艺术”所剩的只能是徒有其表的空壳了。所谓的“艺术自律”“学术纯粹”就只能变成一条咬住自己尾巴的蛆。

现在，我们不妨看一眼以往被“推崇”现在已“发紫”的“玩世主义”、“政治波普”、“艳俗艺术”。

九十年代前后是中国意识形态的更年期，对外开放是在门缝中进行的。艺术体制的漏洞和这个窄小通道还是让西方“后殖民主义”者们拣到了中国的“瓷片”，尝到了中国的“春卷”。进而以其粗浅的“他者”目光寻绎异质文化中的“政治身份符码”。由此，这张“中国牌”上的光环迅速猎获了“文化虱子”的钱囊，它们在“双赢”的路上一并卷入资本市场的漩涡。

其实，“玩世主义”、“政治波普”、“艳俗艺术”，这些“中国现代艺术”的“早产儿”自诞生之日就携带着母体的病因，它是“中国阉割文化”残延的一个必然产物。稍加留神不难发现他们的问题：“玩世主义”背后天然的“犬儒主义”态度被附以“政治波普”的意义“能指”；“政治波普”背后偷梁换柱的“机会主义”隐藏着“玩世主义”的“狡黠”；“艳俗艺术”混合以上秉赋与恶俗现实无间隙同构，大可成为主流意识形态的宣教工具。

与此同时，张扬个性的“表现主义”、对形式探讨的“抽象主义”、先进科技的“影像艺术”、观念更新的“装置艺术”、以肉身担当的“行为艺术”等，在不公平的“强势文化”排挤下，弥散在文化视域的“边缘”。“行为艺术”至今仍未获得“合法身份”。

问题植根于问题。从以上简约的梳理比照中折射出艺术发展的不平衡不仅是个艺术问题或政治问题，其根源在于我们的文化土壤问题和艺术机制问题。如果我们不从文化战略的高度加以审视、批判和反省，艺术就不能得到真正的发展。仅仅是经济的发展、物质的发达不会给我们这个民族的文化艺术带来真正意义上的复兴。

艺术的进步，源于艺术对自身的批判。

艺术的前卫，源于对既定模型的叛逃。

艺术的创新，始终在精神历险中航行。

艺术经过陶冶才能变得清明。现在我们有理由重新洗牌，大胆深入“稗史”、拆除樊篱、打破圈圈、大胆触摸和赏识“各类花草”。“只要有真理之水就敢纵身一跃与蛙同游”。此外，为了调理这个失衡的艺术生态，我们“不尚贤，使民不争。不贵难得之货，使民不为盗”的老子作风兼有文化战略的深意（为了接近大熊猫，我们学会了猫叫）。

由此推举的十二个“修正比”以次微量的精神元素从多个侧面容纳和展现我们的活力。

一个后宋庄时代已悄然来到临。

你，觉察到了吗？

柯罗夫作品

中德对话

展览让彼此了解了其产生的人文基础和两国不同的现实状况，从历史出发抑或是从不同的文化立场上切入，艺术家以严谨的态度，表达相互间由衷的问候。

柯罗夫先生将油画、物体、录像等不同的艺术形式整合到一个装置中，这个装置被放置在一个三米见方的房间的一角。

他以沥青作为物体的主要构成成分，且他的小油画也是以沥青绘制而成。整个装置的空间全部由醋酸纤维制成的灯箱纸

任戎作品

所覆盖，上面带有黄色线条恰如该装置的框架结构。在这一装置内的一面墙上，我们可以观看到一个长达5分钟的影片放映。该影片展示了工人们正在试图操纵一台机器绘制黄色街道中心隔离线的情景。

沥青作为修筑道路的主要材料，用于我们日常的铺路工作。然而被用作艺术作品的材料却很特别。将绘画的机械化程序与我们最为常见的街道中心隔离线联系到一起是这一装置

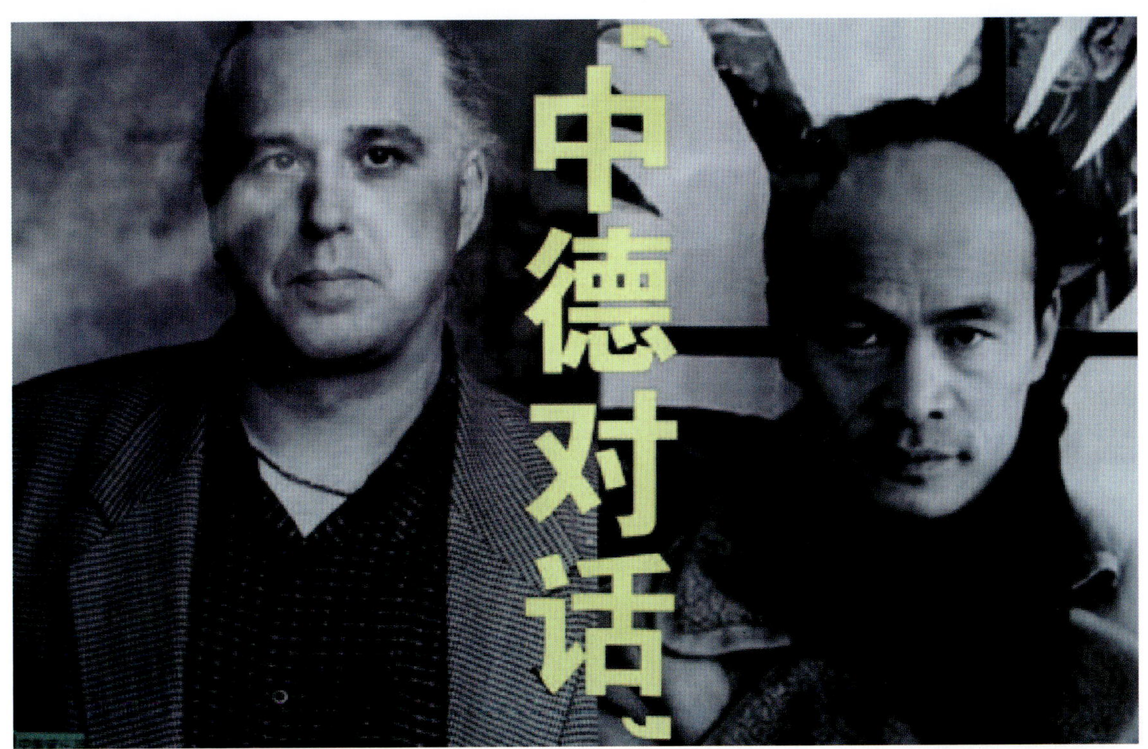

中德对话

的关键点，因此命名为：“沥青——街区——黄色——格子线”。这一作品深刻地反映了当代都市中，一种主要设计程序的程式化应用及其逻辑。

这一微型艺术品反映了机械化绘制的弊病，展开了对现代媒体中这种无休止迅猛增长的重组产品和电脑制作品的批判。体现了这一当代艺术家无拘无束的、超强的艺术创作力。

《07'中國 宋莊當代
07' CHINA SONGZHUANG CONTEMPORARY

艺术集市

艺术集市2007
——自创、自选、低门槛

文/栗宪庭

2005年的宋庄艺术节，由于时间和条件限制，由艺术家马越等人策划，艺术展览开在小堡村的商业大街上，像个农贸集市，所以那年我以“艺术集市”的题目写了序言。2006年宋庄艺术节变得正规起来，请了很多专业策展人策划展览。今年的艺术节期间，由栗春等人组织，洪峰和李学来提供后援，又重新组织了一个集市式展览。展览由艺术家自愿报名，每人收取200元用于画册的费用，目前报名人数已经达到450多人。

“艺术集市”可以做成一个品牌，未必不能探索出一个低端市场的模式。如今中国的艺术市场，颇受国外市场的影响，一幅作品上拍，动辄几十万，甚至上千万。实质上，这个市场已经变成了一个由世界上一小撮人操纵的游戏，它不但把大多数喜欢艺术的人拒斥在门外，就连大多数收藏家都难于问津，而且，这个市场也与绝大多数艺术家无关。探索低端艺术市场，或者说从建立低端市场开始，目标在于，逐渐建立和调整出一个严重的问题，低端市场的逐渐形成，企图寻找一条途径，来解决年轻和没有更多机会艺术家的生存和继续创作的问题。同时也为喜欢艺术的老百姓建立一个直接接触艺术家作品的途径，让那些无论是想装饰家庭还是开始收藏生涯的“小康阶层”，有实现自己理想的可能性。

我觉得低端“艺术集市”的游戏规则应该是：其一，自创。作品是艺术家自己的创作，不是像潘家园或者大芬村那种临摹品。临摹品只是加工业链条中的一个环节，既无独立意义，也无个性化语言，不是我们通常意义上独立创作的艺术品。而艺术现场的前提是“艺术”，只有艺术，才有可能在未来的时间里有升值的可能性，才有可能生成市场。“艺术集市”里出个梵高也说不定，当年梵高的作品就卖的很便宜呢。其二，自选。艺术市场不设审查标准，自愿参加，文责自负，并由艺术家自己选择自己参展作品。价格也由艺术家自定。同时，自选也是观众自选，无论购买还是欣赏，无论收藏还是装饰自己家庭，观众可以自己选择自己喜欢的艺术品。其三，低门槛。除了参展的低门槛，在自定价格上我主张无视高端市场

艺术集市

创下的价格准则，国际市场的中国当代艺术节的价格，不但隐含着西方人的话语霸权，连当事人的艺术家都始料不及和无能为力。其实，连创造了拍卖记录的张晓刚的作品，在1990年代初，一幅也只有几千元人民币，不像如今有些艺术家，不管有没有行情，一开口就几十万。低门槛，就是建议艺术家以切实可行的价位定价，所谓切实可行，就是买卖双方相互磨合的结果，因为，有意买卖作品的观众，藏家，也是决定价格的一方。我以为，中国的艺术市场，需要切切实实的通过自下而上的途径重新建立。也许，若干年下来，靠着经济自身的调节，会有一个合适的价格规律。以上的意见，都是我臆想出来的，在艺术集市组织的过程中，应该逐渐有一批新市场模式的行家涌现出来。

艺术集市努力建造的不仅是一个低端市场，而且也是一条打破艺术小圈子化的途径。现代艺术有两个非常著名的口号，“生活就是艺术”“人人都是艺术家”，它的原本意图是重新寻找一条艺术和大众之间的联络途径，但事实上是，艺术的体制——美术馆、艺术机构、画廊、批评家、经纪人等所有艺术体制的各个环节，又把现代、当代艺术建成了一个新的象牙塔，尤其在消费社会，艺术市场成了商人尤其大商人一个高端游戏。当代艺术家能不能冲破这个体制，从我做起，为当代艺术走进平民的视野，走进平民家庭而贡献自己的力量。

艺术不需要围墙

文/白峰

艺术不需要美术馆的围墙，艺术需要开放，更需要老百姓的参与，没有老百姓参与的艺术不能称为艺术。宋庄艺术节却汇聚了500名艺术家众多作品，吸引着普通村民的目光，谁都可以来看。

第三届宋庄文化艺术节开展第二天，最聚人气的仍是颇具宋庄风味的“艺术集市”——汇聚了500名艺术家的“宋庄当代艺术家大展”。不过，开展第二天集市“卖艺”并不红火，成交量不到10件。

人们把此称作“艺术集市”，一点也不为过。更是对艺术的形象化，也是艺术的需要。艺术不是高贵的，但却是珍贵的；艺术不是精英的，而是大众的；艺术不是封闭的，而是开放的。“集市”就是给艺术创造了展示平台，让艺术冲出美术馆围墙，走向大众，让艺术去见光，更去和老百姓见面，你看宋庄艺术节上连刚放学的孩子也来到了展区参观。

唐朝画家戴嵩以画牛著称，他画的牛能“穷其野性筋骨之妙”。他给朋友画一幅《斗牛图》，自以为得意之作，看了的人都称其为神品。一个牧童挤进人群却喊：“画错啦，画错啦！”戴嵩把牧童叫到面前，和蔼地向牧童请教，让其指出什么地方画错了，牧童指着画说：“牛尾巴画错了，两牛相斗时，全身的力气集中在角上，尾巴是夹在两腿中间。您画的牛尾巴是翘起来的，那是牛尾巴驱赶牛蝇的样子。” 戴嵩听了非常惭愧，也十分叹服。

这说明艺术是来源于生活，艺术家的各种艺术作品要勇于向老百姓去展示，百姓才能去观赏，去评说，艺术家也需要多赶“艺术集”，哪怕即便是作品一幅也没有出售，不要紧，如果同戴嵩一样从中学到什么，那艺术家的本领不是更大了，作品就会更传神。

宋庄当代艺术家大展，就在于让艺术家多向老百姓交流，也吸引更多的百姓来参与，如果艺术家只是把自己的作品藏在深阁，无人问津，即便是有人问，也是一些大家或者精英，来捧场，可心底里有几人佩服。有些艺术家就看好这种方式，首次参展的艺术家王海鹰和她的美国爱人觉得挺新鲜的，“前两

画家为市民现场画像

展览现场

届艺术节我没在宋庄，错过了，这次算是我们的第一次。”他们认为尽管头天还没有成交量，这种开放式的空间展出挺开心的。

艺术节既要交易，更需要展示，展示就要让艺术家将“宋庄当代艺术家大展”视为“集市”。同时要让老百姓都来“开眼界”，在开眼界的同时，或许会出来一两个“牧童”，那么艺术家可就收效善莫大也，岂不更好。

艺术集市

07’中国·宋庄当代艺术家大展策展有感

文/崔爱民

07’ 第三届宋庄文化艺术节新闻发布会刚刚开过，我便有了怎样参加艺术节的想法，特别是像我们刚来宋庄不久，或来一、两年的人，怎样才能参与并溶入宋庄艺术节，成为摆在我们面前实际而重要的问题。我接触过的艺术家中大多都有同感，于是我带着这样问题进行询问，并带着种种疑虑思考：怎样才能让更多的艺术家在艺术节上展示自已的作品，给他们创造一个平台充分表现自已的艺术才能和发挥自己的交际能力。之后，我便有了“街头画展”的想法，想以庙会、集市的形式，让更多的艺术家亮亮相——是骡子是马拉出来溜溜，看看自已的作品与市场、艺术有多大的距离。最初设想参展人数在50人左右，只是简单展示一下就行了，更想是让艺术更贴近百姓，让艺术与画廊零接触，艺术家与艺术家之间的交流，促进当代艺术的灿烂淀放。

10月份，很多朋友跟我说想要参加这个“街头画展”，我和栗春找到宋庄艺术促进会，谈了自己和大家的要求，得到了促进会大力支持和小堡驿站的鼎力相助，“07’中国•宋庄当代艺术家大展”付诸实际。之后，我们10余名艺术家成立了“大展”组委会，在一个多月的时间里无私奉献，经过坚苦奋战，展览终于浮出水面。本次展览有近500名艺术家参展，展示作品约二千多件，艺术作品交易额约二百多万元，其中艺术家白涛个人卖出作品约20幅，每幅作品5万元，并签约新加坡一个画廊三年，每年创作作品的一半由其画廊收购。艺术家李营的雕塑作品卖出八件，每件一万元，还有不少艺术家当场成交。另外，艺术家王浩的作品正在商谈中，估价15万。

展览组委会收到了许多艺术家的感谢信和感言，诸如“感谢组委会为我们年轻的艺术家提供了一个展示的机会，有了这个机会我们就有可能成功”之类，为此，我们感到欣慰。

吴震寰先生曾说，只要你来到宋庄，为了当代艺术的原创，那怕只画了一张画，我们也要公平对待，给予展示的机会。他的这种理念得到了大多数艺术家的赞同。

生活在宋庄的艺术家有1500人左右——没有人能说出确切的数字，也没有人能一一叫出他们的名字，但几乎每天都还有新的艺术家进入宋庄。走在宋庄的街头上，时常有艺术家模样的人在行动——定框子、买画布、找房子……做着与艺术有关的事，或仨人一团，四五一伙，吃饭、聊天、谈艺术、嘻戏调玩等，一派艺术家流动景观。与2000年前“百人宋庄”相比，现在宋庄的艺术家群体越来越大，而宋庄在全国乃至全世界的知名度越来越响亮了。宋庄吸引着无数投身艺术的人们，但散居在宋庄各村的艺术家却很少被关注，他们没有门前标识，艺术地图中没有标明他们的工作室位置；很少参与画展，和普通村民一起住在不明显的小院里；作品少、生活简陋、条件简朴、节衣缩食……或从家带上几千元、上万元，在宋庄租房、购置绘画材料，生活一日三餐，还有其它费用，为追求美好的艺术理想而依然奋斗着。这些人也是“宋庄是中国最大的画家村”的一部分。由于他们的存在，支撑着“宋庄艺术家群落”，他们也要平等和自由的权力，充分让他们“下海游泳”，看看自己的能量，或许在这些人当中，将来会出现顶尖级的当代艺术大家，让市场说了算吧。发现新人推介新人，这就是我们举办此展的目的。索探先生在前期策展的《边缘的梦

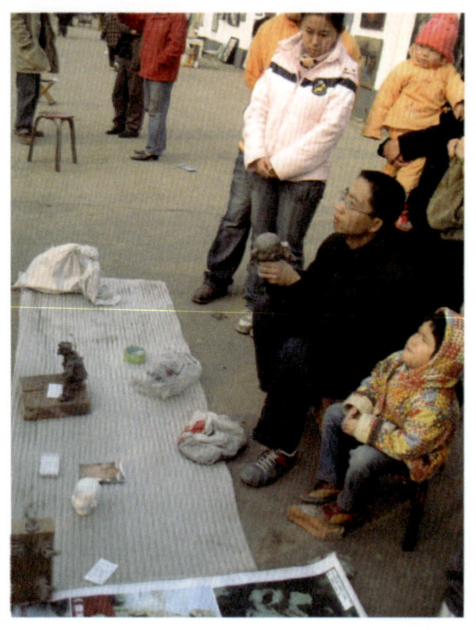

艺术集市现场

想》就已经开了先河，已经开始关注当代艺术的新人。

当然在我们策划的“07大展”中，我们追求尽善尽美，但不可能十全十美。像这样的低端艺术市场，我们也在探索之中，还有很多不足之处，作品太杂太乱，风格多种多样，没有更细的划分展区，大都鱼龙混杂在一起，送展作品门槛比较低，只要不是色情、暴力、政治色彩严重的作品都可参展。这些虽是不足，同时也是这次大展的特色，充分展示了宋庄500名艺术家的作品，并且由艺术家每人交200元印制了一本《艺术集市——07’中国宋庄当代艺术家大展》的精美画册。栗宪庭先生亲笔提写“艺术集市”四个大字作为画册封面，并为此次展览序写前言。这次大展参展人数之多，在宋庄展览史上是空前的。

正如李学来先生所说：让更多的宋庄艺术家参与我们的大展，大家共同参与，同时快乐，体现“我参与、我快乐”的宗旨。展览展出后，栗宪庭、方力钧等人颇为关注，亲临现场观看，并给予了高度的评价。

通过这次策展，我感觉三个问题应当关注：

一、当代艺术应当面向大众。当代艺术应是为大众所服务，在大众中普及；同时，当代艺术应当承担社会责任，关注人生，关注当下人们的生活状态，追求当代艺术性，提升人们的审美情趣。

二、当代艺术的低端市场，可以在一个方面解决当代初级艺术家生存问题。比如有些艺术家的作品还不够成熟，还没有形成自己的风格，但这时它的价位不高，在这低端市场中低廉出售，暂时可维持生存，可持续发展。

三、艺术集市是画廊零接触寻找有潜力艺术家的有效途径之一。艺术家寻找好的画廊，而画廊也在寻找适合艺术市场的艺术家，这个“艺术市场”就架起了一座桥梁，方便了双方，互利共赢，对大家都有好处，同时也吸引着无数的“淘宝人”。

在此，我想说感谢各级领导，感谢宋庄艺术家的参与，是他们成就了这次“07中国•宋庄当代艺术家大展”，我们组委会成员将再接再励，为宋庄艺术家更好地服务。如是说：今年花胜去年红，可惜明年花更红，知与谁同？

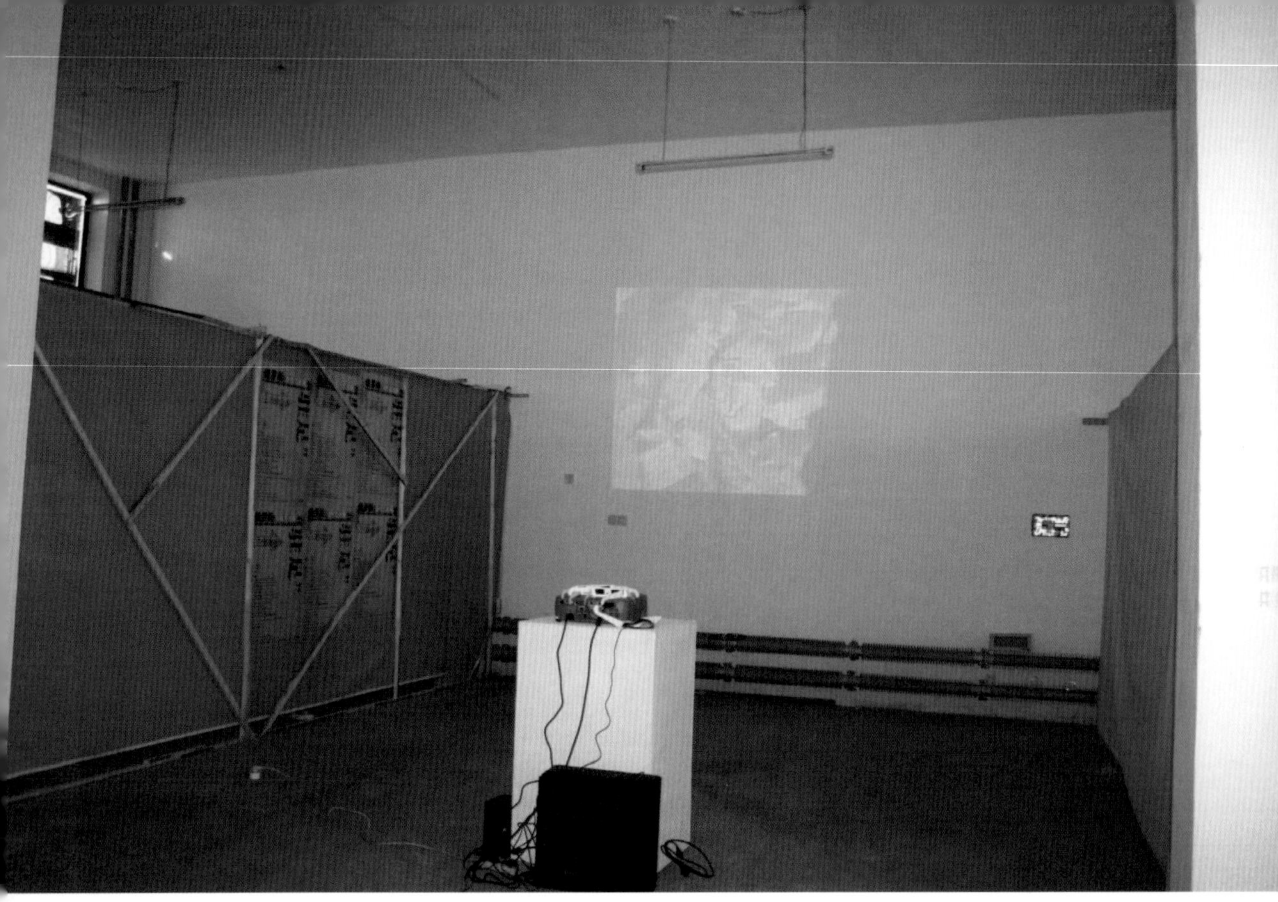

展览现场

驻足——俄罗斯当代艺术作品展

文/郭宏梅

俄罗斯逛目展览画派和康定斯基、马列维奇等现代艺术先驱在中国已广为人知，而关于俄罗斯当代艺术，我们却不太了解：事实上，俄罗斯当代艺术家对社会与人生的深刻思考，他们的前卫艺术活动和独特表现方式，正在形成一股巨大的文化潮流，日益引起国际艺术界的关注。

本次展览邀请了7位俄罗斯青年艺术家参展。他们均出生于20世纪60年代至80年代，曾多次参加俄罗斯及其他欧洲国家举办的艺术展览，而今是首次来中国北京进行联展，带着他们美好的梦想在东方文化之都驻足。他们的参展作品包括摄影，摄像，油画等形式，可以代表俄罗斯近20年的当代艺术发展状况。展览将围绕2007年第三届宋庄艺术节的主题“2007艺术链接”展开自己的叙述，从艺术的角度链接中俄文化，向中国观

参展艺术家

众展示俄罗斯当代艺术的多元文化面貌。

我深信喜爱俄罗斯文化和当代艺术的观众，将在这些青年艺术家的作品面前驻足。

王林在底层人文展览现场

底层人文

文/王林

王林，现为四川美术学院教授、学术委员会副主任。曾策划中国当代艺术研究文献展“中国经验”画展、首届上海双年展等数十个展览。另有《美术形态学》、《绘画与观念》、《美术批评方法论》、《当代中国的美术状态》、《从中国经验开始》、《追问——王林论当代艺术家》、《在场——王林论当代艺术家》等专著及二十多部编著问世。在国内外刊物发表文章四百多篇。

我们已进入21世纪，而人类面临的挑战有增无减。当代艺术不只是形态跨界得表面文章，其深刻变化在于周遭生态问题，社会问题，现实问题，历史问题和精神问题得介入，使艺术创作摆脱现代主义得纯艺术和精英化，成为具有社会学意义得生活反省和文化学意义得时代反应。

在今天，占统治地位的市场经济，仍然是金钱资本拥有者（在中国再加上权利资本），占据着集体创造的绝大多数剩余价值。在世界范围内，贫富差距已取代东西方冷战，成为人类面临得最大问题。由经济发展造就得国家强权和文化优势，形成了边缘与中心，底层与高端得紧张关系。从某种意义上讲，底层状态在边缘话语中是最应该言说也最值得言说的。

“底层人文——当代艺术得21个案例”旨在展示底层得人文状态，它是艺术家观察，反省的结果，也是艺术家得个体意

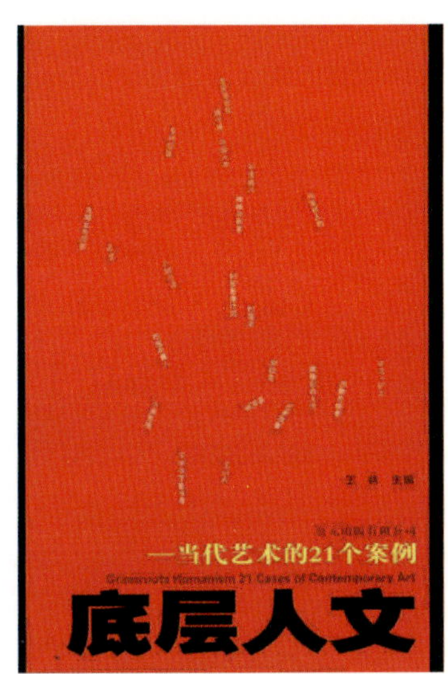

《底层人文》

识的表达。对具有问题意识得当代艺术家而言，底层状态并非只是客体化的值得关注的对象，而是与自身生存相关的现实体验。同时，底层状态也并非仅仅只是关于底层得苦难记忆，而是底层人群原生与野地得真实存在。因此，艺术创作对底层状态的呈现，不是居高临下的“人文关怀”而是互相交织的人文状态。正是这种状态，使艺术家从令人迷恋得自我与市场操控得样式中出走，成为向社会和历史开放的创作主体。

画册说明

做一个底层生态的展览并编纂这本书，是我近年来一直想做的事。尽管底层关注经常因政治化而成为表面文章，但我仍然希望其真实状态能够在当代艺术中有所呈现。事实上，不少艺术家在此方面的努力，并未完全落入意识形态圈套，他们以一种个体的异在的方式，揭示出被遮蔽的现实，并直指那些遮蔽现实的力量。我有充分的理由向观众和读者推荐中国艺术中关于底层的作品，这些案例表现出当代艺术的社会价值、历史价值和文化价值，同时，也表现了艺术家发自内心的道义、责任和良知。更为重要的是，在事实和体验的真实之间，还可以感受到边缘、野地、底层、原生的自在状态，使身陷问题的我们能够重新去直面问题和反省问题，不至于在操控人心的政治势力和商业权利面前失却自我判断。

王林

2007首届中国美术批评家年会

缘起与宗旨：

“中国美术批评家年会”作为宋庄艺术促进会和中国美术批评家网的一项常规学术活动，由中国美术批评家年会组委会与北京文化发展基金会共同发起，北京文化发展基金会宋庄专项基金提供资金支持，在每年的秋季召开。年会宗旨：致力于中国艺术批评的学术建设，促进批评家之间的交流与合作，推出美术批评新人，关注和推进中国当代艺术的发展。

中国美术批评家年会学术委员会：

水天中、邓平祥、王林、王南溟、王璜生、皮道坚、冯博一、朱青生、吕品田、刘骁纯、孙振华、吕澎、岛子、李小

山、李旭、陈孝信、沈语冰、张晓凌、张晴、吴鸿、邹跃进、杨卫、杨小彦、易英、范迪安、郎绍君、贾方舟、殷双喜、高名潞、高岭、顾丞峰、陶咏白、徐虹、栗宪庭、黄专、黄笃、鲁虹、彭德、管郁达、廖雯、冀少峰

中国美术批评家年会组织委员会：

王 林、刘骁纯、邹跃进、杨 卫、范迪安、洪 峰、贾方舟、殷双喜

组织委员会主任：贾方舟

组织委员会秘书长：杨 卫

办公室主任：洪 峰

2007首届中国美术批评家年会现场

胜地有盛会
——首届中国美术批评家年会群贤毕至

王勃在《滕王阁序》里面说“胜地不常，盛筵难再”，对当时滕王阁的盛会无限惋惜。此值第三届宋庄文化艺术节之际，宋庄以东道主的身份，倾力促成了2007’首届中国美术批评家年会的盛重开幕。这次批评家年会的初衷在于引导健康合理的艺术批评思潮以及学术上的建设，同时也希望推出一批优秀的青年批评家、策展人以及艺术家。会议邀请到了水天中、孔长安、邓平祥、王小箭、王林、王南溟、皮力、皮道坚、卢缓、朱青生、刘骁纯、孙振华、岛子、李小山、何桂彦、陈孝信、沈语冰、张晴、吴鸿、邹跃进、杨卫、杨小彦、陆蓉之、郑娜、范迪安、郎绍君、段君、费大为、贾方舟、殷双喜、高岭、陶咏白、顾丞峰、徐虹、黄专、盛葳、鲁虹、彭德、管郁达、冀少峰 、陈默、柳淳风等70多位在国内美术批评界最负盛名、最具影响力的批评家参加。这是在中国美术界或批评界前所未有的一次盛会，年会召开本身就已经具有重要的意义。在这之前，从来没有哪一次活动能聚集起这么多具有影响力的

批评家，也从来没有哪一次活动能够齐聚国内最具影响力的批评家并让他们在一起共同探讨学术问题。本次批评家年会探讨了中国美术批评所存在的问题，与会的批评家相互交流了意见。同时，会议还拟定了一套评选优秀批评家、策展人以及艺术家奖项的章程，目的在于鼓励年轻的批评家、策展人及艺术家，同时也对中国美术界做出重要贡献的批评家、策展人及艺术家给予肯定。会议起草了一整套的完备、民主、科学的评选机制，今年年底，批评家年会组委会将确定最终评选结果。本次批评家年会将会成为中国美术批评界的一次重要的里程碑，它是中国的美术批评有以前的无序状态走向良性发展的一次转折，这是本次批评家年会的历史意义所在。

此外，本次批评家年会是第三届宋庄文化艺术节最重要的内容之一，它发生在中国现当代艺术的枢纽地区——宋庄，是宋庄在中国当代艺术文化中地位的反应。年会中所提出的问难，是中国美术界所面临的问题，同时也是当代中国社会思潮的一个缩影。年会所确定的评选机制，也将对中国美术界造成重要的影响。这是本次批评家年会的现实意义。

2007首届中国美术批评家年会现场

2007首届中国美术批评家年会现场

2007首届中国美术批评家年会现场

2007’首届中国美术批评家年会会议纪要

会议时间：2007年11月10日—11日

会议地点：月亮河度假村

杨 卫：

“首届中国美术批评家年会”经过半年紧张的筹备，今天正式开幕了！我代表组委会对大家的光临表示热烈的欢迎，谢谢！

“中国美术批评家年会”作为宋庄艺术促进会和中国美术批评家网的一项常规学术活动，由北京文化发展基金会宋庄专项基金发起并提供资金支持。我们打算从今年开始，每一年举办一次，这方面得到了北京文化发展基金会的大力支持，他们也想长期支持此项目，在此我也对他们表示感谢。

杨卫 (田太权摄影)

胡介报：

“首届中国批评家年会”，能够由我们宋庄艺术促进会和北京文化基金会来共同举办，而且能够在宋庄这个舞台上举办，这是我们宋庄镇的荣幸。今天，实际上是我们宋庄文化造镇工程进行到升级版的一个盛会。一个地区文化艺术的发展，没有批评家的参与是不能够长久的，没有批评家的参与也是没有深厚根基的，这是我对这次会议的一个粗浅的认识。我们组织这次活动，也是为了实现中国宋庄艺术的全面链接，尤其是批评家与艺术的直接对接。所以我预祝这次批评家年会取得圆满成功！

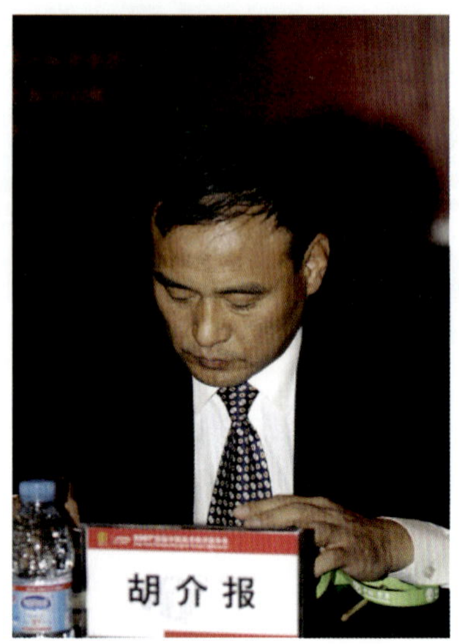

胡介报 (田太权摄影)

范迪安：

在我们大家共同的记忆中，我们这些被称之为美术批评家的同仁，能有这样一次聚会堪属难得。其实，我们大家从各地走在一起，经常会谈论在以往有哪一次的会议是一次大家难以忘怀的学术聚会，哪一次会议讨论了在当时一些重要的学术

范迪安 (田太权摄影)

命题，而成为书写艺术史的重要素材。当然更会谈论哪一次的学术聚会对于从理论特别是作为思想形态的理论角度，来推动整个中国艺术当代发展起的作用，这是不断鼓励我们在更多的场合走在一起的一种动力。所以我非常高兴，而且还有很多感慨。因为这么多同仁放下手头的工作走在一起，我想大家可以共同想想，这是不是一次非常难得很多年的一次聚会，是不是第一次这么齐的。包括可以说是用几代或者说几个时代、几个时段所成长起来的批评家在一起的盛会。当然，我们知道一个会议的召开需要有大量的组织工作。我想北京的文化产业基金会、宋庄艺术促进会，特别是宋庄镇党委吴书记的重视和大力支持，也得益于由贾方舟先生、杨卫先生、殷双喜先生，很多同仁们先期做的大量准备，使得我们能够有一个很好的会议条件。

这个会议放在宋庄之所以有意义或者有意味，我觉得批评既是非常严肃的活动，又是开放风气的学术场地。而这样的会议既正规又放松，既规范又自由的形式，能够让大家集思广益、畅所欲言。当然，特别是当代艺术批评的确面临着许多可以称之为严峻的、急迫的学术课题或者说是文化主题。同仁们参加的各种艺术性的活动，无论是展览策划、理论研讨、著书立作，甚至是跨级别、跨媒体、跨国界的各种交流，在自己不同的工作领域或者是美术馆或者是艺术机构，甚至还有我们称之为文化产业机构、媒体。当然也有完全是独立的职业学者，从各个角度所进行的美术批评活动或者当代美术批评活动，都不断在推导出一些属于这个时期，我们大家共同面临的，也是关系到中国艺术当代发展的重大理性问题。而这些命题能够在这样的会议上得到集中的阐发、交流，甚至交锋，能够解释的更加清晰。从而能够与极为丰富又驳杂的艺术现象，产生一种关联。我想这确实是有学术价值和意义的，这个意义不仅在于我们这些美术批评家，向来把艺术批评视为人的思想方式的存在，这样一种学术活动，同时也非常恰切的要使批评的理论、思想、观念、方法，有助于形成中国艺术批评的当代面貌，这个面貌甚至可以期待是由多种学派所构成的一种新的整体。

贾方舟：

我受组委会委托，在开幕式上讲几句话。今天我们大家可以说是济济一堂，我们能够以年会这样一种方式聚集在一起，来讨论我们共同关心的问题，讨论批评家自身存在的问题，这是我们多年来的一个愿望。但是我们一直没有实现这个愿望，今天我们能够坐在一起，首先要感谢我们的“地主”，就是我们所在地的宋庄镇党委、镇政府各级领导以及宋庄艺术促进会，特别是给我们提供基金支持的北京文化发展基金会，没有他们的全力支持，我们这个会是开不成的，还只能停留在愿望这样一个层面。

贾方舟（田太权摄影）

在这个会议的筹备过程中，我觉得要特别说明的是，宋庄艺术促进会的洪峰先生，还有杨卫先生，他们不只是直接参与了筹备工作，还在各方面给予了大力支持。我们大家可以看到，我们的年会能够准备到这样的程度，能够尽可能在每一个细节上做到让大家满意，全是他们和会议的工作人员共同努力的结果。我们的目标是将年会长期办下去，因为我们一直希望能有一个年会，年会的真正含义就是每年都要举办，连续下去才能真正体现它的价值。

组委会在开会讨论中，为会议制定了这样一个宗旨（大家可以在材料上看到）：致力于中国艺术批评的学术建设，促进艺术家之间的交流与合作，推出美术批评新人，关注和推进中国当代艺术的发展。年会组委会将按照这个宗旨把我们的年会办下去，力争越办越好。

根据这个宗旨确立了年会的几个议题，一个是主题讨论，还有一个是推荐和评选活动。为了使年会能够成为批评家真正的学术交流平台，能够成为一个情感联络的场所，我们尽可能给大家提供能够在会上、会下交流的机会。我觉得，虽然批评家之间的学术思想、学术观点有很大差异，但是有一点是共同的，那就是我们对于当代艺术的那份责任心、那份使命感。正是这点，把我们大家连接在一起，使我们能够坐在一起来面对各种问题。所以我想我们的年会只要能够坚持开下去，一定能开出成果来。

王林（田太权摄影）

王林：

“中国美术批评家年会”的动议是“四川画派”展研讨会在文化部食堂我与杨卫、贾方舟见面时提出的。当时就得到了宋庄艺术促进会洪峰的支持。到现在三四个月时间，人到得这么齐，说明这个年会是情势所需，美术界特别是批评界的同行们，大家都有这样一个共同的要求。年会成功地举办，我想首先应该感谢各位同仁，特别是主办单位的支持。

本次年会的主题是“关于当代艺术意义的再讨论”，为什么要讨论这个问题呢？从上世纪90年代以来，中国当代美术已有十几年的历史。如果我们回顾一下的话，中国批评界所做的一次比较集中的理论研讨，就是《江苏画刊》发起的关于艺术意义的讨论。讨论中有不少批评家发表了很重要的意见，尽管后来没有持续下去，但是在中国当代美术批评史上留下了重要的一笔。

上世纪90年代以来，中国当代艺术的发展面临着很多的问题。首先，艺术语境发生了很大变化。一个方面是我们在国际上有了更多的交流，在国际展示中中国艺术家成为重要的方面军。另一方面中国当代艺术真正开始面临市场经济的挑战。艺术创作也好、美术批评也好，随时都在和市场操作、市场购藏、市场利益发生关系。这对当代批评的影响是非常大的。第三方面是中国当代艺术开始从水下浮到水面，必然和现行体制发生某种直接的关系。比如说创意产业，就是把中国当代艺术拉入这样一个范围去进行管理。中国当代艺术和我们遭遇到的语境所发生的种种关系，自然会对艺术提出一个问题，就是在艺术发展遭遇后现代文化的今天，艺术意义何在？过去讨论和评价艺术作品的出发点受到了置疑，在这个时候，我们对艺术意义进行再讨论就变得十分必要了。

讨论提出了三个可以参考的问题：

第一个问题是，批评家有谈论当代艺术的权利吗？有多大权利、有怎样的权利？批评家有无谈论当代艺术的权利，我们似乎认为是有的，因为我们是批评家，我们就要谈论。实际上很多艺术家是否定的，认为批评无用，根本就没必要。有些批评家也是否定的。比如在OCT组织的上海研讨会上，汪民安就认为谈论中国当代艺术毫无意义，艺术无非是钱的问题。批评家没有钱，也就没有谈论的权利。

第二个问题是，你作为批评家从什么角度，凭什么根据来谈论中国当代艺术？这个问题实际上是一个自我反省。我觉得是批评家谈论当代艺术现象和评价艺术作品时，必须对自身的理论根据进行自我反省。批评的出发点不是艺术的事实，而且是理论根据。批评家必须对自己的理论根据进行论证。

第三个问题是，批评家与展览、策划的关系如何，展览策划是否需要批评艺术，如何实现批评艺术？这个问题是这么一个想法。上世纪90年代以来，很多批评家成为策展人。批评家和策展人这两个角色的关系是什么？现在看的展览。里面究竟有多少的批评意识？展览不仅仅是艺术作品的展示，它需要批评的参与，参与的核心就是批评意识在展览中的体现。在何香凝美术馆关于媒体策展人研讨会上，就谈论到了批评家是否需要从展览当中退出。这样的问题是对批评的挑战。

我们展开对上述问题的讨论，对当代艺术，对当代艺术批评是有意义的。今天的讨论是批评家的一次大聚会，希望会议开得宽松、自由，会议讨论将整理出来编纂成书。

顾丞峰：

对那次关于艺术意义讨论的情况，我先做一个简单的介绍。因为可能在座的并不是每一位与会者，甚至并不是每一位批评家都熟悉的。基本情况是这样的，讨论主要集中在1994年到1995年，大概前后有一年半不到的时间里。当时我在《江苏书画刊》做编辑，我在这之前很早我就感觉到一个什么问题呢？因为我们中国对当代艺术，从上世纪80年代进入到90年代以后，发生了一个根本性的变化。在这个变化中，我觉得带来最多的是一种观念上的变化和对作品形式存在认识的变化。在我的记忆当中，中国当代艺术中，装置这种方式从90年代开始以后才进入到我们的日常创作中，进入到我们的批评视野中来。随着新的方式的出现，大量的作品开始出现就有一个解读的问题和理解的问题。这个理解的问题，成为我们很多人绕不过去的，作为批评家，我们批评主要是一种对事后的阐述和阐释。我们这种阐释是依据一定的标准，这个标准是没有办法的。我们想回避也回避不掉，尽管这个问题可能直到现在大家的看法不一定相同，但是在那时问题出来了。而且对这个问题

顾丞峰（郭赟摄影）

的看法并不像在“’85”时期政治阵营那么明确，你是传统的，他是前卫的。在上世纪90年代以后，这个问题变得模糊起来，艺术形式本身需要我们自身进行一定的理解和解读。对作品的判断的标准发生了变化，在很多作品当中，我们很难用传统的意义解读方式，能够解读出我们所需要的答案。所以我记得在讨论的当中，我提到了这样一句话，“当代艺术当中出现了一种意义的模糊”。所谓模糊，就是说一方面我们面对作品的时候，我们很难准确地说出它的社会性的意义，甚至是形式上的意义。另外一方面的模糊是，我们对批评家感觉到无所适从。因为我们所受的传统教育是熟识的现实主义反映论加技巧分析，后来在80年代加进了形式美、抽象美的基本的知识结构。在一种新的方式出现以后，我们并不是很快可以适应和调整过来的。

所以我觉得有必要对这个问题在学术的圈子当中进行一定的讨论。在这样一个背景下，我首先约了易英先生的一篇文章，就这个问题写点东西。易英后来就写了一篇文章发表在江苏画刊1994年底，他的命题叫《力求明确的意义》，含义是直截了当的。而且内容上看也是从正面肯定的。　接下来一期我发了一篇邱志杰的文章，当时并不是一定要做一个对立面，邱志杰的文章是原先就有的，只不过关于易英的文章我告诉了邱志杰，我提到易英的观点。当然邱的想法也不是一天两天形成的，当时他的文章题目叫《批判形式主义的形式主义批判》。在下两期的《江苏画刊》他又发表了一篇也是针对这个问题，不完全针对易英这篇文章，但是观点上确实形成了一种比较明显的对比状态。

在这个过程当中，我觉得一方面从编辑的角度，这是一个能够吸引大家的话题，应该把它做下去；另外一个方面更重要的是，我觉得我们的当代艺术、当代批评舆论需要这样的东西。当时我还抱着一种比较天真的想法，我觉得对这样的问题讨论可能会使得认识清楚一些，这样使得批评起码能够有一个问题有相对一致的倾向或者是看法。所以接下来我就逐步约了包括我们在座的一些先生，像王南溟、沈语冰、杨卫、高岭等，他们都写过相关的文章。把各种各样的点展开了，主要还是围绕在当代艺术当中，是否要明确意义的问题。这里就牵扯到很多的学术上的依据，包括像沈语冰先生当时写的是强调言语。还有王林先生当时写的题目叫做《本体论的总结》等等。这样在事实上就形成了一种讨论的气氛和氛围，主要是在《江苏画刊》进行。

沈语冰：

刚才说回忆已经结束，我就不回忆了。我想接着刚才丞峰讲的背景，谈一下我自己的一点感受，对当时争论的一些主要观点做一个简要梳理，可能有点简单化，这可能也是不可避免的。当时，从我个人的角度去观察，好像有这么几种声音：第一，易英先生首先提出来艺术发展到当代艺术，已经进入到后现代的状况。它区别于现代艺术的那种晦涩、深奥、精英主义，后现代追求大众化，力求明确的意义。这是一种声音或者说一种观点。第二，我理解当中，第二种观点当属邱志杰的反驳文章，他认为后现代这种对于意义的图解，会产生庸俗化，这不应该是艺术所追求的一个方向。因此他提出来，我们要使艺术继续保持对于社会或日常生活的异化方案，走形式主义和现代主义的路子，这是第二种声音。我记得在当时的情况下，我也写了一篇文章，我认为当时的情况是这样的，由于现代主义已经遭到了一些后现代思想家比较强烈的批评和指责，包括它的精英主义，它脱离生活越来越远等等。所以要想重走早期现代主义的形式主义道路，是走不通的。我认为邱志杰的观点不会导向真正的形式主义，相反会导向一种趋于设计的机械主义。但是我也不同意易英先生当时的观点，认为艺术应该力求明确的意义。所以我当时提出来的应该是第三种声音。我把它理解为，当代艺术的存在应该是这样一种情况：它要有问题意识，但却不是简单的观念先行，然后对这个主题进行简单的图解。而是要在问题意识的压力之下产生一种新形式。换句话说，这个形式不是对主题的简单图解，而是在压力之下形成的一种形式。这种形式与问题意识之间始终保持一种紧张关系，而不是图解关系。这是我采取的第三种方案。

沈语冰 (田太权摄影)

王南溟：

讨论上世纪90年代中期那场讨论，其实已经十多年了。回顾一下当时的讨论，其实我们当时都掉在一个语言哲学的迷幻

王南溟 （田太权摄影）

之中，用那样一个词画家都看不懂，到最后导致的结果大家认为这个词最喧哗。今天我们再回过头来看的话，假如说语言哲学与当代艺术的研究能够对接的话，它在怎么样一个层面上对接起来，在当初我也考虑这样一个问题。这样一种由语言哲学对当代艺术的研究，它从理论切入，它要讨论的是什么问题？它要提出的是一个什么样的观点？这样的观点对批评家之间构成什么样的关系呢？其实整个过程，我也参与了，同时也比较偏离。因为在易英跟邱志杰争论之前，我写过《观念之后的艺术批评》，那篇文章其实已经把我批评的与权威艺术之间的关系，在我的文章里面提出来的。然后紧接着就是邱志杰跟易英之间的争论，起初那篇文章真正把当代艺术的意义问题挑出来，他站在一个基础上面对简单用所需要的理论，讨论当代艺术的滞后状况提出来，我们也没有看到邱志杰对这个理论进行反驳，只看到邱志杰看到他用冷子跟梭子的问题讨论。围绕这样一个问题，我也写过几篇文章，对邱志杰他的一些写作当中误区的提议，这是一个题外话。

我主要想介绍一下，从90年代到今天我出现了《观念滞后：艺术与批评》这本书是我对艺术理解，也是一本专著。假如说我们要讨论权威艺术在当代的发展，我们至少有这样一种背景应该可以作为我们讨论的对象，权威艺术是发展过来的，它的阶段是什么呢？我们今天的权威艺术史处在一个什么样的阶段呢？意义要明确，明确的权威艺术它的阶段在哪里呢？这就是我后来批判结构主义的理由。整个语言哲学到最后在结构主义的里面被权威化了，这时解构变成一种没有观点、没有立场的东西。甚至于我只要做了，我不说，我就是胜利的，变成了一种简单的玄虚姿态。这种姿态在我们今天依然可以看到，我们有很多这样的玄虚姿态，一直在我们的当代艺术里面起着主要的作用。这也是我要讨论的问题，也就是我所批评的对象。其实我为什么后来会引入政治学与法学模式，对我以前的理论进行重新建构，原因就在这里。就是重新找回什么当代艺术的问题瓶颈，问题瓶颈不是古典艺术的主题趋势，而是它的呈现与语境完全是一体的一种直接给观众的表达。艺术家在做这个作品的时候，首先他必须要有他自己的意图以及表达的方法。其次，对这样一种作品解构的评论家，也必须对艺术家作品进行检验。我后来概括了艺术的这样一种特征，叫批评艺术，从权威艺术史的阶段来推导它的逻辑群体叫更前卫艺术。

杨卫 （田太权摄影）

杨 卫：

我当时参加意义讨论的时候，应该属于刚刚出道，也是借助于那场讨论我慢慢对意义产生了兴趣，也才由艺术家慢慢转到了批评这行。也就是说我得益于那场讨论，现在回头看我自己当时的观点还是比较幼稚的，但正是这种幼稚，使我有了很真诚的愿望走到理论性的思考当中。今天在这里我不想复述我过去的观点，我只想介绍一下当时为什么会产生这么一个意义讨论的背景。大家知道上世纪90年代初期到中期这个阶段，中国发生了翻天覆地的变化，“’85”时期的理想在这个时期沉沦了，同时又出现了一个国际化的背景。这些导致了大量图解性的艺术出现，也就是说核心价值丢了，中国当代艺术只是变成了给西方人看的某种新闻纪录。这是产生意义讨论的背景。我想邱志杰当时的观点应该是针对这样一个背景的，也就是说针对的是那种图像式的完全说大白话的这样一种艺术形式。所以他提出来了一种形式主义，这个形式主义是经过语言学过滤后的一种形式主义，很绕口，叫“形式主义批评与批评的形式主义”。其实，扬弃那种简单的图像是邱志杰的初衷。通过这场意义的讨论提出了很多重要的问题：艺术的意义是否等同于新闻纪录？当代艺术是否就等同于社会学？还是当代艺术本体还有没有自身的一个规律？或者说有它自身的形式架构吗？这些都是那场讨论中呈现出来的问题。这个有关意义的讨论，直接推导了90年代中期以后大量的观念艺术、装置艺术出现。我们在私下里经常说90年代后期的中国是观念艺术的天下，那个时候的的确确有绘画死亡的感觉，因为那个时候绘画还没有市场。那个时候被大家关注的基本上都是做装置、行为、观念艺术的。而这几年又出现了一个反弹，架上绘画的反弹，我认识的很多过去搞装置艺术、观念艺术、行为艺术的朋友现在都又转到绘画了，而这种回到绘画，并不是处于学术性的考虑，很大一部分是因为市场的原因。所以，王林提出意义的再讨论，就有了针对性，有了现实的意义。现在的确有点像90年代初的状态，艺术的呈现非常平面化，在这样的一个前提下，有必要重新来探讨艺术的深度、艺术的本体以及艺术的语言等问题。只有从这些问题中衍生开来，我们才能在反思中国当代艺术这十多年历史的同时，为未来的发展铺垫理路。

皮道坚 （田太权摄影）

皮道坚：

我觉得这次讨论非常好，刚才王林说了回顾到此为止，我看止不了，沈语冰也说止不了，我认为有必要把这个问题谈透。因为我们上世纪90年代的美术批评是由80年代过来的，我们现在的美术批评是由90年代过来的，所以我想要回顾更远一点。 关于意义问题的讨论，是90年代批评界的一件大事，可以进入中国美术批评史。关于意义问题的讨论在80年代也是有的，那是关于社会主义现实主义的讨论，关于反映论模式的一种讨论。为什么要连起来呢？因为90年代这场讨论，实际上是标志着反映论模式的最后终结。

刚才沈语冰的分析提到三类观点，在这三类意见里面，我倾向于沈语冰的观点。但是我认为邱志杰在当时提出来那样一些观点，里面有他非常深刻的地方。首先，上世纪90年代关于意义问题的讨论，主要是反对阐释学意义上的批评。邱志杰当时提出了他的理论，虽然有多重身份，既是艺术实践家，也是非常优秀的艺术家。他同时也进行了很多很好的批评写作，我认为他的一些观点有深刻的思考。邱志杰当时提出的一些观点意义在哪里呢？我想应该说是他让我们重新反思艺术和生活的关系。我记得当时邱志杰提出的是“艺术不能使我们接近真理”，“艺术只是让一切更好玩”。他看起来是在拒绝有思想的艺术、拒绝思考、拒绝理论，实际不是。他说艺术只是前思考，是思考的准备。艺术拒绝成为一种思想，并不帮我们进入某种角度，而是帮我们从任何一种角度中退身出来，他当时提出这样一个观点。实际上与当时当代艺术的新语境有关，和80年代不一样，90年代的当代艺术方式再也不仅仅只是绘画、雕塑、架上这样一些东西，而是出现了影像艺术、出现了新的媒体，在这样一个新媒体出现的情况下，肯定就带来了艺术创作的新方式和艺术解读、艺术批评的新方式。因为邱志杰搞录像，在他和一批活跃的年轻艺术家看来，艺术的核心不在于观念的传达，而是在于感觉的重建。我们80年代对于现实主义的批判，也就是强调感觉的发生论，以艺术感觉的解放来对抗旧的社会主义现实主义唯一的创作模式。所以邱志杰他认为艺术不应该是一种载体，而是用这样一种模式来创造一种感觉，而这种感觉是新的。问题不在这里，问题在于邱志杰所提出来的新公式，不是旧的反映论。他们这些用新媒体创作的艺术家，强调的不是“反映”而是“反应”，这种反应是刺激了以后的一种反应。他们把艺术的创作者和艺术的接受者都当做这样一个个体，他们感知、想象、行动和创作是互动的关系。我觉得这种新媒体出现以后，最主要是带来了这样一种转换。

因为有这样一个情况，所以新的艺术家有人认为，批评不是阐释。邱志杰说不管你这个东西的意义是什么，他的原意应该是批评不是阐释，批评就是说这个东西做得好或者是不好。如果不好，不好在哪里，应该怎么改进。而不是说批评家一上来就说作品的意义是什么，批评变成了阐释以后，它的问题就变成了是什么。我觉得应该把我所知道的邱志杰的观点介绍一下，也算是回顾。

对于意义的讨论实际上和当时正在兴起的新艺术语言，特别是录像艺术有着密切的关系。在这样一个背景下，原来的历史、价值、人文、文化这样一些词语，就被身体、互动、感觉、体验这样一些词语刷新或者是替代了。但是，它也导致了当代艺术中的一种新的形式主义倾向。上世纪80年代中国新艺术的起步，是由吴冠中先生提出关于形式美的争论开始的，我们经历了一个短暂的以形式主义为主导的现代艺术阶段。到了90年代以后以邱志杰为代表的艺术家出来了以后，实际上又在一定程度上使我们的艺术成了一种形式和媒介的竞赛。我们在很久以来，荒废了对于艺术价值和艺术意义的讨论。我记得那场讨论以后有一个非常流行的说法，就是反对过度阐释。我们也应该用相当一部分的注意力，注意我们自己，注意由我们的民族传统的文化里面升华出来，与我们的当代美术实践结合在一起，共建我们自己的美术批评理论。

高岭：

这个话题今天重新讨论，个人理解还应该有一些更深层的现实和一些紧迫的形势需要，那就是艺术市场使然。艺术市场对于今天的艺术批评形成了严峻的挑战。这次会议的组织者在当初确立会议议题的时候，是不是希望批评家围绕今天的艺术界整体的艺术生态来讨论？艺术批评应该发挥什么样的重要

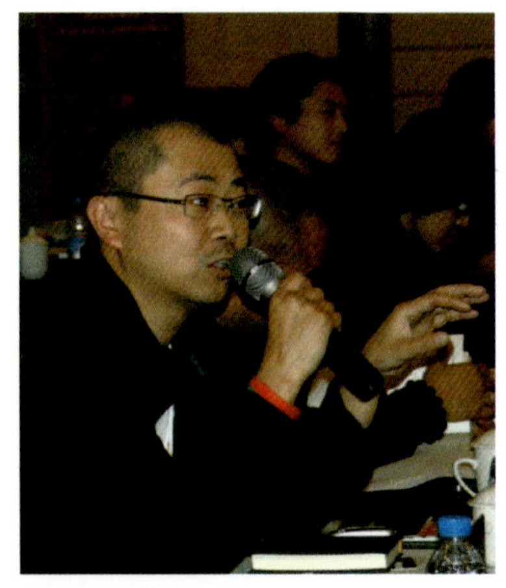

高岭（郭瓒摄影）

作用？很多艺术家私下说批评家是集体失语，就是没有发出真正的声音，包括我们每一个人。我们都写了很多文章，对画家个人写个案的文章。这些文章基本上都是在解释一个艺术作品的思想、生成和它的风格特点。但是彼此之间没有争论起来。不要怕媒体记者在这里，我觉得应该有争鸣，没有争鸣就没有批评。艺术家讲现在批评家没有批评的声音，不能说人家站着说话不腰痛，重要的是说我们自身如何能够梳理自身的精神品格。我为接下来一月份在深圳美术馆开的第三届批评家论坛写了一篇文章，文章中提出了一个话题，就是艺术批评跟艺术市场的关系。我的文章名字叫做《市场、策展与批评，你究竟选择谁？》，我当然说的是我们同行，我不指艺术家。因为现在的情况，大家都已经看到，所有艺术的媒体都非常发达，有纸本的杂志、有刊号、没刊号，还有网站非常多。但是我们注意一下，所有的报道里面，很多的内容都是关于排行榜、关于拍卖、预展的消息，甚至关注到艺术家穿什么衣服、怎么消费的消息。有些杂志的主编、编辑或记者不是美术界的，而是搞媒体出身的，也有很多是类似中央美院这样的艺术管理系的毕业生，但是还有一些主编却是批评家和策展人本人，就是我们其中的一些批评家。我们知道，艺术家是不写文字的，只做作品。做艺术传媒的有不少是我们的批评家，或者是文字工作者。我们这么多的杂志，真正的理论性的篇幅和讨论有多少？没有什么理论和思想的争鸣，有的都是在托市。所以说，我们应该只有廓清自己作为艺术理论和批评家本职工作的范围和界线，恐怕才能够真正地树立自己的形象，否则艺术家根本就听不到批评的声音。

王 林：

研讨会的主题是关于当代艺术意义的再讨论，不是再评价。希望下面的发言，大家不要太多的评价当年的讨论，可以直截了当谈自己的观点，讨论艺术批评的出发点。贾方舟编过《批评家文集》，里面都有批评家的批评观。批评观就是出发点。

陆蓉之：

为什么在中国批评家的圈子里面，女性这么少？到今天还是陶咏白先生在这里，我们在一个宿舍里谈，为什么中国批评的学术的话语权始终都是在男性的手中？这个问题很严重，十年过去了大家还绕着两个缺席的男性谈论不休，女性在20世纪下半期已经是评论界的大宗。所以我在这里告诉大家，我在这里，陶咏白老师在这里，徐虹老师在这里，我们都在这里，我们女性的半边天就是在这里。希望各位男性以后要给我们女性空间。

陆蓉之 (郭赟摄影)

因为我们是一个中国评论家年会，评论家在西方用这个字的时候是指在报纸、杂志有一个方块，写的是评论，来回顾一下、讨论一下刚刚展出的展览怎么样的一个观点。所以在用字上面，对我们本身的要求是什么呢？中文、英文要跟国际接轨，我们跟国际接轨要用外语上的精确性，我们自己先规范好我们自己，才能谈面对民众的问题。所以我在看待中国美术批评家年会的时候，咱们是不是能打开心胸走出去，而不是关起门来彼此认可的问题。我们更需要的是我们如何不要让艺术家讥笑，说我们是一群失语的评论家，这是很悲惨的。所以更重要的是，评论家在中国艺术市场好到这个份上，全世界的眼光都关注在我们身上的时候，我们评论家能够扮演什么样的角色？怎么参与在国际上掌握一个话语权？ 皮老师提到，固然需要引进西方的理论。但是评论家的工作是讨论创作出来的这些作品，咱们这些作品讨论的对象不光是西方的创作者而已。我们的让全世界关注当代艺术家，正在蓬勃创作的时代，我们有没有自己的语言作为一个载体呢？向全世界说我们的艺术是这么精彩、丰富的，我们有没有这个权利呢？

管郁达：

我最近注意到一个现象，就是大家都比较怀旧，好像都在开始集体写作类似溥仪《我的前半生》那样一种东西。今年三月份在广州，王林策划的“从西南出发”那个展览的研讨会上，上半场的发言全部是老“哥萨克”在讨论当年的辉煌业绩。今天这个话题，又把历史现场拉回到十年以前。昨天到“798”看费大为在尤伦斯当代艺术中心策划的关于“’85”的展览，给我的感觉就是，一进去有种说不出的腐败味道，像个停尸房。没有历史的现场感和文献感，一切都被雅皮化啦，

管郁达 (郭赟摄影)

当时那些鲜活的东西变成了一种高高在上的殿堂式的东西，这是一种自以为是的伪贵族心态。中国当代艺术的历史到现在，也就二十来年的时间，由“’85”开创的中国当代艺术的“现代性”建设现在才开始起步。我们今天来重新讨论艺术意义和“’85”这样的问题，也就是以今天艺术面临的问题向历史提问，因为叩问历史是解决当下问题很重要的一个向度。

第一，诚然“’85”那个时代或者说以往十年前关于艺术意义的讨论，是自有其不可抹杀的革命性意义的。它们已经是艺术历史的一部分了。今天我们在这里进行的再讨论，必须联系以往的历史语境和历史文脉来看，而不能简单地把它们抽离出来，像吴冠中先生关于“抽象美”的文章，在当时知识普遍匮乏的那个时代是有意义的，他说了一些在当时不允许讨论的“常识”问题，文章也写得像口号，问题也说得不太清楚。这使我想到马克思•韦伯说的一句话，他说，今天这样一个时代实际上是一个“除魅化”的时代，所以我们绝不可以去重新去装神弄鬼，去“造神”。在今天，一个以学术为志向的知识人，绝对不可以再去充当新时代先知的丑角，它应当做的，也是唯一能够做到的，仅仅是力求保持头脑的清明，并努力传播这种清明。

第二，再说批评家、策展人有没有权利来谈论当代艺术？当然是可以的。有人讲批评家生下来就是要批评别人的，当然他也会受到别人的批评。但是现在有一个非常严重的倾向，就是说我们今天这个时代，其实是一个已经将工具理性所派生出来的权力夸大和自以为是的科学方法论泛滥的时代。许多批评家、策展人自认为已经掌握了一套有效的解释中国当代艺术，或者是解释目前艺术现象的一个方法。然后就觉得他可以用话语的霸权来谈论问题，而置活生生的现实于不顾，这些话语霸权很多只是拾人牙慧的从西方拷贝的来的一套宏大叙事体系，表面上看上去很光鲜，其实空洞无物，缺乏历史的具体感与真实性。我要问的是，到底是谁给批评家这样的权利呢？这种权利被放大的理由何在？我们现在看到很多展览，策展人和批评家设置了很多宏大、西化的学术命题，他们就根据这些命题来挑选艺术家，把艺术家装进去。学术批评变成了所谓知识精英藏污纳垢的垃圾桶。他们以为只要找到一种方法，这种方法可能是拷贝来的方法，什么后现代、什么解构，什么所指、什么能指啊？总之，只要有方法论这把万能钥匙，他们可以把握和解释中国当代社会正在急剧变化的现实生活。

我觉得对方法论的崇拜放大是一个非常危险的现象，也是策展人和批评家在许多新兴的艺术现象面前集体失语的原因。所以中国批评界没有多元化的声音，是在于我们忽略了很多草根的、野生的和自发生长的艺术现实与艺术状态。回到关于“’85”的话题，比如说高名潞在一次谈话讲，“’85”时期批评家没做好理论准备，那个时候不了解西方，对西方的了解一知半解。所以他从美国回来后，认为自己已经准备好了，可以来讨论中国当代艺术问题了。也就是说，他认为自己在当时的理论冲动都是幼稚的、身体的、感性的，不大靠得住。而现在鸟枪换炮啦，有一套“自己”的方法论啦，而且这个方法论还比较先进，所以他现在有资格来谈论和解决中国当代艺术面临的问题了。但是我认为恰好相反，中国当代艺术面临的问题不是你准备好了理论可以谈论的，因为它是一种变化的身体实践。没有一种现成的方法可以解释。没有现成的药方包治百病。也许就是因为当时的“’85”运动什麼都没有准备好，什么都是在现实的语境生长起来的，就像最初中国的经济社会改革，大家心里都没有谱，都没有现成的经验可以借鉴，用邓小平的话来说就是“摸着石头过河”，所以它恰好带有一种真正身体的原始本能的活力。在我看来，中国的当代艺术其实还是一个正在成长中的文化事实，这样一个文化事实是批评家、策展人、艺术家、画廊、美术馆来共同来建构的，它的生长才刚刚开始。

邹跃进：

我感觉应把讨论的问题集中在主题上，因为这里面可能涉及到上世纪90年代讨论的问题，那主要是讲作品的意义，以及批评家怎么解释作品的问题。这两个问题是重要的，现在我们想把这个问题扩大，扩大到当代艺术的意义问题。这里面可能同样涉及到批评的方式和它的对象之间的关系。我想这里面有这样一个问题可能是值得思考的，就是刚才陆蓉之女士谈到女评论家这么少。我想这可能就是当代艺术的意义之一，就是说女性太少了，我们要多一点，这就是当代艺术可能要呼吁的东

邹跃进（田太权摄影）

西。所以我在想，这里面确实有一个很大的问题，就是说批评家到底怎么定位的问题。

有一个西方的作者写过一本书叫《立法者和阐释者》，他认为什么是好的，什么是不好的，这是现代知识分子要干的事情。他说到后现代时，知识分子的工作基本上是阐释了，不参与好和不好的价值判断。所以我们可能也面临这样一个历史情境，刚才说批评家失语，我觉得主要是讲我们没有作为立法者出现。其实上世纪90年代以后的批评家，做得更多的可能是阐释的工作。换句话讲，刚才皮道坚老师讲，主要是阐释意义，很少说作品是好还是不好。这里面有一个错位，艺术家跟批评家的错位，因为艺术家希望批评家以立法者的姿态出现。

孙振华：

孙振华 （郭赟摄影）

我想说批评家的权力和权利的问题。今天上午讨论问题，其真实的意图在于，希望通过意义问题的讨论，重新找回所谓批评家的权力。因为批评家曾经在一段时间里，有一个比较短暂的时期内，有过一种“权力假象”。 在上世纪80年代，艺术是不自觉地跟随一种社会思潮走的，是思想解放、叛逆那样一些东西，是比较自发的。到了90年代以后，从政治波普、新生代开始，批评家的力量出现了，这个时候出现了由所谓批评家来引领当代艺术创作的情况。当时可能是批评家状态比较好的时期，因为他们自己的价值可以得到体现。这个时期维持了一段时间，现在看起来好景不长，我们今天之所以感叹到大权旁落，很大的原因是因为现在的经济，就是因为市场。现在有一句最常见的说法是“分享改革开放的成果”，目前的当代艺术家，他们肯定是直接享受到改革开放的成果。因为我们现在国家的意志、资本的力量，都需要一个国家的表征和一个符号，而当代艺术正好满足了它，非常活跃、又非常开放，甚至还有一种要跟国际接轨的倾向。这样的话，当代艺术就成为一个崛起的中国，一个强大的中国和一个经济上高速发展的中国相匹配的文化形象。由于这样几种力量的推动，现在当代艺术好像不由批评家的权力意志排布，不由他们的权杖指挥了，他们自己可以脱离批评的话语系统，再另搞一套。我觉得批评可以把它看作是权力，这是从“知识就是权力”这里来的。但是我们一旦把这种知识系统，完全从社会、历史、经济背景中抽离出来的时候，它究竟有多大的力量，这是值得我们怀疑的，这就是权利假象。 实际上不管我们看80年代、90年代一直到现在，如果真正还原到当代艺术现象的背后，追溯到最深处，当代艺术更多的还是社会的、历史的、特别是经济的因素，是社会转型所带来的直接反应。所谓权力是把自己的意志强加给别人的力量；而权利则是对共同利益分享的一种资格。其实现在批评家也在一定程度上分享了改革开放成果。因为当代艺术家得利了，他们进一步的发展需要进行第二次分配，这种分配通过批评家写一稿子，一个字值多少钱来体现，其实批评家也在分享这样一种利益。现在我们还在巩固批评的权力，巩固话语权是一种虚幻；更多的应该是表达，艺术批评家应该实现从权力到权利的转变，他在参与到社会的变革过程中间，在当代批评的过程中，实现个人的权利。

朱青生:

我现在就接着谈批评家的权利和权力的问题。其实批评家的权利从历史上来看，就是近代短短20年的历史。艺术家的成长跟综合批评家有关系，只不过在利益分配的时候艺术家得到的现实利益和批评家得到的现实利益不平衡，这就造成了我们现在要充分考虑的问题。从这个问题上来说，实际上批评家操纵的是实践问题。也就是说中国当代艺术的推动，批评家在里面是一股力量，这股力量，他们的利益实现不公平。不公平大家要找到一个公平解决的办法。

朱青生 (郭贤摄影)

比如说一个画展要操作，一个画廊要批评家。他是哪一级批评家应该给他多少利益，要跟这个展览的总投资和画廊在这个活动中间获得的利益，要有一个比例的分成。这个工作不能看作是他的学术工作，应该是看作他的服务工作，因为做这样工作的批评家实际上是在做宣传广告的服务工作。因为他受画廊的委托去完成对于艺术家的推选，至于他自己说的是真实的，还是说的是错误的，就决定了他今后被聘请和加码的条件。我们应该把这个问题分开讨论，这样的话才能使得社会区域公平、区域公正。否则的话一个画家画几天的画可以得到很多的钱，一个批评家工作几个月只能得到很少的钱，这样的话会造成经济的不平衡，也会造成社会的不公正，这是事情的一个方面。但是事情的另外一个方面也是我们聚集在一起的理由，因为批评家在一起的作用，有时候并不完全是为了艺术。刚才大家谈在谈到艺术的问题，我们可以看到很多批评家现在不做批评了，他是操盘手了。而且他们对于艺术家的控制程度，这种情况我们根本不用担心，看谁有多大能力的问题。

下面我要说的是，我们看到法国上世纪70年代，所有重要的哲学家、思想家都建立了艺术批评，他们建立艺术批评的时候不是为了艺术，而是为了思想、为了文化、为了真理重新进行解释，使他们的解释更为切合实际。我们现在特别要注意的是，在人类社会的发展过程中间，人们对于精神的发展已经有过三个重大的变化。第一次是人们把世界所有的表象是看作是偶然的，在底下有一个真理的存在。这就像物理学家解释时代是一样的，所以我们把这个时代称之为物理的时代，但是到了达尔文以后，大家觉得世界上的事情特别是人间的事情没有真理，只是相对来说，这就是社会学时代的到来，这个时代的到来使得我们现在关注了人格学，刚才说理性的问题，我觉得这个问题一旦提出来就是问题，不提出来就不是问题。至于是女的男的，关注的是事情本身。但是我是赞成保护对女性的地位，我说明我的观点。我只是说这个事情只是一个局部问题，但更为重要的是这个问题中间显示我们已经把人分群了，分成不同的群。我觉得是在为一个从非北京中心，非机构化的新的力量在呼吁，在引起大家的重视，并且找到它的发展和推动社会的可能性，这个也是一种分群。如果管郁达在中央美院当教授，也许他说话的口气和方法不是这样了。

我想说的第三点更为重要，在这个时代我们已经发现，在艺术中间已经不存在了，因为每一件艺术品都是独一无二的，而每一个人对于艺术的看法也是独一无二的。一个新时代正在我们面前展开，这就是艺术时代的到来，哪怕两个人在一起，一个人可能看艺术更男人，一个人看艺术更女人，如此，大家要注意艺术批评正在成为人类精神史最尖端的方面。在人类历史上曾经有过两次领导人类艺术史，一次是文艺复兴，一个就是现在。批评家不是为了自己，而是为了人类的需要、世界的前途做批评的话，我们何必问他的失落，何必担心或者有什么郁闷呢？

殷双喜：

上午的发言，其实我觉得很像一个镜头聚焦，很困难，很难把大家都聚焦到一个点上。这也说明现在的艺术思考角度越来越多样，大家很难统一思想。而这个东西曾经是我们传统的思维模式，做什么事要统一思想、统一步调、统一行动。为什么隔了这么多年我们积极推动批评家年会，让大家坐在一起的呢？我倒觉得有一点像王羲之讲的文人雅集，不要求统一。但是确实这个时代大家又有一个交流的愿望，否则的话大家不会放下那么忙的工作跑到这里来。上午提到关于批评家对当代艺术的介入和话语权利的问题，其实仔细想想，即使从体制上来说十多年过去，现在的批评家在许多方面，不仅掌握话语权，而且也有了一种艺术体制类的权力。比如说今天参加会议的批评家有好几个美术馆馆长，中国美术馆、上海美术馆、广东美术馆，还有民营的南京四方美术馆，还有美术研究所的所长、系主任、教授等等。我们在座的一些人来都不是单身一个，带着自己的研究生，有的研究生已经崭露头角。上世纪80年代通过办刊物、办展览、做编辑、做展览都是批评，策展也是一种批评，作为一种批评家表示自己态度和话语的一种方式。而且现在在座的有一些年轻的刚毕业的研究生，已经开始研究上世纪80年代以来中国当代批评史。我们这些人将可能接受他们的点评和历史定位，我们已经很快就要被放到历史的审判台上去了，这都是很有趣、很有意思的现象，我们应该坦然面对这样一个情况。

殷双喜（田太权摄影）

由于它是年会，当然这是第一届，以后可能是讨论一年的主要问题。这一届先谈谈最近几年来你最关心的问题、最突出的问题、你思考最多的一些问题、你最想说的最感兴趣的一些问题。我们不是想在这个会议上要解决什么问题，如果话题有交叉，有重合也好，没有交叉重合也可以。所以我想，我们无非讨论的是大家关心的，除了上午谈的批评的基础建设，批评的历史，或者将来我们可以搞一个专题年会，用学术研讨会的方式研究中国有没有艺术批评、中国的艺术批评史。今天我们是第一届，大家很关心，包括媒体。对我们的艺术现状，包括当代艺术的现状和艺术批评的现状，有哪些问题？我们作为批评家的反思和自我批判，有一些质疑或者有一些好的建议、对策和贡献。我想在某种意义上有点像联大的一般性会议，从自我阐述不一定非要在会议上逮着谁与他辩论，讲个没完，这也是时间不允许的。

彭德 （田太权摄影）

彭德：

上午的会议形式是西方化的形式，由主持人总结各个发言人的要点，其实没有必要，因为都是中国人，都是圈内人。我觉得会议可以像古代的雅集，发言时信口开河、随心所欲。即兴发言能得到一些见真性的信息，不必长篇大论。我认为一个会议很难达成共识，更不可能决定艺术的走向和艺术批评的转折。艺术和批评的转折是由每个人自己决定的，它每日每时每刻都在调整和转换，不可能通过集体的行为一刀切。

本次会议的第二个题目是“你从什么角度、凭什么根据来谈论当代艺术？”我的角度是什么呢？20世纪以来，西方学术界曾不遗余力的反对进化论、反对总体论、反对宏观叙事，主张零碎工程学，标榜细节决定成败。在我看来，大节决定成败。我们现在很少宏观地和整体地看问题，眼界往往是鼠目寸光。我说的艺术进化，不是用先进和落后、好与坏来比较当代艺术，而是在于人的感觉不断地展开，艺术形态不断地丰富，艺术思想不断地更新。这个过程它是不可逆的。也就是当代可以包含古代，而古人不可能感受到我们当代人的想法。无论是自然进化论和社会进化论，都出现在西方。19世纪末叶，随着西方殖民扩张的结束，西方人倾向于保守现状，西方学术界于是抛弃了进化论，这种抛弃带有鲜明的实用作风。中国人如果也抛弃进化论，就永远只配做西方文明的附庸。中国人在艺术上的天赋，还没得到充分的展示。作为文化策略，进化论应该成为当代中国的时代样式。如果超越民族身份，从更广阔的立场去考虑，进化论也远远还没有终结的理由。殖民扩张只是在地球上扩张，而人类的愿望和行为早已不局限在地球。太空竞赛体现的就是这种愿望，所以到了20世纪的下半叶，进化论在西方学术界又重新被提起。

我谈论当代艺术的根据是“中国现代化的困境”。一方面，中国必须走向现代，另一方面，现代化对于中国可能是一道陷阱。中国还不具备现代化的国民素质。现代化在国人的心目中等于美国化。美式现代化的经济模式正在影响我们的行为方式和思维方式。中国经济的无序发展使整个生态变坏了，使整个世态变坏了，使整个国民的心态变坏了。我认为当代艺术圈正在变成人类和地球的敌人，因为产业化的现状使它不断地在仿制或自我复制，很多作品无助于生态、世态和心态的改善而是相反。产业化的当代艺术成了整个无序的现代化的组成部分。现代化的进程必须要安装刹车，没有刹车就不成为机器，否则总有一天会翻车。什么是刹车呢？批评就是刹车。批评家都是艺术市场的既得利益者，但是批评家可以超越这种利益，寻找理性的判断。我认为批评家的事业首先不在方法论，而是立场和对现实的判断。我所说的艺术进化论的角度和中国现代化的困境，两者存在着矛盾。这种矛盾也正是中国当代艺术的困境。批评界应该如何传达自己的声音，需要自我调节。

刘骁纯：

这么短时间我一下子想不清楚说什么，后来我临时想了一下，前两天有人问我。你从什么角度来介入批评的，你对你介入的角度清楚不清楚。后来我就解释了一下，是从形态学的角度介入批评的，我对这个非常清楚。上世纪80年代、90年代，批评家非常清楚自己是从什么立场和角度介入批评的不是很多。我的意思不是说什么是批评，而是方法论和立场的自我意识。

刘骁纯 (田太权摄影)

我对形态学角度写过好几篇文章，对形态发展演化的过程，自己做了一个解释。这个解释从最近几年来越来越意识到的，实际上是黑格尔和丹拖尔的终结论，我跟他们有很大的不同，他是悲观的，我是乐观的。我觉得到了杜尚提出形态论以后，形态论的演化已经闭合了，它完成了形态论演化的过程。但是演化之后并不等于艺术的死亡，而是艺术空前的繁荣、空前的机会和空前创造的可能性。

我们现在正处在杜尚之后的繁荣的创作时期。所以对我来说，当代的概念好像不如现代、后现代的概念，对我的立场更有用。因为是从杜尚之后，严格自己的思路继续探讨或者是实验各种形态发展可能性的思路，应该叫做后现代或者是叫做后期的现代。后期的现代它还属于现代，我说的这个大繁荣应该指的是后期现代之后的一些现象，真正的是现代之后。实际上现代的各种形态是交叉混融的，也有现代形态，也有后现代形态，就是后期现代形态，也有现代形态之后的形态。所以从这个角度来看，我和彭德的看法可能非常不一样，我觉得现在宋庄现象的本身，它并不是一种混乱，而是一种我理解的大繁荣状况的一种显现。因为这种显现本身是一种极端多元化的状况。极端多元的状况，需要的也是一种极端多元的批评。在这种情况下，如果想用一种批评来解释所有的现象，它肯定解释不了。解释不了的时候，你要容纳不了这种多元，你肯定会觉得混乱。

徐虹 （田太权摄影）

徐虹：

我跟陆蓉之说，我说我并不反对你的说法，但我们所处的环境、针对的问题不一样，面临的压力性质不一样，我们反对什么，赞成什么，我们的目标是不一样的。这些不一样决定了我们用什么样的方式，决定了我们的问题，以及我们心里沉重的压力。她当时不明白。但是今天我发现，她今天在大声疾呼女性权利的时候，说明她在中国呆了几年以后，她更多地接触了体制内外美术馆的领导，接触了美术馆的各种工作人员，接触了主流和非主流了艺术家，以及政府官员。我想她今天早上的大声疾呼，恰恰说明她已经进入中国的文化语境之中，已经感觉到我们面对的问题和海外的问题是不同的。在海外早就解决的问题：说一个女学生的书法“简直像男人一样”，那是正面的评价还是反面的评价？他感觉到自己有被革职的危险，不敢说。而我很佩服的批评家朱青生，他说艺术批评“只分好坏，不分性别”。或者就是说“我们只看你做了什么……女人很少，我们还是要保护的”等等。我估计朱青生在德国是不敢这样说的。而他今天在我们这个环境中，他很自然、很放松地说了出来。

我们再回到艺术意义的问题，今天我们讨论语言结构，然后再把它放大到关于当代艺术意义的意识形态背景上……这都很有意义。但我同时想到，“意义”对不同的人是有不同“意义”的，判断女性做了什么，她们的思考和工作有没有“意义”，也是很有意义的问题。比如说陶咏白女士自上世纪80年代以来，一直在挖掘被忽视的、埋没的女性艺术家，她做了大量的工作，你说她有没有意义呢？像陆蓉之在上海艺术馆做了大量体制外的美术馆建设工作，有许多是国家美术馆做不了的事情，她做了不少当代艺术的策展，引入了世界各地的义工来为艺术馆打工，这有没有意义呢？当然，在90年代讨论关于当代艺术话语的意义的环境里，她们的作为可能是没有意义的，但对我来说，她们工作的意义要超过纯粹的语义讨论。所以想的是关于“意义”是由谁定位的，谁给了你说它有没有意义的权利。或者，在我们的艺术语境中，哪些人能坐在主席台上，哪些人不能坐……

陶咏白：

在这么一个正经八百像是政协会议的大会上，很有意思，大家说着自己的观点。徐虹从女性主义批评的角度，站在这样一个立场来谈这个问题。而从批评家年会这样一个角度，我同意朱青生说的话。我们大家在批评家年会上，展示我们的视角，探讨我们的价值观，这好像是谈学问时一些方法论的交流。反正我觉得角度不同、立场不同。如果从“性别”角度谈问题，去年我在上海朱建新画展的研讨会上，用了三种不同的价值观评论朱建新的画。从女性主义批评的角度看他的画，绝对是我们批判的对象，他把女人当做玩物、宠物，画得妖媚性感，搞的很恶心。从人性论的角度看，他又真实反映了悠闲、轻松及人的性欲望。再从艺术史批评的角度讲，他如此生动的笔墨用线，在“新文人画”中是位出色的代表人物。

陶咏白 （田太权摄影）

我今天不从“女性”的角度谈问题，我就谈我参加批评家年会的一种感受。说老实话，在这样一个场合当中，我跟老水在这里可能是最高年龄的，他比我大一点。我们都是70岁以上的人，人生70古来稀，我们可能是四代人坐在一起谈。而我今天还能在这里，我觉得很高兴。我这个老太太，竟然还可以在这里说话，还能为人家写评论，我觉得我很幸福。为什么我可以做到这点呢？我开始进入评论界的时候，写第一篇文章是1980年，到现在已经27年了，而真正踏进研究领域已经30多年了。当时，我搞“当代”评论的时候，很多人劝我说：你不要搞当代，当代很危险，因为那个时候，在经历了各种政治运动的折腾，对于当代的人或事很难预料，不知什么时候，一会儿出问题了，一会儿打倒了。但我就是对“当代”有兴趣。

水天中 （郭赟摄影）

水天中：

陶咏白是把女性主义作为方法、手段、策略，当它对你的论述有利的时候就使用它。当你觉得不利时就不使用它。

关于上午陆蓉之的意见和刚才朱青生的话，我觉得实际上这是两个根本不同的话题，不是一个问题。陆蓉之谈中国当代艺术中女性的位置，而朱青生谈教学工作中的评分方法，这二者不是一个层次上的问题。当然，我们很高兴地看到，由于朱青生采用科学的、客观的评分方法，导致现在大量女研究生被录取和毕业。

陈孝信：

我真正想讲的话题，我对批评家年会的文集提供了文章，提供了我的论文。我把内容大概讲一下，我的文章是《当代艺术的文脉问题》，是我最近几年一直在修改和思考的问题。我们当代艺术当中有没有上下文的连贯问题和联系问题，上下文联系在以往的一百年当中出现了一些什么问题。我们现在应该如何来解决这些问题，着手思考和解决这些问题。所以我提出了《当代艺术中的文脉问题》。我个人也同意策展是批评这个说法，我认为策展批评实践当中一个很重要的组成部分。所以策展属于批评活动，而策展中的思路问题是策展的灵魂。我对策展思路最近几年连续不断的策展思路，就是研究、梳理、推荐，甚至推广有文脉的当代艺术家。当然这个文脉不是死的，可能是活的，是在转换中的，是在变化中的，是在更化中的文脉问题。有上下文联系的，能够放在中国的整个几千年的文化史当中去的，现当代艺术。我一直是按照文脉当代这个思路在进行连续不断的策展，而文脉策展我也想找到一个真正的本土的当代艺术之路。究竟如何是本土，如何在本土的土壤上建设现当代呢？这是我最近几年一直思考的话题，到今年为止我一共做了四年展览，今年做的是最大，这一届做的有一定的规模，而且场地也相当的不错。终于把我的思路比较好的呈现出来，在这个过程当中，我非常感谢一些批评家同仁的支持和帮助，很多批评家都关注了这个展览、支持了这个展览。多一些

陈孝信 （郭赟摄影）

专业的策展人，多一些专业的批评家、多一些专家批评家，我认为这会改变我们现在批评的淡化。我承认我们批评队伍当中有不少是专业的批评家，很有研究的批评家。比如说郎邵君先生对水墨的批评非常专业，比如说刘骁纯先生在当代水墨领域和皮道坚先生都形成了专业批评的特点，而且长期坚持堪称一方领域的专家，我觉得这样的专家越多越好。所以批评家应该寻求自己有特长的领域、专业的领域，把批评深入下去，深入到问题当中去，这是我的一个个人的看法。

郎绍君：

对近百年中国美术的研究，是美术史还是美术批评？我感觉很难分得很清楚。批评家是研究现状的，但现状是历史形成的，与近百年的历史的关系尤其密切。对这段历史都不关心不熟悉，批评就会失去历史的眼光。当代中国画的批评，这一点尤其严重。

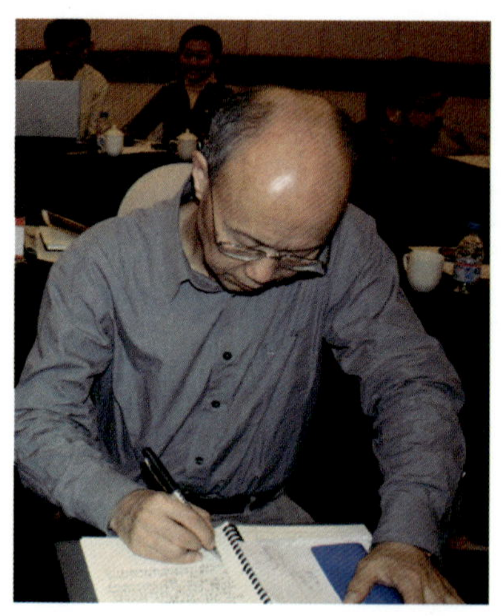

郎绍君（郭赟摄影）

我很少关心现代艺术，说失语也好，不懂也好，总归是个事实。当然我也看过一些展览，也有一点粗略的感受和想法。譬如，现在强调个人的内在自由，强调对种种传统艺术的解构，强调非审美、非艺术化，我在努力理解这一现象的同时也感到很困惑。艺术当然需要自由，我们这代人深切体验过政治对艺术的钳制与扼杀。可以说，没自由就没有真的艺术。但自由似乎不是任意和纵意。自由的现代艺术把“天使”和“魔鬼”一起放了出来，我感到现代艺术中“魔鬼”横行，这对人类会不会造成另一种精神危害？此外，现代艺术与国际商业资本拥抱起来了，国际资本和国内资本合谋打造中国的现代艺术，这是喜还是忧呢？这两年，当代艺术对中国艺术市场有很大的冲击，拍卖行都在转向组织当代艺术的货源。大量假东西也充斥市场。这就是艺术的现代性吗？我不太明白。该怎么面对这样的问题呢？追求利益而不是艺术和艺术的意义，是当代艺术界的普遍现象。当市场和媒体把一个平庸的画家打造成一个市场宠儿和“大师”，批评家不是参与其中，就是无能为力。我们要不要、能不能、又怎样改变这种状况？当代美术院校的学生，对西方美术似乎比对中国美术更熟悉。这是不正常的。我不赞成民族主义和文化封闭，但更不赞成把现代化当作西方化，把发扬传统文化当作一句空洞虚假的口号。美术批评应当重视对传统艺术的学习研究，不要忘了自己立足的根。

陈 默：

我在这里想说的，是有关“双年展”的问题，可能涉及到今天参加会议的一些当事人。王林去年有篇很好的文章，题目叫《谁来批评许江？》，但遗憾的是，由于种种原因，“批评”最终没能展开。借王林的主题，也借郎绍君刚才谈到的水墨和商业操纵等话题，提出“谁来批评成都双年展？”，这关乎着艺术人格和严肃学风的问题，不能听之任之。《第三届成都双年展》，做的是“水墨”主题，从策展、学术、组织、艺术家、作品、布展、现场、观众等等，可谓问题重重，惨不忍睹。然而奇怪的是，不管是民间、官方、媒体，还是我们的学术界，好像没有多少人肯出来说句真话。在资本的力量面前，批评还有多少存在价值？还有多少批评的权力？

陈默（郭贤摄影）

当时我在展览开幕现场曾接受了“雅昌艺术网”以及当地电视媒体记者的采访，就展览现场效果，我给他们打了个形象比方：如果以人气大小的体积来比喻的话，第一届“成都双年展”人数几万，可能是“西瓜”，第二届人数下降成了“桃子”，第三届人数锐减变成了“芝麻”。大的有些夸张的现场没什么人，寥寥几个观众放进几万平米的展览空间，感觉挺怪异。观众的人数虽不能说明全部问题，但却能说明基本问题：一个批评和观众缺席的双年展，何以有资格谈成功？另外，布展的效果很业余，更像一个美协和官方的展览，完全没有达到双年展的基本学术要求。

这里还想补充的是，《第三届成都双年展》的研讨会和到场批评家的情况。不知什么原因，成都本土的批评家没有一个受邀到场。同时，凡是在第一届、第二届“成都双年展”期间，参与批评邓鸿的批评家，如冯博一、王林、皮力、李小山、邱志杰、吕澎、彭德、岛子、俞可等等几十人，全部在“黑名单”上，予以清除出“第三届双年展”的邀请范围。前不久，几位著名批评家在上海曾和我谈到这个问题，资本的力量真得那么大吗？有钱就可以肆无忌惮地蹂躏艺术吗？我们知道，在《第一届成都双年展》举行时，上百个批评家受邀齐聚成都，献计献策热烈捧场。大家投入了足够的热情，也抱有很大希望，希望它做成一个很好的学术品牌。但令人始料未及的是，到了第三届会搞成这副惨样。在第二届“成都双年展”期间，由于展览的主题直接使用了投资方的两个房地产项目名称，遭到众多艺术家、批评家的强烈质疑。然而，这些质疑在资本的力量和人为操纵面前，没有显示出应有的力量。另外，已举办的三届成都双年展中，每届都有个“新人展”。然而奇怪的是，以当代艺术资源优厚，特别是新人力量不断涌现而在国内外同行中广受好评的成都，连续三届“新人”缺席，令人疑惑丛生。按主要操纵“新人”这一块的策展人之一的冯斌在媒体和公开场合的说法，“成都没有艺术院校，有的仅是二级学院，故而无新人。”“新人”等于一级学院？老牌学院等于学术？如此荒唐的理由和事实，存在于当代艺术稳步发展的今天的大背景中，显得十分怪异刺目。一个基本事实是，我们在展览现场入选的杂乱作品中，确实没有看到几个有价值的所谓的“新人”。在批评界，早有多人质疑过冯斌的策展人身份、能力及品德，然而，上述问题恰恰是在不断质疑中发生的。及至第三届，他既是“总策展”，又是策展人和“总召集”，绑架艺术，独裁学术，不正常地集大权于一身，终于达成了这届上述所谈的问题，特别是“第三届成都双年展”，今天与会的有几位老师如朱青生、刘骁纯、邹跃进、邹建平等都是当事人并在现场，他们应该更有发言权。另值得一提的是这届双年展的研讨会，因为国内批评家大多被阻挡在外，故而才看到超过三分之二的有凑数嫌疑的受邀批评家是外国人的文化奇观。两天的会议中多半被老外占有，没有现场翻译没有中文字幕，在老外的讥里哇啦云山雾罩中神侃水墨艺术，也开创了“双年展”的先河。当然，也终于在该研讨会结束前，出现了本土批评家的抗议声，对不尊重“双年展”举办国母语的强权做法，提出了强烈的批评。

如果我们还有文化责任感和兴趣，这个话题是可以继续谈下去的。毛主席当年曾说的“批评使人进步”，在今天可能还有现实意义。

李小山：

几年前我参加“成都双年展”，印象非常深刻。今天骁纯先生在座，顾振清不在，他们是那届展览的策展人。在讲这个事件之前，我首先应该向骁纯先生致敬，为他的大度和宽容，为他对我们那种冒犯的包容向他致敬……我参加了“成都双年展”的研讨会，实在看不下去、听不下去。正好邓鸿点名让我发言，我记得我的原话是：我到了成都，到了“双年展”，只看到一个人高踞在众人之上，颐使气指，这个人就是邓鸿（邓鸿笑着插话，终于有人朝我发难了）。我说作为策展人，刘骁纯、顾振清在投资商面前唯唯诺诺，低三下四，令人惊讶。中国知识分子最怕两样东西，一是权，二是钱，所以腰杆子总是直不起来。会后顾振清特地找我，解释了一些情况，谈到了各种无奈。

李小山（郭赟摄影）

多少年来，我们深受行政霸权的压抑，这一点我想大家是深有体会的。举例来说，我们的老范已经做了中国美术馆的馆长，但我以为，中国美术馆是一个文化部的衙门。这么多年来对中国当代艺术的建设和推进，无尺寸之功，老范去了，也是做不成多少事业的，不是他的问题，而是体制的问题。反过来，邓鸿们进入艺术领域，并非坏事，关键是现在的大环境不好。行政的霸权和资本的霸权成了运作的两座大山，批评家不断地重复什么权利问题，权利不能说没有，但小得可怜。与行政霸权、资本霸权相比简直较微乎其微。就是与那些在市场上呼风唤雨的艺术家相比，也大大处于下风。回忆昔日批评家掌握的话语权，当下的批评家已成为弱势群体，从会上和会下大家谈论的东西看，有些像怨妇一样，酸溜溜的。

历史和社会的经验告诉我们，不是每个人都能够在某个特定时代获益的，永远只有少数人能够获益。那么批评家怎么办呢？我觉得老老实实地做点研究，做点学问，发出一点有用的声音，也是很好的。跟以往相比较，现在的条件够好了，譬如来开会，住着么好的酒店，一个人一个房间，还有几千块钱的出场费。我记得我刚刚出道的时候，到外面开会，几个人一个大房间，大夏天还没空调……我们都五十多岁，也有六七十岁的吧？生活习惯已经不能改变了，所以对金钱的依赖更多的是心理上，而不是实际需求上的。不攀比的话，我们现在过得可以了。

岛 子：

如何认识资本强权？资本强权是`经济全球化负面逻辑，经济全球化本来是指各国生产经营活动通过世界市场形成的跨越国界的融合，是各国经济联系和经济依赖程度的高度化。经济全球化以资本无限增值和扩张本性为根本驱动力，以世界市场的形成为根本前提，是生产力发展的必然结果。它虽然可以惠及世界，但对各国产生的影响并不相同。经济全球化的主角之一是大型的跨国公司，在艺术市场领域的主角是跨国拍卖公司、收藏机构。不可忽略的一个事实是：在经济全球化的进程当中，有些跨国公司违背人类基本的道德伦理底线，或者疯狂掠夺后发展国家的能源及各种资源，或者将垃圾、有害农药、有危险的基因产品等倾销到穷国，亚洲、拉丁美洲、非洲的许多国家成为其牺牲品。美国“恐龙式”的超级跨国公司在世界百强中占有三分之二，在中国的投资最多，陆续被曝光的恶行也最多。这些公司在中国的行为，与他们在西方的行为截然不同。他们在有法律的地方遵守法律，在没有法律的地方为所欲为，甚至连起码的道德伦理都抛弃了。人们开始质疑，依托于西方的文化、道德、宗教信仰及经济规律的跨国公司，是否可以仅仅为了赚钱便为虎作伥呢？资本强权在艺术市场的反应，我仅举一个案例，根据艺术市场透露的信息，那种媚俗格调的油画据说在不远的将来会突破一亿人民币，现在的拍卖纪录是1000多万人民币。由此看来，策展、传媒不断炒作的几大“天王”，压根就是资本造神——他们和市场联手“打造”艺术“财神”。显然，这种现象对于那些坚持自由实验而基本生存仍然贫困的艺术家来说，是极其不公平的，甚至是反商业道德的。

岛子 (田太权摄影)

资本强权在本土的症候更是无以复加，比如当代艺术的产业化模式，实质上是，一方面投资方只看中并收取当代艺术品的经济价值，另一方面加紧遏制那些具有社会批判意识的自由艺术。教育已经产业化了，难道恶果还不够吗？以往我运用后殖民理论来阐释市场化、犬儒化现象，现在感到自己经验贫乏，很不得要领。因此我认为还应当坚持资本批评，坚持意识形态症候分析，这也是批评的传统，马克思在19世纪用了40年探究资本的秘密，法兰克福学派在战后经验的文化工业，工具化、齐一化、对象化的现代性，也正是我们今天所面对的。在这个意义上，我认为不能简单地说，西方理论不能够用来探索我们的现实问题，其实不然。因为资本的强权，在中国在这样一个一元独尊的“整一现代性”还没有终结的历史时期，显得尤其邪乎、厚黑、霸道，这同样是一个“超真实”的语境。顺带声明，我不喜欢知识左派，也不欣赏当今的右派——尽管某位“雅艺术”批评家已经为我戴上了那样一顶帽子。

黄专 （郭赟摄影）

黄 专：

一个方面是关于艺术的历史，上午管郁达说尤伦斯办了个“僵尸”展览，恰好我在去年也办了个类似的僵尸展，叫“创造历史”。为什么要做僵尸？我想可能就是情结，可能是年纪大了。上世纪80年代社会与我们的理想间有一个冲突，就是意识形态的冲突，那个是支配我们生活的非常重要元素，那个时代我们有个神话幻象：就是改变历史或创造历史。这种神话幻象一直延续到广州的双年展，这是那个时代支撑我们工作和生活的东西，这是在现在被大家忽略的事情。另外我最近做一件事是推动当代艺术的公共化，刚才大家都在批判资本。我觉得作为知识分子这种左派立场无疑是正确的，但我们同时要看到，资本有两面性。马克思是资本主义的掘墓人，但他也说过人类把一切权利转变成货币的权利是人类的一大进步，哈耶克也说过：钱是人类发明的最伟大的自由工具之一。所以我们对资本不应该采取一个简单对抗的态度，我对资本这么多年来有一个态度：就是用博弈代替对抗。你骂资本在某种意义上讲实际上是你惧怕资本，你得自信：自己的智慧可以让资本替你做事，这个其实是更高层次的批判形式。

殷双喜（田太权摄影）

殷双喜：

今天说资本是全球的，资本是没有国界的，所以说资本的力量也是跨国界的。无论社会主义、资本主义，不同的国家都感受到资本的力量。包括现在我们手里拿着各种各样大的画册，在二十年前或者十几年前搞策展的时候，很困难，当时高名潞说要到东北募捐，要不到钱站到街头不回来。　所以说这也是资本的力量，现在一些画家的画册像大砖头，拍到头上都可以拍一个包起来。我希望下半场的讨论，一个是继续批评现状。去年我受韩国批评家协会的邀请，参加他们的一场讨论会。我感觉他们跟我们有相似之处，他的讨论会的题目叫《策展人时代批评何为》，他说的比较具体，他们认为是策展人时代，批评家的位置和怎么办。我感觉韩国的大画廊对批评家特别尊重，在他们画廊的晚会上，他们一听是批评家眼神都是非常敬重的，他们没有急功近利的说你立刻帮我做一个展览，推一个画家，没有那么急迫。

鲁虹：

借这个机会给大家做个汇报，我的发言和大会提出的第三个问题有关。 与在座的不一样，我并不是学理论出身的，我在大学是学中国画的，也参加过一些展览，这使我对水墨有很深的情结。从“’85”思潮过来以后，我一直很关注水墨，并积累了一些史料，于是我便写了一本书，叫做《现代水墨20年》，由湖南美术出版社出版。在我看来，中国画在中国已有一千多年的发展历史了，它不仅是中国身份的象征，也是很重要的文化资源。因此在中国当代艺术的大格局里面，它应该占有一定的位置，如果有缺失就是中国当代艺术的悲剧。

鲁虹（田太权摄影）

近年来，我围绕现代水墨已经做了一系列的展览，比如，1999年与王璜生在广州做了“进入都市”展，2006年在成都做了“都市体验”展，2005年在深圳做了“水墨都市”展，2001年与孙振华在深圳做了“重新洗牌”展。我追求的目标有两个：一个是促使传统水墨向现代转型，另一个是希望让当代艺术和传统文脉连接起来。感谢陈孝信先生多次写文给予鼓励。 今年我一共策划了四个展览，除了一个当代油画展是深圳美术馆的工作任务外，其他三个展览都涉及了现代水墨。一个是为关山月美术馆做了“开放的水墨”展，这个展览其实还是对“重新洗牌”展思路的延续。然后就是为四川美院与深圳美术馆策划了“与水墨有关”展，这个展览请了一些资深当代油画家与当代水墨画家参加。以上展览都是为专业艺术机构策划的。唯一和资本合资的就是“第三届成都双年展”。这是怎么回事呢？当时冯斌给我打电话希望我参与策划，说是还请了两个国外的批评家参与，他们是沈揆一与林似竹，我就同意了。我很同意黄专刚才说的意见，即与资本合作并不是问题，问题是要坚持自己的学术追求。其实我们在座的每一个人都可以和资本合作，这个是无所谓的。过去我一直在美术馆做展览，从来没有碰到资本的问题，因为经费都是美术馆给的，这次是资方出资，有些问题没碰到过。按照资方的意思，是想做一个有关中国画的展览，但他们给做变了，不但请了现代水墨艺术家，也请了影像、装置艺术家。如果按照我们的想法来做，这个展览应该是可以的，但相对资方，我们是很弱势的一方，结果资方以经费为由，把一些很好的部分给砍掉了，只留有几个点缀。这很令人失望。包括布展方面，我们三个人都不太满意，我现在不想说这个事情了。我觉得我们以后在和资本合作方面，确实有一些问题需要先用合约的方式说清楚，不然一参与进去将不是你想象的那样。

这个事情值得我反思，刚才有人发言后，孙振华开玩笑说，资方的钱不好拿，把你的一世英名都给毁了。不过，我还是要说，在今后如果有资本找我，只要符合我的想法，我还是要合作，但是我要找到一个好的合作方式，并先与资方把合同签好，以保证学术性不受干扰。陈默在发言前，曾问我批评“成都双年展”可不可以，我说当然可以，因为批评是为了以后把事做得更好。我绝对不会拒绝任何资本，而且我还是要按照我的策展逻辑做下去。

孙振华：

我想接着鲁虹的话说，谈谈批评家的自我拷问。今天听了上述批评家的发言，我觉得批评家也是大致这两种类型。一种是把批评当做是一种工作，一种职业，这个工作跟自己的性格、志趣、情感不一定要那么明确地联系在一起。还有一种分享性，是移情的，是情感投入的，他把这件事情和个人的生活目标，人生价值观、感情、意趣联系在一起。无论是哪一种，都还没有揭示出一种很深的分裂，当代批评家自身身心分离的二元分裂。

孙振华 （郭赟摄影）

我种分裂是值得关注的客观现实。上个世纪90年代，在邓小平“南巡”讲话以后，中国真正进入了一个商业社会，或者说进入了一个世俗的社会。它告别了80年代后理想主义，那种激情澎湃的精神诉求，在90年代商业大潮出现以后，这种统一性丧失了。也就是像马克思•韦伯所说现代社会，也就是世俗社会那样，它有三个特点： 第一是祛魅，过去的审美的光环，艺术的光环，现在没有了，艺术救世的神话也没有了。第二个是价值多元，以前我们的评价标准是，一个人热爱艺术，非常敬重它的专业，把艺术当作生命，这肯定是好的。我们过去有一个统一的标准，到这个时候已经没有了。第三是工具理性，人的活动，包括艺术活动，都是有功利，是有目的的，超越功利目的之上的价值观很少了。刚才很多人在发言的时候，我跟鲁虹在底下开玩笑说，恐怕我们在座的批评家当别人给你润笔的时候，没人会拒绝。也就是说过去曾经让批评家安心工作那种价值依托现在没有了，世俗社会把我们抛入到一个赤裸裸的金钱的时代，干什么都拿钱的时代。这个时代所产生的巨大的变化，对于我们每一个艺术家来讲，就造成了我们身心的二元对立和分裂。

在这样一种分裂的情况下，我们的讨论的意义何在？我们凭什么谈资本问题、谈知识立场的问题、谈批判性问题。这个问题不解决，实际上都打了折扣了。社会变了，时代变了，我们是不是还能按原来的方式，解决什么问题？我觉得解决问题可能是以前的思路，我们现在已经没有办法解决问题了，我们还没有解决问题的时候已经被解决了；或者说你想决定什么的时候，例如当代艺术的方向，未来艺术的出路的时候，其实你已经被决定了，你能决定什么呢？

再一个是当代艺术，我们完全把当代艺术看成了一种特别神圣或者特别崇高的东西。今天当代艺术的意义是什么呢？国家现在变了，也需要当代艺术，它成了改革、创新，与时俱进的符号；企业家也很需要当代艺术。当代艺术现在是一个香饽饽。现在一般搞活动，搞售楼搞什么，都拿当代艺术，拿行为表演之类的来作秀。很多深圳老板总是问我，现在搞当代艺术谁最牛、最有冲劲、最火？能不能马上请来？就是这样的。当代艺术空心化了，它的价值被抽空了。说不好听的，就是一种文化装修，像一块块文化磁片贴在一个经济繁荣的国家大厦上。最可怕的是，现在的资本强权甚至不怕你骂，你骂它，它又火了，就达到目的了。在这个时候，你对当代艺术寄予这么大的希望，我不知道这种希望的依据在哪里？

比较起来批评家更失落。因为那些做艺术的人，可以通过拍卖，售画，过上好生活。现在我们批评家很难做到这个，他不能做到像那样。所以现在批评家跟艺术家相比，加剧了内心的分裂，感到非常焦虑。有一篇文章，谈为什么齐白石的画敌不过张晓刚？这个问题我们可以反过来看，当代艺术起了什么作用呢？因为齐白石扮演不了当代艺术的角色，齐白石是稳定继承过去的博物馆艺术，它现在很难实现进一步的增值。它无法满足一个开放中国，经济中国的文化想象。所以我觉得中国的文化、艺术问题可能有一个很长的过渡期，这种状况中国的当代艺术，特别是我们的批评家要适应。曾经有人问德里达，为什么要搞什么解构，光破坏不建设？还要搞多久？德里达说，至少三百年，因为西方的形而上学的传统太强大了。今天中国的问题也是这样，可能要相当长的一段时间，在这种情况下，你想决定什么，你想把什么问题解决，谈何容易！

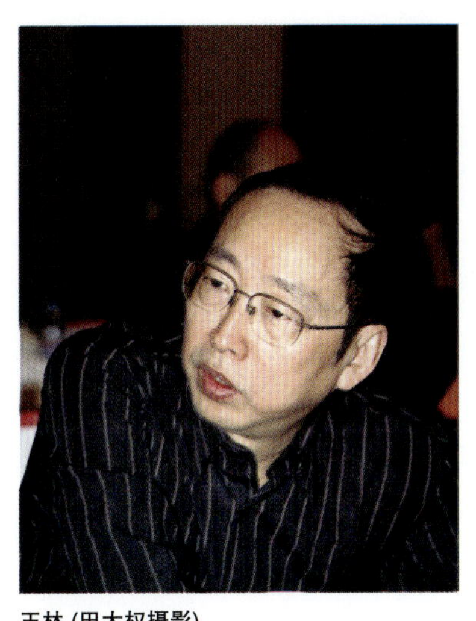
王林 (田太权摄影)

王林：

我想补充一个例子，当年马克思写《资本论》的时候，他并不是一个工人阶级，起码是中产阶级。恩格斯在从事马克思主义研究的时候，他更是资产阶级。如果以此为理由认为马克思和恩格斯所做的研究都没有意义的话，我想是很荒唐的。

一个人可能是拿了稿酬，但是问题是他写出来的文字是什么。我觉得思想跟生活之间，并不是一个前提和结论的关系。比如说你孙振华开着好车或者住着好房子，而你的思想在今天的批评界得到某种认可就好。我们坐在这里讨论意义和价值，每个批评家的经济和生活条件可能都不一样，但是能不能进入讨论则是另一个问题。研讨，是因为我们还认可思想的价值。如果我们不认可思想的价值，批评家年会到今年就可以结束了。如果它只是清谈、只是雅集，我明年坚决不参加，因为没有雅集，我们没有王羲之的时代、语境和那些环境、道具与兴致，我们是为了思想走到这里的。没有这个期待，这样的学术性，宋庄艺术促进会大可不必出这个钱。

吴鸿：

我很反感上午用强制的方式来讨论关于艺术意义的问题。现在我们需要关心的是艺术“价值观”意义上的“意义”，而我们上午谈的还是“本质论”意义上的“意义”。实际上，按照西方在近现代意义上的知识发展逻辑来说，关于世界本体意义的讨论已经被搁置起来了。而我觉得在上个世纪90年代初的那场关于艺术意义的讨论，虽然是在语言学的名义上来进行的讨论，但是实质上还是一个关于艺术本体意义的讨论。这种强制性的把十几年前的问题翻出来集体讨论的方式，我觉得值得商榷。所以，我更赞成下午双喜老师说的“雅集”的意义。我们更应该根据各自的角度来讨论一些艺术在当前所遇到的问题。当然在目前这种艺术日益被商业化的状况下，我们来讨论艺术“价值观”的意义上的“意义”是非常有必要的，但是我觉得没有必要用上个世纪90年代初的那场关于艺术本体论意义上的“意义”的讨论来作为引子，因为这两种“意义”是无法把问题统一起来的。而且，我发现很多批评家在发言的时候就某个艺术家的创作感受式的逻辑游戏，反复的纠缠，我觉得更加没有意义了！

吴鸿 (田太权摄影)

这种现象实际上还反映出一个问题，就是我们的艺术批评和艺术创作之间、批评和批评的对象之间到底有多大的关系呢？这实际上表现了我们的一些批评家在批评实践中的那种贵族化、概念化的态度，这种“批评”实际上并不能对我们的艺术实践起到多少的实际意义，这也是批评在现今日益被边缘化的一种原因。刚才刘骁纯老师谈到艺术实践的多样化必然会带来艺术批评的多样化，这个观点我很赞成。实际上，在网络化的今天，批评已经越来越平民化了，而我们现在还在这里用贵族化的方式大谈一些没有实际意义的问题，难怪一些艺术家对于我们的批评越来越失望了。由此，我也想向大会提一个建议，能不能有一个基金的方式来保证年会的正常延续，而不一定非得要有一个出钱的“东家”？否则我们在目前的状况下，很多问题无法深入地讨论。

今天下午大会规定的主题，就是批评与策展的关系。我觉得批评家来做策展人策划一些展览本不应该是一个问题，而现在为什么会成了一个“问题”呢？原因就是现在的展览策划人已经泛化了。我认为作为一个艺术展览的策划人至少应该要具备三个素质：第一，是理论的归纳能力，这就要求我们的策划人要具备批评家的对于艺术现象进行理论归纳的素质。第二，是现场空间的想象能力，这是要求策划人要具备艺术家的艺术想象能力，以及对于空间的感悟和把控的能力。第三，是行政执行能力，策展人要将一个想法变成现实，就必须要涉及到一些具体的行政和财务上的事务，而这些也是一个保证一个展览得以实现的基础。而现在的情况是资本和权力的合谋，造成了很多展览的方式往假大空的方面去发展。现在有一种情况，就是谁能找到钱谁就可以当策划人，而展览到底要表达出什么样的意图，没有人去关心，这种策划人实际上已经沦为了展览的“召集人”。还有一种情况是，有人召集了一个展览，而可能连一篇表达这个展览意图的文章都写不出来，于是就要找一个所谓的“学术主持人”来帮他写文章。我自己也干过这样的事情，在座的很多人也担当过这样的角色。在展览机制里，我们发明出的“学术主持人”这一角色到底在发挥着什么样的作用，我觉得也需要进行一些讨论。

彭德：

刚才王林反对把明年的会议变成“清谈”和“雅集”。实际上在南北朝时期，雅集和清谈把整个儒家一统天下的局面扭转了过来。雅集不等于贵族化，比如“竹林七贤”不是在宾馆聚会，而是在林子里铺一张席子清谈；刘伶的友人到他家去聚会，他把衣服和裤子都脱了。总之雅集不等于奢侈地做秀。明年如果有清谈和雅集，你(王林)不能拒绝，应该把反对意见收回。

杨小彦 (田太权摄影)

杨小彦：

我对今天上午孙振华的发言印象比较深刻，也部分认同朱青生的发言。我个人觉得，刚才孙振华所说的，对我们的批评比较失望，这说法我有同感。有很多讨论，包括对艺术本身的讨论，在我看来，如果对语言哲学有一点了解的话，就可以得出一些基本的结论。很多这一类的抽象讨论，从语言哲学的层面上就很难得到统一的结论。此外，我提一下艺术资本的问题。我说过，我对艺术本体不太关心，一个原因是，在我看来，很多所谓的艺术问题，可能都是些社会问题。我这几年一直在看一些与艺术不太有关系的理论书籍。我觉得我们在座的是不是可以讨论一下艺术资本。我觉得，在某种意义上，今天的艺术家是重要的获益群体。在世界范围内，大概连西方艺术界也想不到，中国今天的艺术市场会如此火爆。这几年中国对艺术品的炒作，是不是太厉害了？至少我是这样认为的，当中的人为炒作，的确是非常厉害。为什么如此？因为今天的艺术已经成为资本的一个象征，利益的盘子很大，竞争和角逐也就随之增加。

张晴：

谈到批评家的问题，现在如何来认定批评家的身份呢？比如殷双喜是老师？是编辑？是策展人？还是批评家呢？今天上午讨论的一个题目是：批评与策展人的关系？其实，从今天我们大家围坐在一起开会的情形而言，批评家是指二十多年以来，曾经为报纸、杂志写过评论的作者。策展人是指在近十多年间出现的一个新行当，在座的各位，百分之九十以上都策划过展览。大家都有职业转换的经历，这是中国的需要，是时代的需要。所以说，为什么要让顾丞峰来作我们年会的一个开场白呢？让他作为一名《江苏画刊》的编辑，以发生在1994年至1995年那场对“艺术意义”的讨论来作一个历史性的回溯，这如同让我们一起回放了一段批评年代的纪录片，让大家一起重温昔日的批评状态。

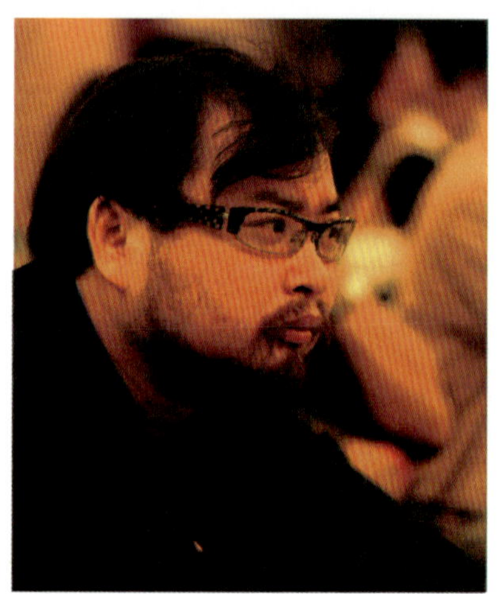

张晴 （田太权摄影）

今天，当我们三代人或四代人同坐在一起讨论的时候，面对的是一个巨大的社会转型、经济转型、文化转型的时代，使得我们曾经是批评家的人，目前的身份和职业各不相同。即便是这样，今天能四世同堂，我想，我们内心的殿堂——批评是不变的，是一致的，尽管在这十多年间，各自所做的工作是各种各样，做编辑也好，做美术馆也好，做策展也好，大家还是带着当年批评家的那种立场、思路和气质来对待各自的工作和问题，我觉得这是比较重要的。

冀少峰：

我谈一点感想，对于批评家年度文集是由河北美术出版社编辑出版，在编辑过程当中我这次来参加这个会感想比较多，提一个建议。如此豪华的阵容，在今年这么多老中青甚至第四代人都出现，在任何一场活动都是罕见的。在这次批评家活动中，我觉得把大家最新的研究成果贡献出来，在这个上面交流更有意义，而不是个案展览发一些牢骚。哪怕在一些最新流行的关健词上面，能贡献出来，它都会学术的建设、对未来的艺术基础都有一些启迪意义。

第二个问题是河北美术出版社，它在致力于中国当代美术的出版，在出版的过程当中也遇到了问题。比如说谁能进入历史，我们今天上午谈了很多是进入历史的现象或者是人。尤其是书写历史，书写历史的资格由谁来定，由谁来出版历史。

还有一个问题是青年艺术家，青年批评家的声音显得太微弱。我们今天更多的听到一些老先生在回忆。比如说谈到上世纪90年代讨论的时候，很多青年批评家都不知道这些事，如果不是《江苏画刊》，他们肯定不知道这些事情。我想这么好的年会，大家能坐在一起真正地实现年会的宗旨：致力于中国艺术批评的学术建设，促进批评家之间的交流与合作，推出美术批评新人，关注和推进中国当代艺术的发展。这也是我们这次批评家年会的宗旨。

冀少峰 （田太权摄影）

卢 缓：

很感谢主办方提供这样一个机会让大家畅所欲言。今天我听了各位老师的发言，作为一个青年美术批评人士，或者刚开始希望踏入这一行的人来说，感触颇深。今天一整天的发言，主要感受是回忆多于梦想。我们听到许多人在回忆“’85”或者上世纪90年代的往事，我想这些“过去”至少对我来说没有任何记忆。或许可以这样说，我们现在再来看待“’85”思潮，与看待唐宋元明清的某一事件感觉是一样的，主要任务应该把它放在历史的纬度中进行相对客观的历史评价。但是，现在我们是开史论研究的研讨会，所以更希望大家面对“现在”。当下艺术市场的“繁荣”也好，或者艺术的转型也好，客观事实是美术批评的使命已经发生了非常大的变化。我很希望借这个机会能够听到更多人面对当下的问题探索出一些新的思考。如果我说中国没有美术批评的话，不知道这样的表达是否准确。因为时间原因我不具体阐述“美术批评”的概念，只是想说在美术批评的学科建设上我们是相当薄弱的，包括我们

卢缓 （郭赟摄影）

年轻人对这个学科的认识几乎是空白。现在很多人参与写美术批评的文章，所涉及的角度也是形形色色、千奇百怪。作为年轻人来说，我们对美术批评没有一个完整体系上的认识，所以我很希望能够建立一个美术批评的制度，有了制度和规则才能谈所谓的“自由”。

盛葳：

今天上午皮道坚老师讲到现实主义的问题，这和“80后”同样相关。现实主义风格对中国当代艺术的影响远远超出了我们的想象。为什么我们最早接受和最容易接受的现代艺术流派是超现实主义？为什么上世纪90年代初期风靡神州的波普和玩世，一直到今天所谓的“70后”、“80后”、“卡通一代”都实际上是从现实主义角度出发的？“80后”新艺术与之前的艺术在方法上有什么样的区别呢？现实主义的幽灵一直在游荡。对于艺术批评，可能我们早期是庸俗的社会学方法，后来大家都在批判。去年深圳青年批评家论坛主题叫“社会学转向”，与之前的批评方法区别在哪里？虽然我们以前也讨论过弗洛伊德等心理学方法，讨论弗莱、克莱夫.贝尔、格林伯格的形式主义方法，但都是在理论层面上，它们从来未进入过中国的批评实践。因此，所谓方法问题其实也是从庸俗的社会学直接到重提社会学，与现实主义相似，这是一个完整的方法脉络，我们称之为“转向”的事实从来未曾发生过。

盛葳 (田太权摄影)

作为上世纪40年代、50年代甚至是60年代的人，他们有着共同的历史经验和记忆，个体之间差异甚微。然后对于70年代和80年代出生的人则可能不再有效，他们同代人之间的差异，甚至远远大于他们与父辈之间的差异。现在最新的中国首富是一个26岁的姑娘，她从父亲那里继承了遗产，她是“80后”，一个民工子女可能也是“80后”，他们之间该有多大差异？正是因为大家看到了和自己子女之间的差异，所以认同了自己与“70后”和“80后”之间的差距，但并不清楚自己子女同代人之间的差异。所以这就变成了很有意思的事，上一辈人会认同这个概念，同辈人会驳斥这个概念。如果“80后”真正都是打游戏、狂欢式生活的一代，试想，我们未来的艺术批评会变成什么样呢？同样，我们回来看看艺术也一样，如果从时间上看，“80后”是最新的当代艺术，然而，这样的当代艺术它的意义在哪里呢？

段君 (郭赟摄影)

段君：

我作为后生跟各位前辈前面发言很惶恐，因为包括贾方舟老师等等各位老师都提到了所谓第四代批评家。但是我认为，所谓第四代还没有强大到成为独立一代批评家的时候。在艺术创作领域，非常强调对于艺术语言和日常语言的划分。这个区分的目的，就在于强调艺术语言对于日常环境的干预性。所以我们可以观察到在上世纪90年代中后期的时候出现了大量的展览，所谓替代性的空间，甚至包括工厂，还有一些非美术馆这样一些展览的空间。

策展人是提出问题，然后邀请艺术家回答或者回应他所提出的问题。然后建造一个框架，能够让艺术家能够更好、更充分地回答问题，批评家对艺术家回答问题提出评估和评判。没有一个固定的视点来观察中国当代艺术，我在这个时段比较注重中国当代艺术的两点：1、关注中国古典艺术史和当代艺术的链接，因为很多艺术家找不到自己的碑文，这个问题比较严重。很多艺术家应该研究本土，他在这个城市，包括这个城市的辐射区域本土的历史、社会、文化因素，把它转化为具有当代性地域文化的特征。2、关注由技术带来新的视觉景观，比如说录像监控器，还有对我们这代人影响非常大的网络图象、动漫等等。因为我认为新技术能够带来跟以往特别是21世纪以前所不同的全新的景观。而且，在这里面探讨技术带来的意识形态是可能的。

艺术节访谈

中国当代艺术的“江湖”与“湿地”

——管郁达与杨卫的谈话

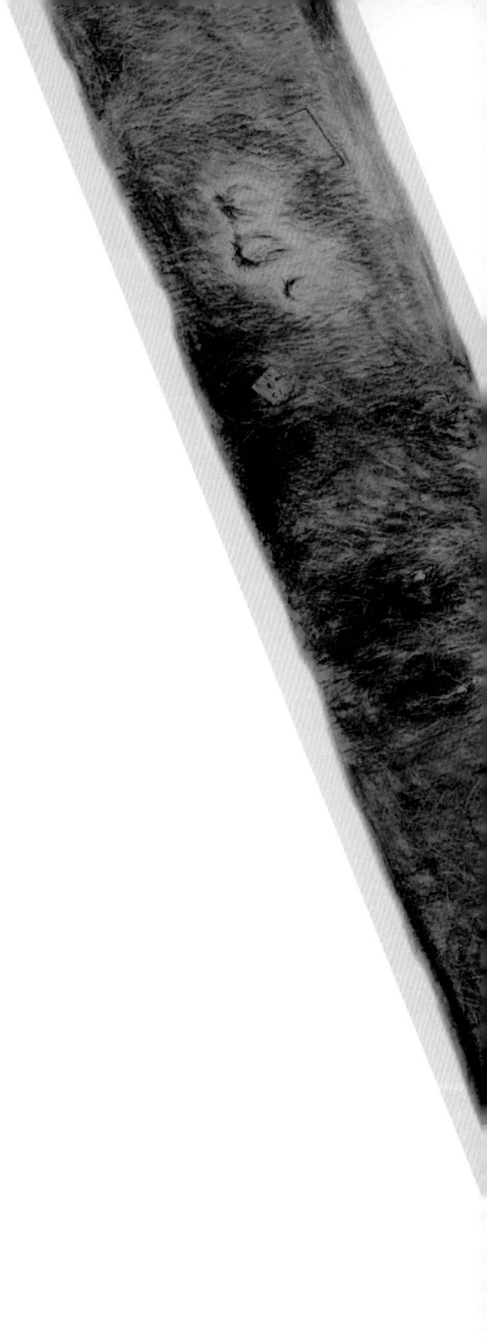

管郁达（以下简称管）：真是太巧了。这次一来北京就住在运河边上，通州曾经是明清时候漕运的一大码头。京杭大运河是中国当时最重要的经济命脉。南方的粮食、丝绸、盐等重要物资都是通过漕运过来的。通州是当时中央政府与各地往来的一个大码头，也就是现在讲的物流基地。那时候进北京坐船比较方便，各路人马先来通州这个地方拜码头，疏通关系。高阳的《胡雪岩》上写通州漕运的码头是进京的一大门坎，各种人流、物流云集，很热闹。各个码头之间相互帮衬、协作，构成一个严密、完整的江湖系统。

杨卫（以下简称杨）：我们也正在准备实现这一理想（笑）。这不是很霸气的一种概念，而是说到全国各地都可以有朋友，把那种民间江湖义气的传统恢复起来，江湖是很深的一种传统，这个比较有意思。这个计划不仅仅是文本的，更是一种心灵深处的文化交流。

管：所以，我们这次在宋庄艺术节上要推动一个西南艺术家与北京艺术家的“艺术链接”交流计划，通过很多结点把当代艺术的民间性、草根性和艺术生态恢复起来。在草根性江湖中这种生态是存在的，不单是艺术的，也包括政治的、文化的。原来天然的湖泊水系是相通的，人员、物资顺着水系天然地流动，但是后来因为急剧的城市化变迁，很多水系被挖断了，很多湿地被侵占了。生态系统变成一种畸形的、单向的形式。所以我理解的“艺术链接”就是想通过“链接”以多元互动的方式把当代艺术的“湿地”和生态系统恢复起来。

杨：对，重新链接起来，让心灵内在的交流更多一些。现在艺术的圈子化现象已经很明显，我可能是因为出生背景，“盲流”出身的原因，很反感90年代以来中国当代艺术的各自为政的圈子化倾向，希望艺术走向一种逍遥的境界。

管：逍遥与自由有关，但还不是自由。自由还是一个西方政治学的概念，自由是有限定的，是在制度化的层面下谈个人与个人、个人与社会的契约关系，契约是相互之间交流的基础。而逍遥不一样，它根本就是无始无终、心游大荒的混沌状态，就是我们常说的“不靠谱”，不靠谱的人才能逍遥嘛。

杨：最典型的不靠谱就是《世说新语》里的那些魏晋名士，全都不靠谱（笑）。但他们相互之间有一种文化的吸引。为了一壶酒，冒着大雪去访友的情景，无功利化达到了一种极端，人生逍遥的境界也达到一种极端。这样的传统是否能够通过当代艺术的方式相应地呈现出来？

管：无论自由还是逍遥，都是一种心灵的需要，一种对超越的想往，也是生命的一种本真状态。今天中国当代艺术这个圈子越来越体制化、功利化，越来越不好玩。85以来的老革命，他们的艺术“造反”在某种意义上还有一个反抗的目标，所以充满理想和激情，但现在他们中大多数人不但功成名就，而且名利双收，在今天整个社会中当代艺术变成了一个巨大的名利场。前两天我在北京国贸中心看画廊博览会时，感觉现在卖场的繁荣已经构成了一种强大的艺术商业制度。我同意你的说法，当代艺术要在铁壁一样的体制下完全呈现一种草根文化的民间江湖生态实际是不太可能，但是我们至少可以试图在心中保留一个中间地带，就像在北京除了有美术馆之外，还有798、草场地、酒厂、宋庄，还有环铁艺术区等等，这样的多元格局至少可以让我们多一些选择。这些不同的艺术社区聚集了不同的艺术家，客观上造就了一个文化的多元景观和艺术生态。据说宋庄现在就有一千五百多位艺术家，宋庄出现的这种新的文化力量很多是我们以前没有见到过的。昨天到老栗那里去，他让一位年轻的艺术家也带我看了一些东西。感觉很丰富。宋庄与798艺术区不同的是艺术家流动性比较大，这里很多艺术家以一种比较低廉的生活代价获得一个在北京喘息的机会。所以这里的气氛比较亲切、放松，没有大都市通常给人的那种压抑感。我一来宋庄，就看到很多艺术家都在盖房子，他们是把生活放在第一位的，艺术是生活中的一部分。这让我想到云南，云南那个地方本身也是一个很艺术化的地方，你可能长期在那可能感觉不到这点，但是一走出来就会发现，其实云南是很艺术化、很生活化的一个地方，有一种逍遥自在的感觉。在宋庄我也有这种感觉。所以说宋庄和云南，甚至包括西南的艺术生态和艺术家的生活状态，有很多相近的地方。我们通过这艺术交流计划把几个结点链接起来，这是一种很好的做法。通过这种链接可以呈现中国当代艺术草根江湖生态的文化背景，这是一种自主发展、自我生长的当代艺术，而不是那种拷贝过来的体制化的当代艺术。这样的话，我们对体制性化的当代艺术建构就能提出另外一种批判性的观点和质疑。

杨：艺术的多元化不应该只是一个体制，应该有不同的体制。我们可以在一个价值系统内，承认理解现代性，但是会分化出来会有很多不同的态度。比如福柯对现代性的理解就与别的思想家不一样。他认为垃圾堆、“三不管”的地带、城乡结合部是产生当代文化最好的场所，但有的人可能是另一种看法。比如可能有的人觉得北京建国门外的SOHO现代城是最好的做当代艺术的地方。艺术应该和地气有关，从土壤中扎根成长，这样就不容易动摇。艺术家在宋庄买地盖房是个很好的一种线索，他们把自己交待给这里，与当地产生了一种感情的联系，这和西南的艺术家的状态是一样，他们的艺术创作与他们生活的土地、环境有一种血肉般的感情。宋庄西南艺术家交流计划是一个双向互动的艺术交流，它破除了简单的视觉呈现方式，从心灵和生活方式的角度把传统恢复起来。

管：为什么西南当代艺术会人才辈出，而且比较注重历史文脉和艺术文化生态的呈现呢？ 抛开文化层面、单从生活方式看，首先西南地区可以说是中国最后的一个生态屏障。人和自然的接触维持着一种天然的联系。比如在贵州可以说是开门见山，在云南游山玩水是最开心的事情，四川也是这样。这种人和自然的关系始终是维系人性原初的混沌或逍遥状态的基本前提。在一个全是高楼林立的地方，人性无法本真，心灵不可能自在逍遥，或者说逍遥起来的成本是相当之高。所以逍遥应成为人和自然相处的一种日常化生活方式。我认为九十年代以来中国当代艺术的转型必须是在一个日常化的背景下来进行的，我们不能把一些非常经验或一些特例作为艺术创作的目标，就像有些艺术家一开始做的很凶狠，很有爆发力，但是爆发以后就没有了后劲。九十年代以后当代艺术又重新回到生活与艺术的关系检讨上来，日常生活在某种意义上来说不但是维系艺术生态可持续发展的根基，而且是重要的前提，所以我们这次交流活动应该更注重交流、链接的过程。既然是链接就有时间关系在里面，链接的过程是两地的艺术家分别在不同的城市环境和空间进行互换性的交流，我们希望艺术家分别在不熟悉的环境进行工作，根据他自己的生活经验和所处的环境来调整工作

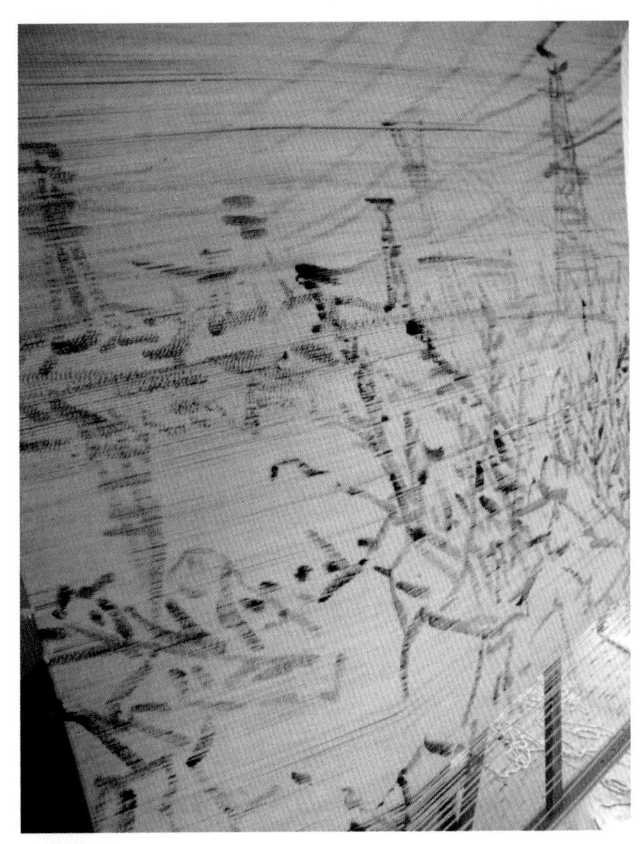

和丽斌作品

方式或实验方法，然后把作品呈现出来。这样一个过程可以避免对批评家和策展人的过分迷信，消除思想、观念、话语、权力的霸权，因为以往的很多展览就是策展人做一个展览命题，然后把艺术家请来答题，然后做一个展览就结束了。这是一种通常的展览模式。我们的实验就是想让艺术回到中国自古以来就有的，包括文人画、民间艺人等那种草根的文化传统，通过漫无边际、无始无终的“艺术链接”，使那些不靠谱的东西自然而然的聚到一起，恢复中国当代艺术野生的江湖与湿地。

洪启（音乐人）：你说的这点对我有个启发。我现在正在做新民歌、新民谣。我生活在新疆，民间音乐环境比较好，那是一种很纯粹的民间状态，劳作之后聚在一起喝酒、唱歌、跳舞。现在艺术家从城市重新回到民间，想找回那种纯粹的艺术的草根状态。但是民间这种纯粹和城市中的这种纯粹虽然有一定关联但还是不完全一样，像刀郎，他是四川人，到新疆实现了自己的音乐的理想，这里面有很多复杂的因素，但最重要的一点是他受到了当地民间艺术气息的感染并将其与自己的创作进行了一定程度的结合。我想问的是，一群音乐人聚在一起，在自己居住的城市唱民歌，这种状态与你讲的艺术的日常性有没有关系？

管：你讲到这个例子使我想到了另外一个在音乐史上与之比较相近的事情，去年我看了美国导演文德斯拍的《蓝调百年之旅》，它呈现的是音乐的民间草根方式如何进入到另外一个空间的变异和发展。最早的蓝调音乐也就是布鲁斯，是美国南方的黑人发展起来的一种行吟的音乐形式，这种音乐形式与他们的生活方式有关。美国南方的黑人原是从非洲贩卖到美国的奴隶，背景离乡，没有家园感，只有通过农闲时创作音乐来抒发排解内心的苦闷。但这个是有限制的，就是说他们只有在农闲时候才能歌唱。后来随着二十世纪三十年代美国经济的大萧条，大量的棉农等乡村人流入到像芝加哥这样的大城市，他们会随身带着吉他，还有乐器。音乐是一种最身体的表达，跟身体的关系最接近，身体的交流也很微妙。这些歌手到了酒吧，他们之间没有多余的话语，只要眼神一对就知道对方的心理状态与身体状态，就可以用随身携带的乐器进行情感和心灵的交流。我一直在想，为什么在一个高度城市化的过程中，只有音乐能够积聚这么大的力量？比如伍德斯托克音乐节和北京的迷笛音乐节，这些人不管聚在一起目的是什么，但是只要能聚在一起就会产生一种亲和力量，而这种亲和的力量来源于身体、来源于心灵，更重要的是它来源于音乐这种最本能的身体媒介。当时在美国的纽约、芝加哥等有一批知识分子，他们对民间音乐的参与和关注使草根文化逐步转向成为一种商业模式。这是很重要的，这样就使民间音乐艺人能够在不丢弃音乐、提高技艺的同时，可以在城市里扎根生活，进而聚集一批人又一批的人，形成一种传统。相对来说，宋庄这里也有类似的艺术生态和背景，如何使它生根、长大，慢慢的形成一种文脉和传统，然后向外拓展、传播，与别的地方性文化资源对接，正是我们这次艺术链接计划要考虑的一个重点。

杨：对文脉的链接一个是横向的，一个是纵向的。朱熹早就说过“为有源头活水来”，所以每个地方艺术传统的形成，不是无根之木，无本之源。可能我们中国的现代性是断裂的，看起来和传统没有多大关系，但实际上还有藕断丝连。我们这一代人就需要做这样一个的衔接工作，传统还是很有魅力的。

刘丽芬作品展览现场观众的参与

云南艺术家和丽斌在宋庄做作品

春秋战国、魏晋时期的那些人都很有个性魅力，这是因为在当时民间文化的生态是多元的，有很大的灰色的空间。

洪启：我是维族人，但是受汉文化的熏陶，我希望现在写的歌别人能够听清楚，唱腔还是汉语的按字形腔、字正腔圆。但有些我的“fans”说我一定要实验，认为我可以借鉴纯粹的地方方言，比如宁夏的方言、广州的方言等，实际上他们也是想对原有的文化传统进行一种颠覆。我举个例子，就是李叔同的《送别》，《送别》原曲是美国民歌，李叔同很好地把它移植到中国来。但回到歌唱的本质来说，所谓的某种意义上的实验是没法歌唱的，因为没有相应的乐器和舞台，比如说崔健，好多歌曲失去吉他、乐队他就没有办法上台演唱，只能是做一个表述，但是李叔同的就可以直接坐在这里清唱，这其中的关系也是藕断丝连的。

杨：嗯，就是一种藕断丝连的关系，这就看你怎么把文脉继承起来？

管：我们这个活动启动起来，不仅仅是宋庄众多的展览中增加一个展览计划，也不是几个哥们义气用事的聚会。我们达成的一个共识是艺术的计划可以保持活力和自我生长性，也不是一定达成什么目标，但我们在一直往前走的这个过程中可能会呈现出连我们自己都意想不到的东西，这样看来我们的这种链接工作也会是有意义的。

杨：其实，我们就是想给庄稼“施肥”，施肥我们来做，至于施肥后庄稼成长成什么样，这不是我们能把握的，我们只是想提供一个有利于庄稼生长的环境。比方西南艺术家来北京，我们尽量提供好的生长环境，至于以后呈现出怎样的一个发展状态就不知道了。我们两个想法是一样的，今天看了你写的主题“移动的风景”，我也想了一个——“情景链接”。

管：“情景链接”这个意思可能更宽泛一些。

杨：王国维有一句话，一切景语，皆情语也，景是由情而生的。

管：这也是中国古典美学的一个概念。这个展览我们分为两个现场，一个现场在宋庄，一个现场在云南，这两个地方就做一个链接，这是互相置换的一种互动。

杨：其实也是相互之间的一个考验，看看对方的土壤是否有肥料？（笑）

管：我们再把文献文本做充分。不仅是这些谈话，我们可以再互相描述一下对方的情景。

杨：嗯，我们俩事先都有一篇阐述性的文章。

管：我希望艺术家能够全程记录自己的工作过程，通过写日记、录像、拍照等方式。对自己的工作环境、生活场景、创作过程等做记录。其实最后的展览只是冰山的一角，更重要的是冰山下面深层的东西。

杨：对，包括一路上的感想，以及通过作品所表达的情感、观念。

管：这个活动每年的都有一个关注的焦点，但这个焦点不是固定不变的，而是可以延伸和扩张的，它不是狭隘地定义艺术家的概念和艺术的方式。这个定义还完全可能会被艺术家的行为以及整个其内心深层发生的可能性改写，而我们所做的就是你所讲的施肥，提供基本的生长环境，并且做记录，随时关注艺术的发展状态。

杨：某种意义上这是一种实验。最后的成果以及其作用肯定是有的，它会长成什么就不知道了。像野草至少还可以提供审美愉悦，最低层次的还可以燃烧取暖。

管：甚至这个过程也可能会生长出以前没有的新物种。我在想我们怎么实现一个对接，恰好还是在通州的码头上的一个对接。所以一定要恢复码头的传统，重庆也是码头，昆明是个水城，原来也是有很多码头的，这几个点我们都可以链接起来。

杨：这样江河就有了流动性，若江河枯萎接不到源头之水，发展的后劲就不足了。

管：以后我们的考虑，不但是有绘画的东西，音乐、文学、诗歌都可以拿进来，毕竟都是文化嘛。高氏兄弟最近告诉我，他们在济南也建了一个空间，六月份可能有开幕展，约我们过去，希望可以和各地的艺术家有一个互动，这也是一个互动的形式。这样艺术家的活动在某种意义上讲就会获得更多的机构支持与赞助。我想把艺术实验做成一种自助性的方式，把玩做成一个艺术项目，这样很有意思。这样的链接方式可以推广，艺术家的流动性也会越来越宽泛。

杨：嗯，这样方式可以把每一个地方都变成一个码头。

管：湖北的艺术家傅中旺现在是湖北艺术馆馆长，他说武

郭鹏在宋庄作画

汉也有一个空间，武汉也是一个大码头，你们都来转转吧，好消息不断。

杨：这是肯定的，只要把这个链接做起来，肯定会好消息不断，而且大家都是性情中人，搞当代艺术的无论多么理性，本质上也都是性情中人，那么他首先对逍遥这样的一些概念是认同的。

洪启：今天最大的收获就是如何从自由走向逍遥。

管：对，逍遥比自由更中国化、日常化，也更平民化。因为自由是一个二元的限定性的概念。

杨：现在官员大都是八十年代受教育的底子，在一定程度上还是能理解艺术家的一些做法，只是有时意见不合而已。

管：中国当代艺术从八十年代以来已经成为一个消费对象，越来越趋向于一个体制化的建构。我们要做的就是回到中国文化的活水源头，自己建构自己的话语方式。

杨：所以精英化就是一种空中楼阁化。

管：是的，精英话语讲究的是宏大的叙事方式，以为找到一种理论就会把握世界、把握全局。张艺谋、陈凯歌等人的电影就是这种方式的商业呈现。艺术必须是发生在日常生活中个体性的一种语言建构，江湖之间可能是不认什么组织结构而只是一个交情。它也有一套自己的规则在里面。

杨：对，江湖更讲道义、性情和感觉。

管：我觉得把中国这种自身的江湖传统恢复起来比较好。云南也有一帮年轻的艺术家做了一些活动，就叫《江湖》，上次宋庄文化艺术节就把他们放进去了。他们的做法全是哥们义气，而且有很多老外也加入进去，比如有个谢飞（Jeff Crosby）就是超级不靠谱的一个美国人，现在和云南的艺术家打得火热，现在是云南大益普洱茶在北京的新闻发言人，但是无论做什么事都很重情义，像江湖里边的游侠。所以我们这个链接不但是中国人本身的甚至是包括全世界的。

杨：世界各地的人可能都希望找到一个灵魂的出口，可能西方所限定的自由的概念更严格一些。

管：我们要打开一个窗口，打破一种限制，从通州的码头出发，从世界各地的码头出发。

杨：码头可以确定，但是水是不可以确定的，这就是码头的外延。码头有一个道义和价值，不是盖了房子在那就可以成为码头，它有一个意义和价值在里面。

管：对，码头包括民间社会的信义、承诺、道义、乐善好施等。

杨：对，这些东西就构成了它的一个外延，江河是流动的，构成各个码头的接点，水就开始活起来，文化也由此开始像长河一样绵延。

管：“礼”是国家意识形态的一个建构，“野”就是民间江湖。中国各种制度的建构都是从民间开始的。但我所说的民间不是那种伪民间，那种专门做出一种反抗体制姿态的民间。

杨：民间也许就是自娱自乐吧，没有目标，不是一定要反对什么。

管：是的，我们把艺术真正恢复日常的形式就是游戏、寻欢作乐。但是艺术都是有规则的，是严肃、认真的游戏。

杨：这种严肃认真的游戏其实在民国早期就有的，像梁启超等人在政治上已经是做到很高的一种程度。但他们活得有声有色，活得有血性。

管：现代人只见一个知识和信息膨胀的大脑，但见不到真性情。中国艺术批评界还有一种很让人反感的鹦鹉学舌的话语，一味的拷贝西方的东西，我觉得这个过程应该消失了。

杨：所以应该从我们自己的土地里长出鲜活的新芽。

管：解释中国当代艺术，我有一个观点，中国这近二十年的社会变革可能是中国五千年文明史上一个前所未有的事件。这个事件是以前没有经历体验的。无论是儒家、法家、道家，所有这些传统的文化实际上产生了变异，中国的这种变异里面已经是糅合了中西很多东西在里面。所以如果抱有实事求是的态度我们可以跟这种新的力量共同成长，在辩证的工作方式中寻找解决问题的方法。另外，比起大脑来，身体是更重要的力量，因为身体和文化问题无关，身体是保持个体差异的一个最明确证据，思想和文化可以影响、拷贝，但身体的感受不同。中国当代艺术在这个层面上呈现出一种新锐的活力和自己的一种身体经验，这个经验以前没有过，现在没有过，但是它又具有人类情感的普遍性和共通性，因为我们都是人，可以感同身受的去理解不同的文化，这点很重要。

郭鹏、张兴旺、管郁达、刘丽芬

杨卫

杨卫：铸造当代艺术链接重镇——宋庄

文/单春玲

如果说去年宋庄艺术节“打开宋庄”还处于一种被动地位的话，今年的宋庄艺术节则显得主动得多。在“艺术链接”的大主题下，宋庄作为当代艺术的一个重镇，主动邀请国内、国际知名艺术机构和策展人参与宋庄的建设和推广，同时把宋庄本土艺术家推向国际舞台，让人对今年的宋庄艺术节有了更多期待。距宋庄艺术节开幕还有一个月，作为主题之一的“情景链接”正在启动，宋庄艺术节的各项筹备工作也正在陆续接近尾声，99艺术网作为宋庄艺术节的支持媒体将全程跟踪报道，我们的记者就今年宋庄艺术节的概况采访了总策划杨卫。以下总策划杨卫简称杨卫，99艺术网记者简称99艺术网。

主题——艺术链接

99艺术网：你策划了两届宋庄艺术节，去年是一种模式，今年又是一种模式，策划的初衷是什么？

杨卫：今年主题也很鲜明，其实就想有一个接镶，和整个的当代艺术。我们都知道，宋庄它是有一个固有的传承——即圆明园的传承，它也像是当代艺术考古学方面的一个文物一样，要激活它，就必须得打开它。那么去年的主题是打开宋庄，今年的主题是艺术链接，实际上是在打开的基础上，链接全国各地甚至是国际上的艺术，也是为了相互激活和碰撞。现在，宋庄的内部很活跃，但是留给外界的感觉，还是一个自身体系的东西，所以我的初衷，还是希望宋庄变成一个真正开放的舞台，允许全国甚至全世界的人都集聚到这个地方。只有这样，宋庄才在未来意义上，真正地立足于成为一个中国当代艺术走向的艺术重镇，这是我们想做的事，通过一件一件的事，做出这样一个品牌出来。

99艺术网：今年宋庄艺术节的主题就是艺术链接，而你策划的情景链接又是这个大链接中一个很有特色的部分。

杨卫：这是跟管郁达聊天聊出这么一个想法。相对来说我们走动得比较多，这种走动都是以看展览的方式实现的，真正对一个地域的深度的交融还是比较少。比如说，北京艺术家到云南做展览，做完展览就回来。我们希望建立一种江湖跟码头的关系，实际上这是一种飘移，是带着根在飘移，这么一个理念。跟管郁达的合作，是希望云南的艺术家，能够在宋庄至少生活一个月以上，就是生活在艺术家工作室，跟宋庄的艺术家有一个推心置腹的交往。明年，宋庄的艺术家去云南、大理、丽江，他们也是住到艺术家工作室，这样的一种互动形式。这样就不是简单的一种作品交流，更多是一种人生的交流，这是我们想做的。刚好，宋庄后面正在建设的工作室基本上已经成形，也就是说它具有招待的能力，有这样一个基础，又有了这样一个想法可以操作。今年谈的是云南的，明年将包括整个西南，一点一点做起来。希望形成一种互动，不是简单的做一个展览，是一种飘泊，带着根在飘泊。

99艺术网：带着根在飘泊。也算一种文化游牧主义吧。

杨卫：文化游牧主义是奥利瓦提出的，一个文化观点嘛。其实从这个观点出发，在当代社会可能每个人都是异乡人，包括我都有这种体会，很深。这种深刻性就是在于我每次回老家时，跟我的记忆没有关系，我的记忆停留在我的记忆当中。因为每个城市都在发展，发生翻天覆地的变化，那就是带着乡愁在流浪，“无处不故乡”这么一种体验，走到哪儿，故乡也随同我们在哪儿。

当代艺术可能更多是与自我建立的一种关系，当然这个自我，我不认为就是简单地谈个人主义、个人化，其实这个个人化是能够把乡愁、地域文化、甚至更深层次的区域文化和民族文化带出来的，这是我们要去挖掘的。因为我们往往看到的只是展览的表面，但看不到它更深层次的一种文化根性的东西。所以就是想有这样的一种模式，我们可以想象未来英国的艺术家，甚至美国的艺术家能在宋庄体会到这样的东西，他越是在这个地方体会得深刻，越想起他自身的根性文化，这是一个相互激发的过程。我总是喜欢引用苏东坡的那句诗“不识庐山真面目，只缘身在此山中。”人往往是这样的。乡愁正是因为你离开了，你才有这样一种体会。

99艺术网：这也是源于你自身的生活经验。那么宋庄的艺术家已经有一批去过云南了，他们的感受如何？

杨卫：艺术家还没有去过，只有我去过。我是去看地方，去交流。云南的艺术家先过来，这期宋庄艺术节他们先过来，明年宋庄的艺术家再去云南。实际上我们这个活动也是今年才刚刚启动。刚好我们有一个充足的理由，或者说我们有一个独特的资源在这里，就是运河文化，就是通过这种交融把文化的大河大江激活。

过去，虽然这些人都是游牧的，但是，到一个地方以后，他就相对来说固定了。比方说宋庄艺术家百分之九十九都是外边来的，但是他们对宋庄已经建立起彼此认同的这种关系。这种认同有着两方面的好处，同时也有负面的东西。好处就在于它对一个文化的认同，伴随这种认同，重新建立起自我概念；那么它负面的东西就在于它逐渐会形成保守势力。所以开放也好，保守也好，它是相辅相成的，走到一种程度必然要以另一种方式激活它。那么再过若干年，我们需要回头去认同它。

99艺术网：这种相互交流的艺术形式，会伴随着以后每年的宋庄艺术节吗？

杨卫：也可以不放在宋庄艺术节，因为今年恰好是有一个宋庄艺术节，所以也纳入到宋庄艺术节当中。以后，可以在宋庄艺术节期间进行，也可以不在宋庄艺术节期间进行，也可以单独成立一个项目，因为它本身就具有一个独立项目的运作条件。今年利用艺术节以便于宣传，再一个借这个势把它呈现出来。

99艺术网：今年的艺术节有三个方面，其中之一就是跟国际上的互动，我们做了哪些工作？

杨卫：现在主要是美国波斯顿这一块，纽约可能也有一两个。美国是委托一个华人评论家王瑞芸，《今天》杂志的主编，委托她来做，因为她已经在美国生活了将近二十年，她对那一块比较了解，她也想到大陆来，做些接触，她策划的展览至少代表波斯顿这一地区的艺术现状；俄罗斯的是个挺有名的一个策展人维拉·德来特里耶夫娜，她负责的一个计划；还有一个韩国的韩昌润，光州美术馆收藏部主任，是一个年轻的策展人，国外主要是这三个项目。还有一个独立的，是一个德国的艺术家，这个人既是策展人又是艺术家，而任戎刚好又是德国身份，他们两人单独做一个中德交流展，那么国外实际上是四大块，至少这些项目是国际化的，实际上我们还没有充分做到国际化。一个是宋庄现阶段的能力有限，另一个它有一个国际化的适应过程。这就不再是一个简单的宋庄、北京或是一个中国的含义，这也是我对艺术链接一个总的想法，链接全世界，横向的一个链接；纵向的链接呢，链接当代艺术历史，可以是我们自身的历史，中国当代艺术这二十年发展的历史，也可以是整个当代艺术更深层次的历史。所以在这期间，我们最重要的一个版块就是批评家年会纳入到我们宋庄艺术节，做理论性的梳理，把全国众多的理论家，有影响力的理论家集聚到宋庄艺术节上，目前也只有宋庄能做到这些。

艺术市场与学术梳理并进

99艺术网：宋庄艺术节除了北京的活动，对于其它城市的巡展计划制定好了吗？

杨卫：这个可能我们就不介入那么深了，这一届我们邀请的都是独立策展人，像王林、管郁达等等，他可能有意向做一个版块的挪动，整体的宋庄艺术节无法挪动，整体宋庄艺术节只能由宋庄来做，它的哪个版块，比如说“宋庄原创艺术”这个版块它在流动，宋庄艺术节在宋庄就完成了，作为一个年度的活动，它的子版块会不停地在流动。现在能确认的有两个，一个是宋庄原创艺术，一个是在新闻发布会同一天展出的一个雕塑展，而且不会局限于国内的巡展，也有可能在国际上展出，只是具体程序还没最终确认。

99艺术网：也就是说今年的宋庄艺术节独立的项目由独立的策展人在负责？

杨卫：对。上面有个策划，做一个总体的统筹，具体的事情由具体的策展人负责，因为我不承担他的学术思想。一个大的概念就是艺术链接，链接策展人，链接艺术家，链接所有的资源。我作为个人的策展理念就是跟管郁达合作的情景链接，这是我的一个学术思想，这个学术思想也是本届艺术节的一个大背景。今年的一个重要项目就是批评家年会，是对整个艺术资源的一个整合。

99艺术网：中国的当代艺术界，很少有人在做资源的整合，也很少有人在进行专门的批评、研究。

杨卫：现在的问题就在于，个人化已经是个问题了。过去需要个人化是因为当时的背景，九十年代初的社会背景，是针对当时的潮流提出的个人化。就现在来讲，个人化已经出现问题，各自为政，也就是说它的能量越来越小，构成这种文化的张力也小了。现在很多艺术家、批评家，从他的作品就能看到他的气势变得很小了，不像85时期那种气场很大的。经过历史的沿革，和很严肃的思考，我们重新提出一个高度。当然我们要提倡个人化，但个人化一定要有背景，如果单纯的提倡个人化就没有意义了。

99艺术网：也就是说，从今年开始，宋庄就有两个平台，一个是宋庄艺术节，另一个就是批评家年会。批评家年会要考虑一个学术的高度，具体是如何设置的？

杨卫：我们成立了一个组委会，组委会人选都要通过严格的考察，包括人格、学术地位等等。刘骁纯、范迪安、贾方舟、殷双喜、王林、邹跃进、和我七个人组成一个组委会。具体实施就涉及到评奖活动，在组委会的基础上还要成立一个评审委员会，评审委员必须要五十岁以上的人，因为他们相对来说没有那么功利，尽量做到公平公正。

我们每年还会出一本文献，把本年度一些优秀的批评文章集结成书。初步设想是每一年我们会更换一个主编，从组委会七个人里面来轮换，包括每一年主持会议的人选也采取轮值制，相对来说开放一点，就不会永远是一个人，也就是民主集中制。这样他会有一个核心，相对来说又有包容性。每一年主要涉及到青年艺术家，青年批评家，青年策展人三个奖项，就为鼓励新的批评家，新的策展人，新的艺术家，这是最核心的一个思路。宋庄为此成立了一个文化发展基金会，以基金会的背景来操作，设立一个常规机构，常年存在。

99艺术网：据我所知，今年宋庄一号美术馆也做了一个新锐策展人评选活动，和宋庄的批评家年会没有冲突吧。

杨卫：没有。我们考虑更多的是学术方面的，不是以市场为标准，批评家年会完全跟市场没有关系，之所以用基金会的名义，是希望在批评界能够有资深的见识，考虑这个因素，基本上把批评界的资源全部集中到一起，而不是以圈子化来局限，你是哪个圈子的，我们一概不论，基本上那些德高望重的、有建树的都会请到，除非是个人意愿拒绝参加的。至少它是中国批评家年会，它有自身的学术性和权威性。

99艺术网：作为宋庄艺术节的两大平台，批评家年会以学术为宗旨，宋庄艺术节就要考虑市场，今年的宋庄艺术节和市场有什么样的结合？

杨卫：我们有两种策略。一种策略就是我们邀请外面的策展人批评家来策划，我们尊重他的考虑，有些作品可能是借的，无法进入市场，我们充分尊重策展人的意见。有的作品可以卖的就尽量在宋庄交易。但有一点我们是可以把握的，就是我们内部的艺术家，以宋庄为主题的这些展览我们是可以把握的，这样就形成了一种互动的关系。外请的策展人就尊重他们的意见。我们自身要营造一个市场，一个氛围，也对宋庄有益，用外面的资源也是想激活宋庄，最终的目的还是希望宋庄发展得更好，更上一个台阶。

另外，我们今年还邀请了国内、国际一些知名的艺术机构、拍卖行和艺术品藏家，参与到宋庄艺术节，也就是给宋庄更大的机会，给艺术家更多机会，为宋庄艺术节的延续工作做好铺垫，考虑到宋庄艺术节后的经济，就像奥运会的举办也要考虑奥运会结束后的经济，宋庄艺术节也考虑到节后的经济，宋庄艺术节延伸的产业，既要学术又要市场，这是今年艺术节与往年最大的不同。

未来的宋庄双年展重在制度建设

99艺术网：听说除了批评家年会，宋庄艺术节逢双年的时候还要办成双年展？

杨卫：因为这是一个既定俗成的东西，我们现在提到双年展，好像就很国际化，那我们考虑干嘛不用呢！因为艺术节还是有一种本土化的特征，全国各地有很多艺术节，有的就是喝茶，有的就是卖东西，艺术节相对来说还是土一点。一说双年展、三年展，都知道是一种国际语言。这个也是范迪安提出来的，他比较关注宋庄的发展，建议我们把艺术节做大，做成双年展。因为只有在中国才可以把一个镇变成一个双年展的概念，如果宋庄双年展真能做成，那么宋庄才能成为真正意义上的艺术重镇。

我们知道双年展都是以城市命名的，现在我们可以用一个镇来完成这个任务。据我们所知，全世界集聚艺术家最多的就是宋庄，我们不谈它的质量，单从人数上，它就完全有做双年展的这个资源，现在我们需要做的就是加快场馆以及配套设施的建设。

99艺术网：实际上国内很多的双年展都办得非常不成功，很多双年展都遭到批评。宋庄双年展有没有考虑借鉴国内其它双年展的经验教训，想办出怎样的特色？

杨卫：这个我们还没有正式纳入到计划，就是说如果让我们搭这个台的话，会做开放化的，国际化，也可以是国外来参加的人很少，但必须要有，这是第一；那么第二向全世界征集策展人，他提出好的理念，觉得可以接受，觉得不错，就可以让他去实施。就是说现在还是在摸索，实际上是想建立一个双年展的制度。其实我很反感北京双年展，永远是那几个人，因为学术研究它也在进步，跟艺术创作是一样的。必须面临着学术成果的更新，今年你的学术成果是有意义的，过几年它必然又会研究出新的成果，跟艺术创作是一样的，它必然有一种新陈代谢的自我循环。那么最关键的就是制度和机制的建立，我想我们能做的事情是把机制建立起来，理念、学术思想可以先放到一边，先做牺牲者，先把舞台搭起来，然后希望请到更高明的人来唱戏，这是我们的一个初衷。现在有很多国际上非常有影响的美术馆有意向想进入宋庄，像古根海姆这些大的机构能进入，那么宋庄自然而然地就会变为双年展的概念。

艺术节评价和研究

春天里（那个）百花香

——说说“宋庄一代”

文/马越

2004年以前，文化造镇还没有开始，当代艺术市场也没有升温，当时的宋庄只有一百多号人马，经常在一起来往走动探索艺术的艺术家也就二十几个人。很多小有名气的宋庄艺术家在外面都不愿承认自己是宋庄的艺术家，他们只是说自己的工作室在这里。那时宋庄还是当代艺术的革命老区，我们除了生活穷酸做派硬气之外，还被传为不看报不上网，只是在酒桌上传递信息。无论在当代艺术界的批评家或艺术家那里，宋庄艺术家是姥姥不亲舅舅不爱。在外面，我们是宋庄的，在宋庄的少数“精英”面前，我们又是乌合之众。如果说中国美协是中国艺术的牡丹，那么圆明园就是中国艺术的百合，而宋庄只是边缘之外的边缘，是山谷里的野百合。

宋庄画家村的前身是圆明园，参加“宋庄一代”当代艺术展的很多艺术家也曾在圆明园生活过创作过，但我们那时的艺术还不成熟，只是圆明园画家队伍里的一个小兵。尹坤说过圆明园是一个学校，我们还没毕业那个学校就被取缔了。我说过圆明园是一部精彩的电影，我们只是那场电影里的群众演员。1994年，我们这些圆明园的小麻雀跟着圆明园那片林子里的大鸟陆陆续续地飞到了宋庄，安身立命，择树筑巢，孵化着自己艺术的蛋。

“宋庄一代”意旨在宋庄这片艺术沃土上成长起来的一代艺术家。这是一个以地域和时间的划分来组织策划的一个艺术家联展，参加这个展览的艺术家也不是文化造镇以前来宋庄的全体艺术家，由于展览场地和经费的限制，我们这次只选择了二十几位有代表性的宋庄艺术家。

“宋庄一代”这个概念的提出只是对一代人的关注，并不是艺术史论的断代术语，“宋庄一代”的艺术观念和表现手法千差万别，所以我们也无意搞什么所谓的“宋庄画派”。

参加此次展览的艺术家大都在宋庄文化造镇之前来到宋庄，“宋庄一代”不是艺术市场的淘金者和投机者，“宋庄一代”的很多艺术家在宋庄画家村的前身——圆明园时期就投入到当代艺术创作的探索实验当中，但圆明园时期他们的艺术语言还没有成熟，他们的名字也不在圆明园的成功画家之列，“宋庄一代”是在宋庄艺术家的真正代表，他们是“原装宋庄（杨卫语）”。“宋庄一代”是真正生活和创作在宋庄的一代人。从“我是一棵无人知道的小草（栗宪庭语）”到“参与了当代艺术建设的中坚力量（杨卫语）”；从1999年陈秋池策划的第一次宋庄艺术家联展《乡村制造》到尹氏兄弟（尹坤`尹俊）在荷兰组织的《来自宋庄》当代艺术家联展——再到班学俭策划的几乎成为宋庄年展的两届《十成十宋庄艺术家联展》——以及片山搞的《走出宋庄》当代艺术全国巡回展；长达十余年的艰苦生活和艺术探索使他们在当代艺术界和当代艺术市场都有了一席之地。他们对宋庄画家村的成长和建设都做出了不可磨灭的贡献。

重要的是艺术家，重要的是生活，生活永远高于艺术。艺术家对社会最大的贡献是他们创造了一种别样的生活方式。所以刘国强说：“钱嘛，纸吗。酒麻，水吗。爱情嘛，小便对小便吗”；所以片山于2004年出家，2005年还俗后，连生两女；所以陈秋池在他的《乡村制造》开幕式上要说：“我们只是想搞艺术，只是想让人们看到自己的作品，没有想当策展人如何如何”；所以尹坤在他的内衣内裤里装满了欧元，从荷兰回到宋庄，我们在他的画室里分钱，尝到了集体卖画的快乐；所以笔者写出了长篇小说《长在宋庄的毛》。

“醉里挑灯看剑，梦回吹角连营。八百里分麾下炙，五十弦翻塞外声，沙场秋点兵。”回望激情燃烧的岁月，“宋庄一代”不只创作了艺术，还创造了当年的“宋庄生活”。

张建华 《矿难》作品

底层人文：为中国普通百姓的生存状态存档

文/桂杰

上海艺术家金锋用2.5万元人民币买来了一位名叫王小六的老太太的所有家当——一大堆破破烂烂的生活用品，包括旧床、拖把、扫帚、缺了口的碗，铁皮暖瓶、旧衣服、户

口本复印件等等等等，王老太太的家当被金锋用一些木框制成的玻璃陈列柜陈列起来，完整地呈现在观众面前。

在北京宋庄艺术节上，金锋的作品《为老太王小六存档》在原创艺术博展中心亮相，随即引来社会各界的关注和争议。

这个叫王小六没有文化的农村妇女，20年来她先后收养了100多名身患残疾的孤儿，并通过打工、田间劳作等各种途径把这些孩子养大。1933年生人今年74岁的老人王小六家中现在还有3个已经长大的孩子，他们都不知道自己的亲生父母是谁，就像老人抚养过的100多个孩子一样，他们都是身患残疾被遗弃的

王小六的一家

孤儿，但王小六固执地把他们留在了身边。

展览当天，王小六和她现在的3个孩子也出现在展览现场，或坐或站地在玻璃罩子里面和那些物品一起陈列着，表情平静。对此，有观众表示，在被无数以浪费资源、刻意搞怪、脱衣作秀、哗众取宠等等所谓行为艺术恶心了几年之后，金锋终于让自己明白了，行为艺术也可以朴实无华，令人感动。然而也有网友觉得，尽管看了这样的展览会让自己对老人更崇敬，但他并不认同“艺术家”金锋的做法，因为装在展览柜里给人看纯粹考虑的是视觉冲击，而不顾当事人的感受。

金锋告诉记者，本来他想要做的是把老太太养育过的孩子找到50个人用这样的方式存档，但是寻找困难，为此需要消耗的巨大财力也难以承受，最后他选择了老太太本人。金锋说，从精英走向民间是他最近几年创作理念的改变，他以前的作品都是按照西方的艺术理念制作的，在与西方艺术家交流的时候，几乎没有任何障碍，但是，中国人普遍反映“看不懂”。

李占洋作品–小车祸

“棒棒”老田当场作画

现在，金锋表示要为中国普通百姓创作艺术品，尤其是要关注底层人的生存状态，并且要让中国百姓方便地理解他的作品。

除了金锋以外，此次在宋庄原创艺术博展中心亮相的还有一些其他艺术家的作品，如其中一个名为“布拖记事”的摄影展是四川的一位摄影家李杰的作品，他花了23年时间，用几十万张照片记录了大凉山一个彝族村庄的变迁，展览只是照片的一部分。李杰告诉记者，他在拍摄的时候把这个偏远村庄放到经济发展的中国这个大背景下进行观察和思考，在整个跟踪的过程中他采取了田野考察的工作方式，并向村民发放调查问卷，对于典型和家庭进行比较长的跟踪采访。有专家评价说李杰所做的工作将具有费孝通当年《江村调查》的意义。

还有一个展品的主人名叫田庆华，他原先是四川重庆的一个“棒棒”（挑夫），后来曾经给艺术院校做过人体模特儿，现在自己画画。他这次展出的作品都是他画的“棒棒”。田庆华说：“能参加这个展览我很高兴，我从来没有坐过飞机，也没有去过北京。一边当棒棒，一边画画，我觉得很满足。即使画画卖了钱，我还是要做棒棒，这才是我的本色。”

而艺术家余极的影像装置作品《洗足图志》，则是对中国都市洗足女所做的社会学意义上的一种日常经验的记录。在现场展示的所有的物品都是“洗脚屋”里真实的用品，近看就会发现破旧和肮脏。墙上的几十张照片是在这个洗脚屋里工作过的按摩师，展品的主人还为她们每人“设计”了一句对白，也许是真实的。开展的时候，还同时播放展品主人在这家洗脚屋拍摄的“捏脚”录像。

金锋、李杰、田庆华等艺术家参与的这个展览叫做“底层人文——当代艺术的21个案例”，策展人四川美院教授王林在这个展览的前言里面写下了3句话“反应生活，反省生活，但并非高于生活”。王林说：“我有充分的理由向观众和读者推荐中国艺术中关于底层的作品，这些案例表现出了当代艺术的社会价值、历史价值和文化价值，同时也表现了艺术家发自内心的道义责任和良知。”

王林在接受采访时说：“我觉得北京和国内的展览都很多，但是绝大多数展览都是艺术家圈内自己在折腾，更多的展览是针对艺术市场的，而不是针对大众的。”搞这样一个“底层人文”的展览，是王林酝酿了几年的想法，他说，首先我想用展览思考一个问题——艺术就是应该干什么，艺术应该面对问题，这些问题不光是社会的、别人的，而且是艺术家自己也身在其中的。在中国经济高速发展的时候，底层最有代表性，他们对中国社会的问题有充分而真实的反映，底层问题并不仅仅属于底层，底层是我们这些不处在底层的人造成的。

网友黑木贼留言评论说："长期以来，我们的许多所谓艺术家把自己当成了不食人间烟火的神仙，把自己悬在半空中，俯视芸芸众生，创作出来的作品总是宣称'高于生活'，太好笑了。"

"和上世纪80年代居高临下关心苦难和同情底层不一样，我这次策划的展览要求呈现底层真实，底层生活是一个真实的存在，我们需要艺术家用自己的眼光和方式把它发现和呈现。"王林说，"过去那种居高临下反映生活的创作是一种虚假的态度，而从政治目的出发反映底层是掩饰底层，因为那样的作品并没有揭示底层人存在的自身价值和意义。因此我提倡用'反应'而不是'反映'。艺术家只有自身有了反应，作品里面才有了真实的东西和更深的意蕴。"

对于此次备受争议的金锋的作品，王林评价说，金锋从总体上来说把一个有独特人生经历，同时生活得极其平常和善良的女性生活状态呈现出来了，表现了艺术家对人性由衷的敬畏和热爱。把平凡的人的普通物品当成博物馆的宝贝收藏，这是一个重建崇高的过程，这个转化本身就很有智慧。

据了解，2007年的宋庄艺术节吸引了来自国内外的几千名艺术家，大大小小的展览有几十个，"底层人文"展览更是让很多艺术家感觉兴奋。"通过'底层人文'我想告诉人们，艺术是有深度的。"王林说，北京郊区宋庄作为中国当代艺术的试验地有很大优势，它靠近北京，北京是中外艺术家关心并愿意去的地方，而北京因为有了宋庄这样一个前卫先锋的艺术试验地也具有了一定的宽容度，因为有些展览放到博物馆去是做不成的，宋庄通过试验已经走在了艺术的前沿。

王小六的一家局部

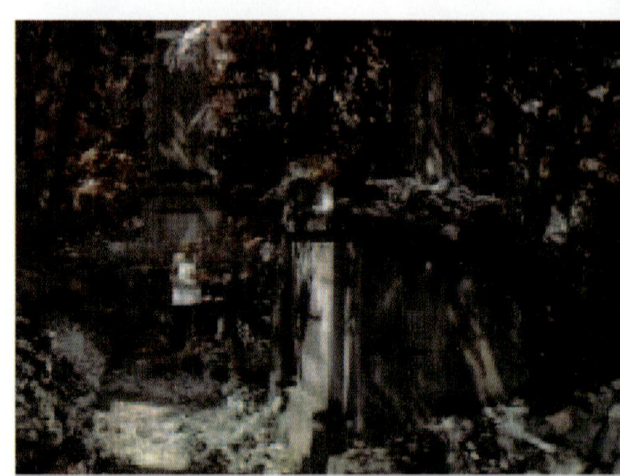

田太权作品局部

2007年展览 | Four

宋庄的重要展览和相关文献摘录

女性艺术在宋庄

展览时间：2007年3月8日

展览地点：上上美术馆

虚·实

策展人：Jareth

展览时间：2007年3月18日——4月15日

展览地点：西蒙画廊

参展艺术家：伊灵 张伦 赵德伟 贾穹

“年代”——油画展

展览时间：2007年3月24日——4月24日

展览地点：小堡文化馆

参展艺术家：笠泽 常宗贤 张湘 李书英 李伦 黄继德

主办方：宋庄艺术促进会 北京市小堡驿站文化艺术责任有限公司

“信天游”——野雪作品展

展览时间：2007年3月24日——4月24日

展览地点：朗润画廊

“魔镜魔镜告诉不”——王佑灵作品展

策展人：天青

展览时间：2007年3月8日——3月30日

展览地点：“艺群女屋”画廊

当艺术遇到足球

展览组织：陈卫群 刘海舟

展览时间：2007年3月31日——4月13日

展览地点：日博爱努画廊

参展艺术家：陈剑锋 陈卫群 崔龙虎 邝老五 李继森 李恒彪 刘海舟 刘保明 梁华民 秦齐 刑明 薛利铭 姚松涛 曾勇 赵磊 郑东升 刘宁 图布信 于伯公

主办方：仁艺术中心

承办方：日博爱努画廊

“微意象”——卫保刚小幅作品展

策展人：胡月朋 李广明

展览时间：2007年4月18日——5月18日

展览地点：上上美术馆

王飞个展

策展人：田军

展览时间：2007年4月25日——5月25日

展览地点：宋庄艺术工厂路 897画廊

“行走的云”——宋庄嫘院当代艺术展

策展人：金山

展览时间：2007年4月27日——5月17日

展览地点：凹凸空间

参展艺术家：包筱瑜 毕雨 陈美 韩金花 花哥 江洪 姜晓梅 况枢峰 郎小杞 刘大顺 刘桐 李广玉 毛珺 片山 饶松青 商长虹 孙广义 索秀 王斌华 王兴刚 赵俊涛 赵碧琴 赵映岚 张柏涛 张起田 张晓光 庄保林 卓玛

主办方：宋庄艺术促进会 嫘院艺术区 凹凸空间

大兴艺术空间春季开放展

展览时间：2007年4月27日——5月27日

展览地点：大兴艺术空间

参展艺术家：李光林 关键 魏超 何宏伟 母军 王飞 谢仁辉 吴悠 张继生 肖千

“云水之诗”——四人油画展

展览时间：2007年4月27日——5月27日

展览地点：意象画廊

参展艺术家：杨钊 陶思睿 卫保刚 谭小勋

天天向上

策展人：赵娟 李广明 胡月朋

展览时间：2007年5月1日

展览地点：尚上仁和画廊

参展艺术家：梁越 刘军 赵连强 孙健 于海波 谢一凡 尹勇 马啸 邵然

主办方：上上美术馆

“爱在宋庄”——露天音乐会活动

策划：胡月朋 李广明 冉劲松 杨希江

演出时间：2007年5月1日

演出地点：上上美术馆内广场

演出乐队：美国滨州著名“新生代”乐队　宋庄艺术家张敬乐队杨涛

主办方：上上美术馆

协办方：宋庄艺术促进会 东岸当代艺术区 东区艺术中心 宋庄ART网

潜默·权充·暧昧

展览时间：2007年5月19日

展览地点：上上美术馆

“选择与包容”——前哨艺术家新作展

展览时间：2007年5月

展览地点：前哨画廊

参展艺术家：王兴刚、王凤霞、母军、白夜、伊灵、刘大顺、华继明、吉小美、庄宝林、祁百成、吴震寰、李云、李秀芳、杨小兵、林春岩、武小会、武嘉慧、姜晓梅、胡军强、胡向东、赵光臣、赵志刚、徐晖、索探、郭金逸、康羽、鹿林、寒嘶、蔡富军、薛昌河、蓉晗、窦金军、老秘、龚顺、武海龙、苏志强

展览推荐艺术家：吴震寰

仿佛奇迹来到了我们的目光

————吴震寰艺术的力量和价值

吴震寰作品

文/八山之阳

摘要：美术界许多内行说吴震寰是当下难得保持纯粹和有品质的画家。八山之阳用自己的专业术语肯定吴震寰是一位巨大的画家。为什么这么说？慢慢道来，便知有充分的理由。

他与其他人的不一样，一是他是天生异禀的人，一是他是全面准备的人。吴震寰从小对中国古典文化就熟知，长大了中外古今，艺术、文学、哲学、理论、宗教无不有深入系统的研究和了解。这种长期的文化积累使一个人的综合素质很到位。

一个没有东方文化元素高级准备的东方人，去画油画，画出的油画也不能纯粹地油画，为什么？他不具备纯粹的西方性，他不是天生的西方性，也不是天生的油画家。吴震寰具有东方文化充分厚重的准备，掏空了油画一些因素，注入了伟大的东方性。他把东方性与油画与生俱来的西方性结合得很好。他是一个天才，不用任何准备，只要拿起笔，就能画出价值连城的作品来，但这种天生类似于神的画家是很罕见的。

在吴震寰的油画作品中，留白的成功使他的画构成了自己区别他人的一个特色。他好几幅画花朵的作品、画一个吉他的作品的画面布局很出奇，长方形站着的画面上，上半部分，甚

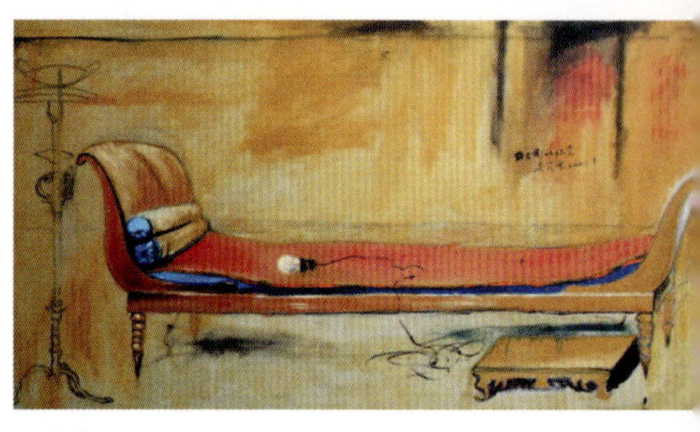
吴震寰作品

至是整个画面的三分之二都用着留白。留白在他的油画作品中成为了神的脸面，光彩夺目，散发出巨大的力量。因而他的作品因独具匠心获得很大程度的成功。

颜色是世界交给目光的皮肤，也是世界交给画家的心灵音符。几种颜色如几个音符。画家在打开一瓶瓶颜料开始画画创作时，就把音符画满画面。吴震寰在画花朵画一把吉他时更加把颜料的音乐性发挥得淋漓尽致。画画本天成，何必刻意为？只有顺自然，意境才深刻。无心胜有心，功成本天意。好画呼唤好的颜色，画的表情就配上了颜料的好音乐色彩。吴震寰关于花朵的美术作品与他写花朵的诗歌作品互相呼应，相映成趣。他画下的花朵，看得出有的的花瓣等于音乐的羽毛，等于旋律的另类翅膀，等于美女的脸，等于写给未来的信。

吴震寰那些优秀的作品总能有高屋建瓴的想法。他有一幅画，画的上方画着一个电源插孔，在画的下方画着一个灯泡，灯泡的线不能如愿以偿地接通上面的电源，灯泡的身边画着一个骷髅头。那个灯泡何尝不是现在人类的头呢。这就意味着可以实现的光明却变成最难实现的痛苦，幸福无法实现，因而人都痛苦得变成了骷髅。这是否可以说，在现代工业文明的重压下，人越来越受到约束和打击？的确如此。为什么呢？试想想：我们在古代没有谁会依赖电带来光明和幸福，那时候的我们只依赖天地的自然光明就已经足够建立我们的幸福。实际上现在人们得到的幸福都只是一种机器的幸福。好画就有好意思，有了好意思，作品就有了分量。

语境与环境

策展人：李铁军

展览时间：2007年5月26日——8月26日

展览地点：北京当代艺术馆

参展艺术家：秦风(中国) Ahmed Abdalla(埃及) Harald Klemm(德国) Hermann Albert(德国) 黄致阳(台湾) John Craig Freeman(美国) 林延(美国) Markus Lüpertz(德国) Maruyama(日本) 秦冲(中国) Rainer Fetting(德国) 张建君(美国) Barbara Edelstei(美国) 蔡锦(美国)

主办方：北京阿芒拿国际艺术有限公司　国际艺文基金会　宋庄艺术促进会

“春色”——王涛油画作品展

展览时间：2007年6月6日——6月28日

展览地点：意象画廊

走着

展览时间：2007年6月10日——7月9日

展览地点：北京艺术110画廊

参展艺术家：马柯　范久鹏　吕岩

宋庄艺术工厂区D区1号院开放展

展览时间：2007年6月15日

展览地点：宋庄艺术工厂区D区1号院

参展艺术家：骆驼　黄京哲　李凯亮　易明豪　万力　李涌

传统与当代的对话

策展人：蓝犁　高栋

展览时间：2007年6月23日——7月22日

展览地点：北京东区艺术中心

参展艺术家：文怀沙　冯今松　蓝犁

主办方：中国美术家协会中国画艺术委员会

承办方：东区艺术中心　宋庄水墨同盟

协办方：宋庄艺术促进会　宋庄美术馆　小堡驿站

“生活在宋庄”
——艺术家田野调查作品展、捐献、收藏系列活动

策展人：栗宪庭

展览时间：2007年6月23日——7月23日

参展艺术家：白新城　蔡富军　薛昌河　陈卉　陈美　陈羲　陈鱼　邓彬　杜婕　杜可　方力钧　冯峰　傅薇薇　龚顺　海波　何必　何大桥

洪帆 胡军强 花哥 华继明 贾穹 迟静华 郎小杞 李梳洋 梁国安 廖建华 林春岩 林剑锋 刘保民 刘港顺 刘君 刘桐 刘旭东 刘峥 鲁一凡 麻显刚 马嫣泠 米娅 片山 祁百成 饶松青 沈俊杰 盛东 孙芙蓉 索予彤 谈一峰 唐建英 陶思睿 天青 田贵中 王俊标 王琪 王音 卫保刚 吴德武 吴震寰 伍礼 箫昱 徐若涛 徐志伟 杨钊 叶力萌 叶丕祥 伊德尔 伊灵 赵映岚 原国镭 岳敏君 张东红 张海涛 张鉴强 张林海 张谧诠 张庭强 赵碧琴 赵德伟 赵光臣 赵金鹤 赵俊涛 郑益民 天兵 周燕 周洋明 周跃潮 朱乒 庄保林 贺洪志 夏小万 李明铸 司永萍 欧阳春 杨帆 高惠君 刘炜 王斌华 王南非 马鸣 任文志等

展览推荐艺术家：冯峰、徐志伟

冯峰作品 玉鱼

冯峰作品 揖礼谢君117X80CM 2008

冯峰作品 兰陵王

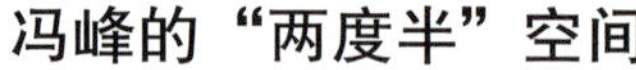

冯峰的“两度半”空间

文/罗斌（加拿大诗人，艺术评论家）

摘录：冯峰的艺术作品含带了中国历史的遗留之物，并用其独特的视觉方法表现了这一点。他最近在绘画及混合介质上的雕塑画运用是独一无二的，与此同时，赋予他作品意义的那些想法和中国文化特征在总体上直面了中国的千年历史。冯峰，混合了汉，满，蒙三族的血统。在过去近二十年的时间里他已经创造了一系列作品，并在画家与诗人之间找到了某种“平衡” 。

冯峰惯用极为强烈的艳丽色彩。艺术家深入研究了包括中国传统图文图饰的浮雕形式，书法及版画在内的三维空间的表现手法。在色彩布局和关于空间的思索上，他也作了不解的探索，使得作品整体的三维空间与古老主题的表达得以一致呈现。

冯峰有一系列具有开拓气息的绘画，其灵感来自于西夏王朝，他并且在根植于中国古典文学基础的主题上花了相当浓重的笔墨。这些主题包括秋日的悲伤，历史的概念，时间无情的流逝，还有文化动荡时期所带来的影响。毁灭，还有详述了自我本体和强烈精神意念的潜在主题在他的画中显得尤为突出。当今，藏传佛教已被视为独特的中国文化遗产，画面上大面积

工作中的冯峰

冯峰的院子

的原色尤其递延了与藏传佛教紧密相联的宗教与精神象征。

冯峰通过在其经常出现的画面上的隐晦的构图上，或是雕刻木板榻印上，建立了一套直接而严格的符号（汉字）表现方法，从而深入研究了中国汉字的起源。来源于佛教的经书，铜板蚀刻和种种其他介质的古代文稿，被十分技巧地用来叙述了对中国传统艺术的与诗歌一历史语言的主观性审视。这些古代象征常常被用来作为参照物，与目前的观念及中国当代社会的某些错误观念形成对比。艺术家对于古典诗歌的热情充溢在他的创作之中。然而，作品中抽象效果的减少使汉字以及其他的一些象征更为含蓄。画中的多个层次还有冯峰常使用的原料使得一个古老国度的历史和文化完全改观。如此一来，他的艺术作品作为一种表现形式，携带了巨大的历史遗产。他所做的努力意味着概念性与艺术性的非凡成就。

从冯峰的严谨创作中可以看出，他时常用纯金属，青，金，银色泽的颜料形成严谨的肌理，以此解析他自己的作品，（向我们）推进穿越时光的概念，并更进一步的强调了时间对文化所产生的深远影响。对照画面上强烈笔触的深度，这些机理效果俘获了人们的目光，像对生活稍纵即逝的特性所作的中式陈述。就这个意义而言，艺术家将其创作范围确定在了壮观历史的逐渐停滞和历史叙述的终结之上。

艺术家引用并强调了在中国绘画历史中宋代所具有的重要意义，即强调表现出深邃的个人灵感。对于艺术而言，个人的特殊意义回归了审美，文化以及个人特质的障碍，在冯峰专门的研究中，这三个主题的相似之处在他的作品中被加以综合，是一面显示自然进行过程的镜子。

冯峰的作品仿似一幅诗歌与文学的拼贴画，仿似一个中国文化深处视觉与历史的描述，它的根源被那些成为他作品题目的诗歌创作详加解说。此外，每一意像传到了他所信奉的“与生俱来”的，“内在”的（这些词汇），以及不为人知的传说。其结果可以被想做是艺术家沉思的果实。

冯峰的作品散发出穿越时光的微妙回声，像一出皮影戏，荒诞的模仿社会中或正确或错误的概念。

徐志伟摄影作品：持续的静物

城市的年轮与表情

文/徐志伟

何谓城市摄影？是关于城市的摄影还是摄影中的城市题材？这两种说法似乎都有不确之处。其实，城市摄影很难被当作一个专门的门类来讨论，对于每个摄影者而言，城市题材的切入点，选择是非常不同的。但我以为大致可以划分为两类：一类以反映城市变迁为主旨；另一类则侧重于表现人类在城市中的活动。我们不妨将反映城市变迁的一类称为刻下城市的年轮，将记录人类城市活动的摄影比作留下城市的表情。

作为生活在城市中的一个摄影人，我对这两类取向的城市题材都有涉及。首先我非常喜欢将人物放在环境中去表现，特别是将特定的人物放在他特有的环境中，画面中所传递出的信息非常多，而且历久弥新，时间越久远，所深沉下来的信息就越多。有时，在拍摄时很不经被摄入镜头的一些东西，时过境迁，竟放射出时代的光芒，同时也可能是特定地域、特定城市的特有表情。这种偏好使我在多年的摄影实践中积累了很多

徐志伟摄影作品：方力钧画室

这类图片。无论是我生活的和走过的城市，那里的人物所能吸引我举起相机的理由一定是有与环境恰到好处的结合点，而这些点往往是我敏感和兴奋的原因。比如我曾拍到过一张一个玩童手执一个万宝路烟盒站在北京白塔寺墙外的胡同里的镜头，正是因为周围的环境衬托使小孩和他手中的那只空烟盒显出了意义。再如，一次在一家时装店里，突然走进来一位小脚老太太，我举起来就拍，得到了一张环境与人物反差强烈的照片。像这样的片子，也许一张两张不能说明什么问题，但如果积累到一个足够多的量，就非常了不起，它将是一个时代的表情，也是一个城市的表情。

另一类城市摄影题材也是我特别钟爱的，因为这类题材的拍摄可以用很多不同的表现手法来完成，特别是许多现代艺术的表现手法都在这里有用武之地。曾有人用拼贴的方法拍北京的胡同，也有人专拍胡同中的老门，形成系列来表现旧京的变迁，更有人以观念意象，模拟或假设出城市的景象。这种直指内心的表达有时更能逼近人们感受的真实。我自己有一个系列已经拍了十多年，至今仍没有最后完成。这个系列缘起于一张城市风景。一个雨后的傍晚，我在我住所15层楼上的走廊里拍到了一张很不错的晚霞风景，这张看似偶得的风景却激发了我此后十余年的拍摄兴趣。因为是我家窗外的景致，所以我有条件经常去观察它，我发现由于城市的不断扩张发展，我所面对的地平线正悄悄地被一幢幢拔地而起的新楼所占据。从前那些突兀而零星地矗立在那儿的高楼今天有的已被新起的楼群所淹没，甚至被近处的高楼所遮掩。我一直想或者说是一直企盼着最近的地方能崛起一座高楼，将我这组以固定机位为手法拍摄的系列城市摄影作品的画面遮住一半甚至更多，那时，我的这个作品就将最终完成。这组作品的趣味点在于随着时间的推移，每一幅相同画面的照片就像一个个刻度一样，记录着北京这个时段中的变迁。

这就是城市的年轮，刻在图片上的年轮，它和那些众多的被图片记录下来的人们在此活动的场景所构成的城市表情组成了城市摄影的整体。这就是我所理解并加以实践的城市摄影。

宋庄绘画

策展人：日出

展览时间：2007年7月1日——7月14日

展览地点：日博爱努画廊

参展艺术家：成宇 崔龙虎 杜憾 丁一 龚顺 金光新 骆驼 李凯亮 米娅 沈俊杰 孙齐 田小赤 王斌华 王赛 张建民 赵俊海

“路在路上”——前哨艺术作品展

展览时间：2007年7月

展览地点：前哨画廊

参展艺术家：原国镭、尹坤、陈鱼、李云、胡向东、康羽、张东红、纪晓峰、华继明、杨小兵、吴德武、赵志刚、郎小杞、饶松青、马越、郭金逸、吉晓美、天青、王庆松、伊德尔、马嫣泠、任思鸿、刘大顺、姜晓梅、武嘉慧、索探、李秀芳、胡军强、片山、叶小萌、林春岩、鹿林、伊灵、赵光臣、杨大味、刘丽、钟天兵、工凤霞、高惠君、孙涛

展览推荐艺术家：马越

低调做人

——谈马越的艺术

文/杨卫

低调做人是一种处世之道，凡是有所成就之人，往往熟谙此道。为什么身处了高位，还要低调做人呢？因为自古仕途多诡谲，爬得越高很有可能就会跌得越重。所以要谨言慎行，为人处事符合大众的基调。这其实是一种明哲保身的智慧，也是一种泰然自若的修养。历史上提供出来的这种教训和例子可谓是举不胜举，比比皆是。像中国汉代的张良、公孙弘、冯异等等，都无不是在险象环生、别人折戟沉沙的情况下，靠着低调做人，既保全了自己，又成就了一个好的名声。

马越作品

马越的绘画也是要以底层的姿态示人。他在画面上反复塑造着自己那个卑躬屈膝、抱头鼠窜的小人物形象，并一度将

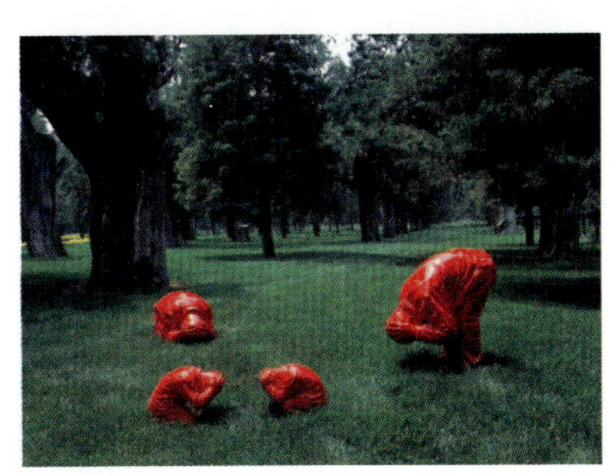
马越作品

自己的作品称之为“蜷缩主义”，可谓是在当代艺术界演绎了一个低调做人的典范。起先，我还真有些不理解，以为他这种“示弱”是对现代社会的一种退缩。后来，通过更多接触，尤其是看到他为他的“蜷缩主义”马前马后地积极活动，我这才感觉出来，原来他的这种“示弱”只是一种策略。艺术是文化观念的一种诠释，不一定要身体力行。就像前些年中国当代艺坛上流行的“玩世现实主义”，其中的多数艺术家在生活与工作上却并不玩世，而是严以律己、认认真真一样。如果说玩世是艺术家假借的一种文化策略，是他们经过艺术化加工之后的处世方式；那么马越的这种示弱也不是真的脆弱，而是以守为攻、以退为进的一种生存之道。

弱者是容易被同情的对象，正因为如此才有了“守弱”。《红楼梦》里的薛宝钗就是典型例子。相比处处任性逞才的林黛玉而言，薛宝钗的守弱的确更能赢得周围人的好感。我总觉得马越在艺术上演绎的那种低调做人方式，吸收了一些诸如薛宝钗那样的智慧。难怪他能工作得那样从容，并没有因为自己在艺术上的“示弱”，而造成心理上的猥琐。事实上，低调做人的前提恰恰是高标处世的胸怀，所谓弱，不过是韬光养晦和保全自我的一种修身哲学。马越在艺术上发挥了这样一种哲学，他刻意表现自己的那种卑微，与其说是反映了边缘小人物的生存处境，不如说是表现了一种明哲保身的哲学。正如我们在他所画的那个小人物身上既看不到生命的凄惨，也看不到意识的苦楚，相反却总能读出一些“没事偷着乐”的气息一样。人，一旦有了明哲保身的前提就会收获泰然自若的结果，也才有可能真正走出原来的自己，成就一个更大的自我。

“放大”——王小腾作品展

策展人：许迦译 阎硕

展览时间：2007年7月7日——8月7日

展览地点：境界画廊

沃土亲情

策展人：日出

展出时间：2007年7月15日——8月3日

参展艺术家：刘富春

展览地点：日博爱努画廊

中国故事

展览时间：2007年7月15日——8月15日

展览地点：苏蒙画廊

参展艺术家：刘纯海 张琳 黄白

“观点”——当代艺术展

展览时间：2007年7月16日——8月31日

展览地点：苏蒙画廊

参展艺术家：王胜强 张海鹰 张伦 张培

左右“开工”展

策展人：王皆 田流沙 肖虎

展览时间：2007年7月21日——8月20日

展览地点：左右美术馆

参展艺术家：王皆 田流沙 肖虎

欲象

策展人：长风

艺术总监：栗宪庭

展览时间：2007年7月28日——8月28日

展览地点：宋庄美术馆

参展艺术家：焦兴涛 韩旭成 黄文亚 廉学洛 刘海舟 吕顺 明可 何宏伟 齐中华 单竹兰 舒勇 屠洪涛 魏炎 邢波 薛滔 张建

俊 张利语 张小涛 赵俊涛

边缘的梦想

策展人：索探

展览时间：2007年7月28日—8月10日

参展艺术家：栗春 陈剑峰 吕上 冬宁 单竹兰 黄娣 李疏洋 赖小平 金光新 万军 陈建春 范蕴蕴 赵振岩 戈溢 刘溢 梁胜利 钟瑶 赵丽 全学俊 朱久洋 王笠泽 成力 窦金军 王思丁 庞宏伟 赵跃 密金明 张敬 索予彤 赵风 丰野秋 李刚 覃禹 刘新歌

主办方：北京东星华艺文化艺术发展中心，艺林画廊

协办方：宋庄艺术促进会

展览推荐艺术家：戈溢

戈溢个照

戈溢作品

“悲情山水”重构自然与现实

文/邱沫

摘录：戈溢的《少年游》，《山水留念》两个系列的作品以“悲情山水”和“类山水”揭示和表现人与自然，人与环境的关系问题，他从个体的角度出发，以自已独有的语言体系还原和反映心理与现实，透过归纳，整理和提纯人与自然，人与现实的作用与反作用，奴役和求解放的斗争历程，表达“独与天地精神相往来”，漫漫求索认识自身的执着，主体精练，格调悲怆，艺术家也因此达成自己个人理想与社会现实的双重目的。

在戈溢前期的《少年游》，《山水留念》系列里，他秉承天人合一的中国道统人文情怀，更多的是对人与自然关系的描述。悬空与峰巅的少年，面对、背向或置身大青山的小人，怀抱飞鸟的梦中人……人物与山水或疏离或分立或超然，凸显人在山水中的失落状态，有着种种失意、无措、间离、格格不入的梦游般的特质。此时的叙述是抒情的，或彩霞当空，物是人非；或一天浮尘，人在彼岸。而在06-08的新作中，画面中山水，环境和人物的矛盾、冲突、紧张、尴尬的关系被强调。画面张力扩充，昏暗的色调、凌乱的笔触、抑郁的氛围都强烈地

暗示潜在的危险、可能的意外－－某种“事件”将要或正在发生……此前与现实是游离的，“不在”的，而目前的画面则透过与现实距离上的接近传达出深度的关切与强烈的不安，这种不同的时空切换投射出他对现实更深入的、多层面的挖掘和剥析。从浪漫唯美的理想国度到有所作为的达人时态，作者也完成了自己艺术生涯的又一次转身，丰富而不重复。

基于对当代艺术发展的思考和判断，戈溢选择了把提出的问题用艺术上的转换和风格化的画面语言阐述出来。如以人与物之间无因果、无逻辑的关系组合，陌生场景和“突发”，“偶发”事件之间的不搭调处置形成画面的奇异感和荒诞性；既侧重多层次的色彩节奏，筛选舒适的人物动态和姿势，又以随意的绘画性笔触来破坏这种“舒适”与“顺意”；“失魂落魄”，“无处可在”的悲伤和哀愁不是在直白的叙事中展开，而是透过后工业时代的“类山水”的场景描画得以流露。透过不断地制造对立和失谐的变奏，使表象的松弛和内在的紧致产生反差，张力和能量不但得以合成，且超出象外，气韵悠长。象征和隐喻手法的应用增加了画面表现力的艺术趣味，不明确的指向和含糊的暗示留给想像更多的空间，沿袭了作者一贯的似是而非的相对价值趋向。

戈溢作品

戈溢作品

宋庄四兄弟

策展人：日出

展览时间：2007年8月3日——8月17日

展览地点：日博爱努画廊

参展艺术家：易明豪 黄京哲 万力 陈剑锋

“转变”——沈俊杰油画作品展

策展人：日出

展览时间：2007年8月4日——9月4日

展览地点：上上美术馆

主办方：尚上仁和画廊

协办方：上上美术馆 宋庄艺术促进会 宋庄ART网

“微表现”——雨夫小幅作品展

策展人：胡月朋

展览时间：2007年8月4日——9月4日

展览地点：上上美术馆

“左邻右舍”——油画作品邀请展

展览时间：2007年8月11日——9月9日

展览地点：尚东艺术车间

参展艺术家：王雪林　白文中　李一丙　李璇　祁百成　陈羲　朱乒　高栋　徐永林　程广　渔夫

“一种世界”——绘画展

策展人：魏尚河

展览时间：2007年8月18日——9月2日

展览地点：日博爱努画廊

参展艺术家：渣巴　尚河

“腐朽”——原国镭绘画展

展览时间：2007年8月18日——9月18日

展览地点：境界画廊

原点

展览时间：2007年9月1日

展览地点：韩燕画廊

不适应反应

展览时间：2007年9月1日

展览地点：小堡西街实很放思艺术空间

参展艺术家：王芳　屈伸　李恒彪　张利平　贾宗杰　杨玉芳　邢琬　李兴波　曾龙飞　柯墟　刘磊

当·声

展览时间：2007年9月1日——9月20日

展览地点：小堡文化馆

参展艺术家：李学来　田小赤　李涌　李凯亮　张建民　龚顺

“改良的艺术”——赵燕峰拉丝油画作品展

策展人：胡月朋

展览时间：2007年9月8日——9月22日

展览地点：上上美术馆

2007梨园采摘节雕塑展

展览时间：2007年9月8日——9月10日

展览地点：北京市通州区宋庄镇二十一世纪种植园

参展艺术家：窦金军　刘君　吕顺　庞永杰　王兴刚　周海陶

展览推荐艺术家：吕顺

吕顺作品

吕顺作品

幻影沉醉与生命战栗 —— 读吕顺作品有感

文/王 林

看吕顺的油画作品，不知怎么，就想起了唐代、诗人和一首写得非常奇特的诗：“花非花，雾非雾，/夜半来，天明去，/来如春梦几多时，/去似朝云无觅处。”（白居易《花非花》）——也许是因为画面的朦胧，也许是因为色彩的幽美，尽管绘画作品必须描绘，但吕顺让我们感觉的却是幻影。

吕顺笔下的场景，似乎总是处在深水之中，或者被浓得化不开的潮气所笼罩，晦暗、幽深、含混而模糊。画家善于把

吕顺

水影天光折射成满幅刻画的线条，如玻璃板破碎后留下的冰裂纹。由此，观者和画中影像终隔一层，处在异样和不无紧张的视觉反馈中。事实上，作品充满古典华丽和东方神秘。花卉、植物如浮藻般迷离而虚幻，在蓝绿背景的湿度与深度中，肉红色的花朵与动物产生出令人眼跳、也令人揪心的色彩效果。无论是斜出的枝尖，还是跃起的昆虫，对观众的视觉都有一种挑衅性。在美丽得令人沉醉的画面中，你会隐约感觉到说不出的恐惧，就象我们面对一片沼泽，优美的景物、深远的雾气，既有诱惑也有威胁。正是这样一种心灵意象，才使得吕顺的作品成为当代人精神心理的透视。这是关于精神的风景画，画家对于个人心理的变化与表达是敏感而微妙的。

也许吕顺创作伊始就面临一种危险性，因为心灵化的自我迷幻，往往容易流于审美惯性而缺少动力机制。当然，陷井也就是难度，关键是艺术家能激发怎样的艺术观念与绘画才能。吕顺除了巧妙地呈现心理矛盾以外，其突出的创作构思，就是在风景描绘中着力表现那些充满活力的动物。猕猴、山猫、野猪、蟾蜍、青蛙等等，或者是主角，守护幻想的领地；或者是群体，洋溢繁殖的能力。它们象是湿地中的精灵，熟悉的形象有着令人陌生的表情：惊惧、警惕、戒备与战栗。画家通过这样的描绘，提示出欲望作为生命本质对人的冲击，也提示出精神作为存在本质对人的意义。

当代文化以消费、时尚和大众化为主流，必然导致表层化与表徵性，而艺术家立足于这样的文化潮流中，并非只能随波逐流，相反，真正的艺术家必须逆水而行。对个体价值的渴望，离不开对精神深度的追寻。人作为自我精神的丰富与发展，决不是金钱和权力驱动的时尚所能操控的。吕顺作品以其对个体心理的深度体验，反拨这个时代的肤浅，其象征性的图象会给我们带来许多感触和启发，尽管他的画面如梦似云。

同代双人展

策展人：日出

展览时间：2007年9月8日——9月22日

展览地点：日博爱努画廊

参展艺术家：崔翁墅 孙吉祥

中国·宋庄水墨同盟交流展

学术主持：刘骁纯 栗宪庭

展览时间：2007年9月15日——10月15日

展览地点：东区艺术中心水墨同盟

主办方：宋庄东区艺术中心

承办方：宋庄艺术促进会 宋庄美术馆 小堡驿站 重庆501当代美术馆

吕楠摄影作品展

策展人：那日松

艺术总监：栗宪庭

展览时间：2007年9月15日——10月7日

展览地点：宋庄美术馆

“多媒体绘画”—— 迟树义作品展

策展人：胡月朋

展览时间：2007年9月22日——9月30日

展览地点：上上美术馆

主办方：尚上仁和画廊

承办方：宋庄艺术促进会 宋庄ART网

“SETP0LITICAL”—— 绘画展

策展人：黑洞

展览时间：2007年9月22日——10月6日

参展画家：蔡富军 郭三皮 龙大夫 祁百成 万军

展览地点：日博爱努画廊

“99个帐篷，99个梦想”——艺术北京外围展及左右艺术区工作室开放展

策展人：王皆 田流沙 廖羽

展览时间：2007年9月22日——10月21日

展览地点：宋庄左右艺术区

宋庄艺会馆开馆展暨首届宋庄艺术家秋季联展

策划人：马越　扎扎

展览时间：2007年9月25日——11月20日

展览地点：宋庄艺会馆

参展艺术家：罗威　王强　戈溢　林红　杨洮　刘君　张谧诠　单智　赵光臣　尹坤　班学俭　吕顺　张东红　关崴　尹俊　扎扎　邢波　金宇　吴德武　张建俊　张继生　庞永杰　张路桥　钟天兵　唐建英　马越　陈秋池　杨青　张惠平　吴振寰　胡月朋

主办方：宋庄艺术促进会

承办方：宋庄艺会馆

展览推荐艺术家：班学俭

摘录：一曲东风破——关于班学俭的艺术

文/杨卫

作为六十年代出生的班学俭，童年和少年都是在一个极为禁锢的社会环境中度过的。那时候的中国对外是闭关，对内则是实行高压，整个社会都在同唱一首歌，同演一出戏，甚至同穿一个样式的衣服。老百姓的生活没有消遣，没有娱乐，也没有任何私欲的表达。这样的生活条件曾经给班学俭的心灵蒙上了某种阴影，使他对社会禁锢有一种发自心底的抵触与愤懑。我甚至想他后来之所以选择艺术，可能跟他的童年与少年经历都有关系。这也正所谓“愤怒出诗人”。表面的平静掩饰不住愤怒的岩浆，而岩浆的喷发不是为了别的，只是为了寻找自由喘气的出口。事实上，早在八十年代，还是学生的班学俭就已经表现出了那种灵魂的不安。我知道他不仅在那时候就已经开始了艺术的试验，而且还积极地参与了许多社会活动。

班学俭作品

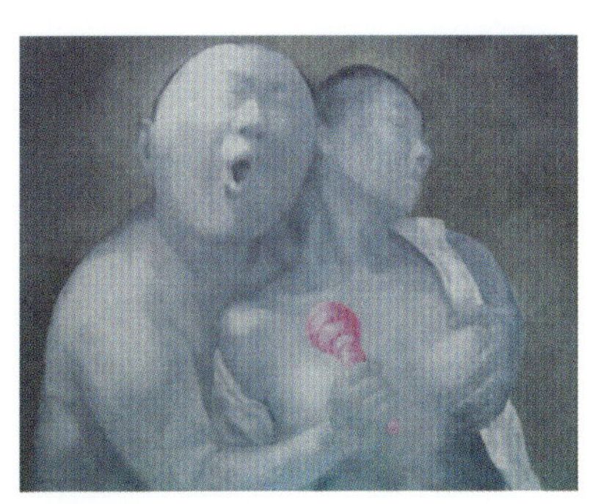

班学俭作品：卡拉OK

我看过班学俭近些年来的不少作品，从开始表现一些烟雾弥漫的工业厂房到刻意捕捉人在受到突然袭击时的紧张表情，可以说班学俭在艺术上也经历了一个从外在表现到自我内省的过程。也许正是这种内省才使他真正走到了时代的内部，发现了许多被各种表面粉饰所掩盖的生存现实，比如歌舞升平的夜

班学俭作品：2007 1号

总会内部等等。他近期的作品就是从夜总会之类的场所里延伸出来的，大致上可以分为两类：一类是架上绘画，表现的是男男女女在卡拉OK游戏中相互嬉戏的放荡与色情场面；一类是雕塑，塑造了动物世界群交的情景。但无论是他的绘画还是雕塑，其实作为主题而言都是在反映一个内容，即所谓“动物凶猛”(王朔语)，有点“群魔乱舞”的意思。

摘录二：一群快乐“狗”的幸福生活

文/吴鸿

班学俭刚到宋庄的时候，他画的是一些表现电视的媒体暴力的作品。在这些作品中，各种电视的屏幕被并列在一起，简单而平庸，与它们在数量上的堆砌所带来的“力量”构成了反讽。与此同时，他还利用废旧的电视显示屏做了一些装置。就是人们想象着老班似乎要沿着多媒体的路数顺利地走下去的时候，他又杀回头来画了一批以人物为表现对象的油画。

理论工作者都喜欢在艺术家的作品中发现一些具有逻辑性的线索，或者是艺术语言、或者是画面风格、或者是表现的对象等。那么，我们从班学俭前后的这些作品中能发现什么样的线索呢？

实际上，他上述的那些作品针对于他后来的创作，恰恰是构成了后者的一个意义上的“母题”。众所周知，在一个专

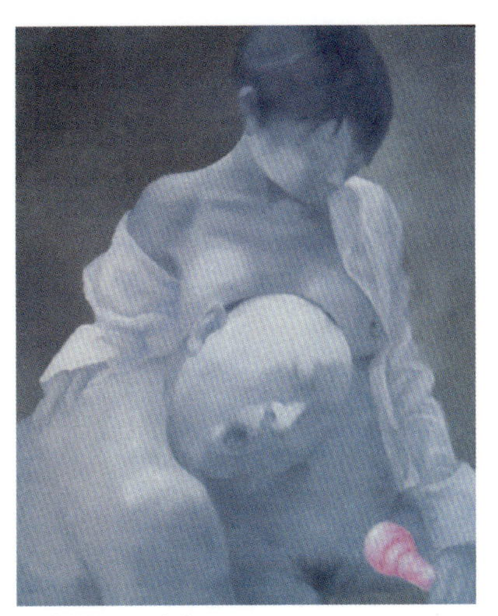
班学俭作品：卡拉OK

制的社会中，御用传媒的作用是自觉地在充当统治者的说教工具；而在一个商业社会中，商业传媒又因为要追求收视利益的最大化，自觉地去迎合大众的庸俗品位和感官需求。在中国当下的现实中，政府对传媒的垄断以及传媒的商业化运作，构成了现今中国大众传媒与受众之间的一种独特的关系现象。

从这个背景下来阅读班学俭的作品，我们就可以发现，在他的画面中，每每都贯穿着一道神秘的、又无处不在的光线。这道闪着荧光的神秘光线给我们的视觉所带来的不适感是粗暴的强制的，那么它的象征性也是不言而喻的。由此而带来了两种结果。其一是在这种强制的、突如其来的荧光的照射下，画面中的人物呈现出一种眩晕和失重的状态。在这种状态下，个体被迷失了自我，变成了一个个仅仅具备着“体积”意义的行尸走肉。其二是画面中的人物本能地采取了一种抵挡和遮蔽的姿态。但是这种抵挡是没有任何实际价值的，它只能呈现出一个“抵挡”的姿态而已。这就是在政府垄断的商业化运作式传媒背景下，一个传媒“受众”的现实处境。

在最近的作品中，他进一步摈弃了画面中的容易产生“观念性”联想的符号，而将人的欲望更直接地呈现在观众面前。物质主义者只需要感官，而不需要思考。所以，在他的画面中，极度陷入物质享受的人是表现为脑满肠肥的形象。而这种形象占据了画面全部的时候，给我们带来的反而是更加的空虚和无聊。这是陷入了唯欲主义追求中的国人的精神写照。

而在他的最近的雕塑作品中，一群相互以对方享乐的对象的狗，正在传递着一种“群交”式的群体精神模式。在这种每个人都参与其中的物欲狂欢中，那种玩世不恭的犬儒主义人生态度已经从一个个体的角度扩展到了群体的精神生活中。也正是在这里，我们看到了在老班作品表面上的嬉笑怒骂中，还是体现出了一个理想主义者背后的精神悲剧。

“近历史”——李广明、胡月朋作品联展

展览时间：2007年10月1日——11月6日

展览地点：上上美术馆

左右“发生”

策展人：艾未未、王朝

展览时间：2006年10月1日——11月15日

展览地点：宋庄左右艺术区

当声

策展人：田小赤

展览时间：2007年10月1日——11月

展览地点：韩燕画廊

嘻嘻哈哈

策展人：陶咏白

展览时间：2007年10月6日—10月20日

展览地点：日博爱努画廊

参展艺术家：王衍玉

“鸟瞰”——把绘画当生活

策展人：李战豪 陈卫国

展览时间：2007年10月10日—10月30日

展览地点：尚上仁和画廊

参展艺术家：徐爱国 刘军 马萧 柯墟 张蕾 李战豪

“曰”——雨夫近作展

策展人：陈卫国

展览时间：2007年10月10日—10月30日

展览地点：尚上仁和画廊

不是时候的时候

展览时间：2007年10月14日—11月4日

展览地点：苏蒙画廊

参展艺术家：鹿林 李卫明 上山 伊灵 张伦

展览推荐艺术家：鹿林

鹿林

鹿林作品

鹿林作品

鹿林的水墨

文/吴震寰

中国水墨到了现当代，面临了一个世界文化大融合、大冲突的困境，过去中国文人袖里乾坤、天人合一的传统创作方式和理念在当下日新月异的人心里显得如此不合拍，革命成了当代水墨创作最为迫切，也最为时髦的要求。西人郎世宁率先把西画技法融入中国工笔画，但才情所限，表多于质以至于显得如此微不足道。国人林风眠秉性深厚国学、西学和才情，别出心裁，成就了水墨另一新面，为当代水墨提供了一条可资借鉴的启示路途，继之而起的吴冠中虽是这路途上的佼佼者，但较林不但是没有取得更大成绩，较林反差了一大截，然后是一样名声显著却又比吴差了一截的黄永玉。三人之外，水墨的创新的探索和理念、要求层出不穷，各样形式、面目，水平不一，鱼龙混杂的水墨画家也一样的层出不穷。我想不管各样的探索和要求、理念如何，成功以否，总而言之，都是有益和必须的，这其中就有一个水墨画家鹿林，鹿与林秉承中画、西画深厚传统不同，他不独是无视国画传统，一样是无视西画传统的（这是相对而言，多年画家生涯和身濡目染，他必然地受到西画、国画影响），他独特的内心世界、人生际遇、个人品质让他仅仅依借于个人的内心鲁莽的冲动和勇气就成了自己，也给当代水墨提供了一条值得参考的途径。

或者对国学、西学传统的漠视和缺失或者必然地限制了鹿的水墨高度，我更无意于说鹿会成为继林或吴或黄之后的水墨大家或名人，一样无意于说鹿的水墨达到怎样的高度。甚至限于文章发表篇幅短小的要求我也无法对鹿的水墨做深入具体的剖析（与这篇短文同时刊登有他的水墨画作，知者自可一目了然），我要说的是他这种无畏的创作态度和这种独特的创作态度、他独特的经历和体验成就了的鹿林水墨，像林风眠的水墨创造成为中国当代水墨救赎之途一样，这种既合乎绘画创作精神却又几乎是全新的创造或者将让鹿林的水墨创作成为中国当代水墨革命救赎之途实现的可能之一。

索秀个展

展览时间：2007年10月18日

展览地点：吉祥伯乐艺术中心

深夜三点钟的青春绘画展

策展人：黑洞

展览时间：2007年10月20日——10月27日

展览地点：日博爱努画廊

参展艺术家：崔涛、纹子、沈耸

“十二玫瑰”——宋庄女性艺术家联展

展览时间：2007年10月20日——11月20日

展览地点：宋庄尚东艺术车间

参展艺术家：纪晓峰 张静 张彦 洪帆

2007’中国·宋庄当代艺术两地互动联展

策展人：王建芳、李国兴

展览时间：2007年10月28日——11月28日

展览地点：润海龙通艺术馆

主办方：北京润海龙通文化艺术馆、集美国际美术产业基地

协办方：集美国际美术产业基地

“偶时代”——当代艺术展

策展人：杨大味

展览时间：2007年11月6日——11月20日　　北京偶艺术空间

2007年12月12日——1月12日　　香港六月画廊

参展艺术家：米娅 刘 丽 王南飞 杨春白雪 迟 辉王媛 杨大味

索 探 马 野 刘休　韩羽良 阳光 丁 酊

主办方：香港六月画廊　北京偶艺术空间

“语录”——当代艺术展

展览时间：2007年11月8日——12月8日

参展艺术家： 杨大味、李大鹏、张继生、刘休、王媛。

主办方：宋庄艺术东区　玩.艺术空间

连接提出许多问题

策展人：正杰 李丽莎

展览时间：2007年11月8日——12月8日

展览地点：宋庄艺会馆

众神与玩

展览时间：2007年11月10日——12月25日

展览地点：北京千瞳空间

“意向与观念”——吴少湘与蒋朔作品展

展览时间：2007年11月24日——12月9日

展览地点：宋庄美术馆

“青春的诗”——80’年轻艺术家六人作品展

策展人：王盼盼

展览时间：2007年11月28日——12月28

展览地点：北京宋庄旅游开发有限公司展厅

参展艺术家：宋广衺　武佳慧　　武小慧　夏　莹　　张利平　张荃禹

王浩作品展

策展人：无色

展览时间：2007年12月1日——12月7日

展览地点：日博爱努画廊

“归去来兮”——旅法画家张值油画展

策展人：冉劲松 夏可君

展览时间： 2007年12月8日——12月27日

展览地点：北京当代写实美术馆

主办方：欧洲商务安全协会　北京当代写实美术馆　法国巴黎梅兰尼文化传播有

展览推荐艺术家：冉劲松

寻找油画语言中的民族情感

——冉劲松的真实印象

文/赵欣歌

摘要：冉劲松绘画取材广泛，肖像、人物、风景皆擅。其人物画的灵感多来自自己对现实生活的观察，对于生命的求索。这些人物画的素材直接面向广大的普通劳动者，如村干部、马车夫、牧羊人、乡村医生，等等。这些默默耕耘的劳动者在冉劲松的笔下形象质朴，不做作矫饰，十分贴近大众，很有生活气息。《村干部》画一位典型的农民形象。在这里，画家以现实主义的笔法再现了一位劳动之余，略显疲惫的农村干部形象。在构图上，画家以肖像的方式，通过人物的穿着打扮突出形象的特征，尤其人物五官的精心刻画，肤色的真实描绘，把一个活脱脱的劳动者的形象再现了出来。画家在油画的

冉劲松近照

冉劲松作品

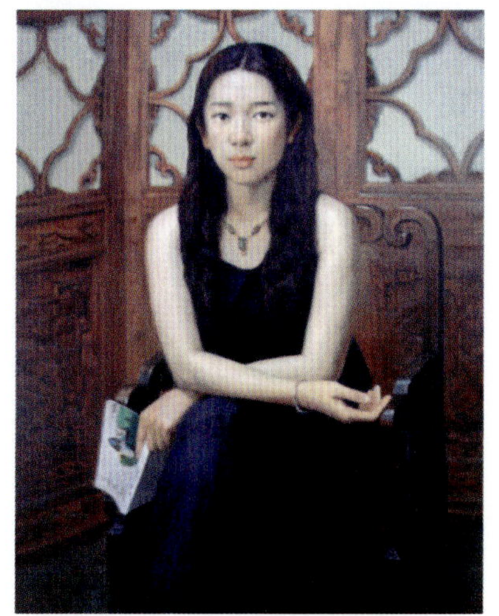
冉劲松作品

笔触上强调自然的感觉和肌理的起伏，把人物经常在室外工作的特点和阳光对人的影响客观的表达，使画面十分生动感人。《马车夫》更是在真实的刻画对象的基础上，突出人物眼神的警觉，使一个终日辛劳的车夫的性格特征跃然纸上。冉劲松的人物肖像与自然主义者和理想主义者相比较，更与我们日常生活息息相关。这些真实的人物是我们生活的真实记录，也是画家所理解的当代现实。

除了人物画，风景画冉劲松也下过很大功夫。为了提高创作水平，他曾多次前往德国、法国、意大利、奥地利、西班牙、俄罗斯等世界各地写生观摩，尤其是世界各大艺术博物馆他更是乐不此彼。从冉劲松的画面中可以看到，他有意尝试把中国画的语言变成油画的表现手段。这实质上是为了冲破传统绘画的精神底线和油画材质之间的隔膜，以寻找到油画语言表现当代人情感所适合的手法和技巧。他通过对中国油画本土精神的追求，力图把他笔下的市井风景真实地再现出来。在构图上，他有意裁减，以最能表现个人心境的自然物象：丛林、水塔、街道、小桥、砖楼，塑造成画中的世界。这些作品总体上调子疏朗，但细看，在密林或树丛中又透出绿色的朝气，洋溢着勃勃的生命力。为了保持笔触的原生态，画家在不牺牲画面整体气势的前提下，尽可能使笔法果断纯粹。从这里可以看到，画家力在追求对传统笔墨语言的深入理解，并有意使之纳入自己的表现范畴中。

当代水墨人邀请展

策展人：唐辉 徐君

展览时间：2007年12月8日——12月31日

参展艺术家：唐辉、童振刚、老圃、许宏泉、怀一、明瓒、程风子、么喜江、余涵语、关宏

展览地点：北京宋庄尚东艺术车间（宋庄小堡东区艺术中心一号院101室）

主办方：尚东艺术车间画廊　　《荣宝斋》杂志

徐蓟—古里埃木（GUGLIELMO BUCCHINO）夫妇作品展

展览时间：2007年12月15——12月28日

展览地点：北京市通州区宋庄小堡日博爱努画廊

“差异”——新年贺岁当代艺术联展

展览时间：2007年12月18日

展览地点：宋庄A区美术馆

参展艺术家：武海龙 崔爱民 王建中 陈秋池 林红 栗春 姜靖 孙涛 陈沿青 邢波 赵艺 王俊标 田武松 万军 李玉风 叶力萌 哈世友 崔龙虎 单智 啸天

主办方：北京大军海文化艺术有限公司　A区美术馆

协办方：宋庄艺术促进会

“后宋庄”——当代艺术跨年展

策展人：杨大味　于贞志

展览时间：2007年12月22日—2008年1月7日

展览地点：宋庄画家大院[偶艺术空间]

参展艺术家：庞永杰　杨大味　索探　马野　华继明　张继生　单竹兰　四毛　刘丽　李云枫　杨春白雪 分布式影像小组　片山　刘达岩　岳志敏　王铁良　王飞　杜撼　上山　亚日　硫智 昭光　周远　王媛　刘休　宋广袤　月峦　成力　李勇哲男　李娃克　麦子 张斌　半坡　金春鹤　吕上　冬宁　音乐：微乐队《微世界》专题演出(麦子 陈炯　杨春白雪等)

“自由”——天马行空

展览时间：2007年12月23日——2008年1月5日

展览地址：北京通州宋庄东区艺术中心三号院

北京吉祥伯乐艺术中心开幕展

展览地点：吉祥伯乐艺术中心

参展艺术家：片山、高惠君、刘枫华、祁百成、蔡富军、杨承文、李凯亮、胡立夫、张晓红

“美丽还是暴力”——王中华作品展

策划：扎扎 马越

展览时间：2007年12月24——2008年1月10

展览地点：宋庄艺术馆

宋庄艺术家在外的展览和相关文献摘录

张东红、吕顺、景禹潮作品联展

展览时间： 2007年2月8日 ——2月15日

展览地点：北京今日美术馆

“场景”

策展人：杨卫

展览时间： 2007年4月7日 ——5月31日

展览地点：北京市朝阳区酒仙桥路2号798艺术区先声画廊

参展艺术家：马东民、张东红、张谧诠、赵丽先、南方、王满

展览推荐艺术家：张谧诠

千里走单骑

——评张谧诠《日行千里》系列作品

文/宋晓琛

摘要：张谧诠的《日行千里》系列呈现出一种颇为不同的气象。在热闹甚至有点喧闹的当代艺术界，玩世者有之，现实主义者有之，玩世现实主义者有之；艳俗派者有之，政治波普者有之，寻根乡土者有之，然而像《日行千里》系列这种凝重有蕴藉的作品却不多见。固然，各类作品定有其盎然意趣之所在，然而《日行千里》中沉着的笔触、似曾相识的感受却无疑会亲切又残酷地攫起观者的迷离、负重与希冀，在喧闹背后掬起那杯融入情感与理性的生命水。“出走”“出游”“浮游”是张谧诠常常谈起的话题，也是其以往作品中呈现的一种强烈气息。

张谧诠

色块：滞重空间不冷静

《日行千里》用大块的冷色调来营造凝重气氛：死寂无边的暗夜、扑面而来的似乎要将人压倒的机器、疲惫的汽车、突兀的云朵、排山倒海的高楼大厦、目不暇接的车水马龙……所有的这一切都因披上夜色而传递出一种负重的气息。如果说旅

《日行千里（4号）》布面油彩 150x110cm
张谧诠 2006年

《日行千里（51号）》布面油彩100x120cm
张谧诠 2007年

《日行千里（53号）》布面油彩100x120cm
张谧诠 2007年

途行程是一段时间的记载和延续，那么这些粗率、鲁莽、甚至有些调皮的色块则似乎要打破这种平静、线性的轨迹，执意要打破一种平衡，延伸出另一维因素而富有空间的意味，仿若人生行程因为间离和偶然而变得意义丰富起来。

有人说张谧诠的画一直都有一种冷静和理性的感觉在里面，这因其经历阅历使然。理性确系理性，冷静却另当别论。看似负重的画面被饱满的大色块填满，然而正因为这意味丰富的色块，画面也开始充满戏剧性了，冷静也便变成了躁动和骚动。时间在这一瞬间凝聚，空间气息彰显无遗。

滞重空间不冷静，这像极了现代人的生活状态。看似日行千里酣畅至极，其实却是千里走单骑般负重前行；尽管负重，却依然律动暗涌。

光影：摇曳的前行路

在《日行千里》中，光影是作者偏爱的一种元素。静夜是枯燥孤寂、有点疲惫的，滞重的黑色让人无法不压抑，偶然出

《日行千里（54号）》布面油彩
110x89cm 张谧诠 2007年

《日行千里（1号）》布面油彩
150x110cm 张谧诠 2006年

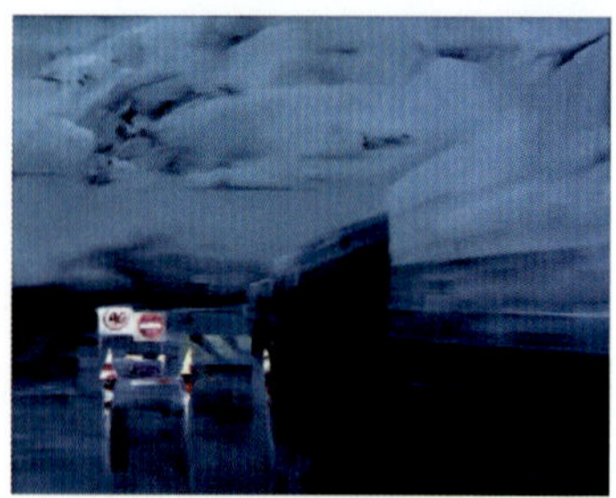
《日行千里（52号）》布面油彩
100x120cm 张谧诠 2007年

现的一些风景让人无法不躁动，而光影却是时间的确认、希望的依托，虽然有些斑驳，却安稳地让压抑和躁动从这里渲泄出去了。

哲理的诗意

《日行千里》的系列作品则用错综的画面连缀其夜行路上的不经意的种种感受，与其说这是夜行路上的感受，倒不如说这是人生路的一种感受，种种情绪是人生存状态中的瞬间，而连缀交错起来便是人生的整个画卷。生存也像是这路途是一段轨迹，其中的瞬间更是真实生命的确证；负重是一种难以抛却的存在，而其中的摇曳多姿却让存在美丽起来。所有的生命和时空意义又何尝不是如此？昔日关云长千里走单骑和今日的日行千里又有何区别？而这份真实恰是当代人迷路彷徨悸动之所在，也正是精神还乡之意义所在。

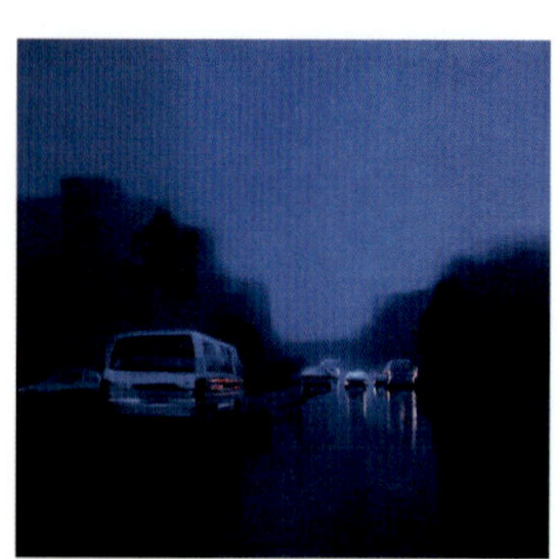
《日行千里（21号）》布面油彩
100x100cm 张谧诠 2006年

原国镭油画展

策展人：李铁军 闻正

展览时间：2007年4月7日——5月7日

展览地点：回龙观知生堂

“金光大道”——关于社会主义改造的故事

策展人：杨卫

展览时间：2007年4月28日——5月31日

展览地点：先声画廊

参展艺术家：祁志龙　胡向东　马东民　张谧诠　曹小冬　刘力国　刘君

“墙里墙外”——2007当代油画作品展

策展人：田军

展览时间： 2007年4月28日

展览地点：红鼎艺术画廊

参展艺术家：董久平 何秉华 刘港顺 张建俊 尹坤 李继森 林剑峰 赵志刚 程广 唐建英等

“人植物”——旅德艺术家任戎个展

展览时间：2007年4月28——5月12日

展览地点：北京壹空间

“未来之树”——赵光臣作品展

展览时间：2007年5月6日——6月26日

展览地点：世纪艺苑画廊

警世之景

——关于赵光臣的画

文/邹跃进

赵光臣的画从两个方面给我们提供了有意义的思考。

首先是画面给人的视觉感受。那种荒诞而陌生的图像结构，仿佛把我们带到了一个陌生的星球：灰蒙蒙的建筑丝毫没有人的迹象，像是下着雨，又像是流淌着泪；凭空长出的树木包扎着绷带，枯干断枝上开着并非真实的花朵，结着也并非虚构的果实，一只只鲜艳的塑料玩偶被倒挂在其间，充满着怪异和凄凉；缺水或无水的河，处于煤灰粉尘般环境的包围之中，白茫茫灰蒙蒙的周边，裸露在似乎没有大气重量的空间中，让人感到一种并非我们熟悉的这个世界应有的荒寒和冷寂。

赵光臣

单从画面构成的荒诞性和陌生感来看，赵光臣的作品无疑属于超现实主义的概念范畴。这种荒诞性和陌生感的产生，主要来自画中物象在时空安置中的非真实性构建以及色彩的主观化运用。就物象的非真实性安置来说，那些树的形态，很多都是从中国传统绘画中移植而来的，然而在极富古典形制的枯干残枝上，竟然开着现代工业文明制造出的最鲜艳的花，本应为人裹伤的纱布，却包扎在树木似乎流血的躯干上；那些树间类似芭比娃娃的长腿玩偶，由于倒挂所产生的坠落和散乱感，让我们在这里找不到丝毫有关幸福和美丽的概念，仿佛这些艳丽的躯壳是从童话世界中被遗弃到此地的落难者，失却了曾经的光彩，只感到眼前生命的凄凉和惨痛；还有那些河边裸体的人物以及周边的场景，简直就像我们在科幻电影或动漫中所见到的虚拟存在，是那样的不真切，与我们的生存现实是那样的遥远。从色彩的主观化运用来看，灰暗的树干、灰暗的城市、灰暗的背景与鲜艳的花朵、鲜艳的果实、鲜艳的玩偶之间形成的强烈的视觉反差，以及河边如月球或火星表面单一色调的质感处理和氛围营造，构成了一种类似梦境般的虚幻，拉远了我们与日常生活经验之间的距离，从而给我们的视觉和心理造成某种既熟悉而又陌生的错觉和疏离。从这些方面来看，赵光臣无疑是成功的，因为他以他的艺术构想和文化经验让我们感觉到了某个异位空间的存在。

赵光臣作品

其次是作品图像所传达的社会学内涵。赵光臣的画不仅仅只是为我们构建出一种陌生化的情境感受和荒诞性的概念解说，它同时更是从个人的生存经验出发，为我们提供出一种有关未来世界令人不无担忧的图式预测，因而承载着某种沉重社会话题的相关思考。这一方面构成了赵光臣的作品更为深层的意义所在。关于这一点，我们从赵光臣的自述中就可以得到明确的答案。

赵光臣在自述中谈到，他曾在家乡看到江中央长出许多青草的荒诞情景。当江边的人告诉他由于上游采沙截流这条江不久很有可能干涸的时候，他猛然间感到一丝沉重。到了北京后，他听朋友介绍说有个白庙村，村后就是一条大河，水宽鱼多，每逢夏季，很多宋庄的画家整天在河里游泳，在岸边晒太阳。于是他匆忙在白庙村买了一处院子住了下来。等他有时间去河边一看，惊傻了：无水的河床已是野草丛生，风一刮，漫天白沙起舞……看到这满目的苍凉，他做了一个装置作品：把一棵无根的枯树栽在河底的沙土里，枝干用纱布包扎，树杈上系了很多塑料花，想以此纪念家乡的那条江，希望它永远不会断流，同时也为眼前的这条河祈祷，希望它有一天康复往昔的容颜。后来他就画了这一系列关于未来之树和那条河的画。

生存条件和生存环境以及生存资源中潜伏的巨大威胁如果注定不能成为社会权力本应该承担起的核心内容，那么充满思维智慧的艺术方式必然要走向个体自觉意识的自由表达。 当代艺术作为反映社会生活的一根敏锐神经，理应将思考立足于生存经验的文化自觉和反省之中，应该具有对社会问题做出积极回应的品质，承担起对社会和谐进步的责任。把人的行为和社会的发展作为一个最重要的表现和关注对象，强调对社会的介入和干预作用，势必将成为当代艺术话语方式不可回避的选择。

从赵光臣的画我们可以看到，这种选择已不再是80年代中国美术那种由热情所产生出的理想主义的宏大叙事，而更多的是从个体生存经验出发，在微观层面上折射出的对时代与社会的真切关照。他只是将个人的生命体验作为自己艺术表达的资源，并选用极易辨识的图像将他对未来虽不确定但又令人不无忧患的思考投射给我们，以期社会相遇的目光从作品之外的地方予以应有的共鸣和拯救。这种期待不再是宣言般的演说，而是对话式的自语。

尽管这种个人的自语终究只是整个社会话语中一个微薄的存在，但绝不容忽视的是，它同时也构成一种强调主体行为自觉性的微观政治。当这种微观的力量还不具备吸引整个社会的目光从而产生影响力的时候，他首先可以通过个人化的方式以富于想象力的艺术思维和行动来表达对当下生存境遇的思考，从而通过创造新的欲望形式和快乐形式来重塑自身。这是一种以反话语形式获得自我的批判性策略，它不仅将个人从霸权话语的约束下解脱出来，而且会进一步将快感和欲望提升到一种文化的高度来切入社会，对社会所存在的并不健康的价值观进行一种和平颠覆的后现代策略，并将艺术中的快感和欲望从社会学的角度还原于它在现实生活中的大众基础。

因此，无论是有意识还是无意识，赵光臣在参与、体验甚至享受当代生活的同时，也在发展出一种对社会即成价值结构具有解构性质的图像表述方式，从而在艺术的创造中雕塑自我和他人，警世社会和世界。

赵光臣作品

像≠像

策展人：田军

展览时间：2007年5月19日——6月9日

展览地点：红鼎艺术空间

参展艺术家：栗春 赵振岩

梅溪画展

展览时间：2007年5月16日——5月22日

展览地点：北京画院美术馆

纯粹者语

策展人：田军

展览时间：2007年6月9日

展览地点：红鼎艺术

参展艺术家：伊灵 鹿林 王俊标 关奉东 张建波 郭利众

“朝圣之途”——李光林油画作品展

展览时间：2007年6月9日——6月19日

展览地点：北京云峰画苑

中坚力量

策展人：郭凯

展览时间：2007年6月16日——7月16日

展览地点：艺公馆

参展艺术家：班学俭 马越 林红 刘毅 朴光燮 戈溢 赵光臣 王雪林 李大鹏 胡月朋 姚俊忠 王强 金宇 周祁 郭健 陈志光 毛同强 罗荃 刘海 苏梓寒 刘君

展览推荐艺术家：金宇

边缘记忆与当下状态

——谈金宇的作品

金宇

文/张晓凌

摘录：金宇近10年的作品可以分为两大类，一类以藏民生活为题材，名为“西部记忆”系列；另一类则着力表现现代都市人类的精神状态，因而被命名为“状态”系列。两个系列都很庞大，分别由二三十幅作品组成。这些作品引起我浓厚的兴趣，阅读它们时，我发现之所以喜欢它们，并不仅仅由于画面所显现出的独特的语言风格。还在于金宇有意识地把“记忆”和“状态”塑造成了不同的价值观，并在有意无意间将二者进行比较，以此显示出一个艺术家所特有的思考性癖好。

金宇作品

在画面语言诉处理上，金宇颇具匠心。其大红大绿的色调设置显然唐卡艺术，寺庙壁画艺术的影响，而用笔上的厚实，放达和自由又具表现主义意味。在造形上，金宇表现了相当良好的控制力，几乎所有的形象都徘徊在写实和表现之间，又同时兼有装饰性要素，或许，把它们称作写意造型更合适。说金宇的页面语言兼蓄并容一点不为过，但是，兼蓄并容并不是金宇的目的，只是一种方式，金宇所想要达到的，是具有个人标记的艺术语言，经过多年实践，这样的语言正日超成熟。

1995年后，金宇开始把关注的目光从遥远的西藏回转到他生活的都市，回转到他身边所发生的生活事件。数年间，他写日记般地描述了都市生活的各种状态。这段时间，正是“新生代”和“晚生代”艺术先后上演人间喜剧的时代。“新生代”艺术中的百无聊赖，调侃嬉戏还未消逝，“晚生代”艺术的消费形象便接踵而至。把金宇的作品放到这个背景上，无疑是很异类的，虽然金宇描绘的也是都市日常生活中的人物，但这些人物既没有“新生代”画面中那些人物所具有的特殊的意识形态含义，又没有“晚生代”人物的消费主义特征以及其特有的“物质感”。那么，金宇笔下的都市人物具有怎样的意义呢？

金宇作品

表明看上去，画面上的人物是日常的，具体的，事实上，他们却是抽象的。金宇没有像“新生代”画家那样，抓住一个生活细节，极尽写实之能事，夸大细节的意义及表现价值，他也不像“晚生代”画家那样，斤斤于人物的消费性“物质感”的描绘，他想做的，是将人物从其存在的细节中剥离出来，在抽象的背景上，直逼人物存在的特殊的精神状态，一如卡夫卡所做的那样，背景是冷峻的，苍白的，无时间标记的，但人性，人的精神状态却因此而直接呈现。可以说，金宇是以抽象的建构着现实人物的精神档案库。这样做，也许超出了绘画本身的承受力，但对金宇而言，他必需承受这不能承受之重。

金宇的两个系列产生了一个不可回避但很有趣的对比：记忆中的原生态生命与当下的都市生命状态之间的对比.在金宇笔下,原生态生命是朴野的,茁状的,纯净而美好的.然而,它仅仅存活于文化记忆中,存活于梦幻般的意境中,当下的都市生命状态是焦虑,孤独,矫饰的,然而,它却是真实的,因为你每天都和它们相遇。金宇并未完全站在哪个价值观之上，他所做的，更多的是一种警示，提醒我们关注不同的生命状态。

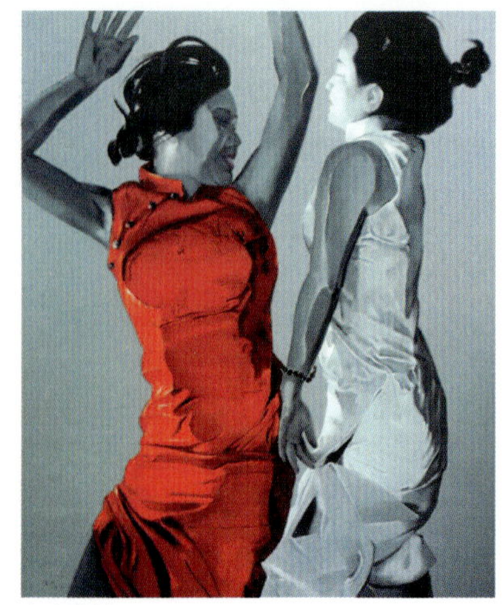
金宇作品

黑白现实主义文献展

策展人：江铭

展览时间： 2007年7月8日 ——7月24日

展览地点：环铁时代ART美术馆

参展艺术家：张学海、唐建英、刘毅、母军、张建俊、乌日金、郎小杞、片山、张海涛、陈家刚、何崇月、朱岩、张建华

“语境”——姜靖油画展

展览时间：2007年7月8日——7月14日

展览地点：中央美术学院美术馆

“黑白灰”—— 一种主动的文化选择

策展人：高岭

展览时间： 2007年7月21日 ——8月5日

展览地点：今日美术馆

参展艺术家：方力均、杨少斌、陈界仁、郭晋、郭伟、海波、何森、李大方、李路明、李松松、毛旭辉、石心宁、忻海洲、杨福东、尹朝阳、喻红、张晓刚、赵能智、庄辉

“青岛有消息”——青岛籍艺术家新作品联展

展览时间： 2007年7月29日 ——8月19日

展览地点：壹空间画廊

参展艺术家：王音、隋建国、魏青吉、李明、周仕超、赵德伟、邢维东、万里雅、都国桢、吕彤、梁克刚

“界线”——先声画廊当代艺术邀请展

参展艺术家：马东民、刘君、苏聪、王利丰、许正龙、张成

展览时间： 2007年8月1日 ——9月28日

展览地点：先声画廊

展览推荐艺术家：刘君

镜像的游戏

文/邹 操

历史本身在任何意义上都不是“本文”或“叙事”更不是“主导本文”或“主导叙事”但我们只能以某种本文或叙事的方式来接触历史。换言之，历史事实是客观的但我们只能以某种主观的方式来加以接触，这便是“历史主义”的困惑。但这同时又提供给我们对待历史解读的多重可能。刘君的雕塑作品便是这多重可能中的一种。

刘君的雕塑作品有着极强的延续性。首先，在《仕女系列》作品中，作者将中国古代佛像雕塑与唐代仕女绘画相结合并作为其艺术创作的原型。从造型语言上看，这些佛像仕女大多形体夸张、造型圆润、特征明显——大脑袋、小身子、嬉皮笑脸加之的调侃仪态，使整个造像呈现出一种现代都市人群中的玩世、艳俗的典型形象。但与普通的玩世、艳俗艺术不同，大多的玩世、艳俗艺术是在对历史与文化的拒斥中其更加强调对“此在”特定的生存状态及生存体验的理解、揭示与宣泄。而刘君的作品则更加强调历史与当下的重组，这一招一势既是对现实生活的地再现又是对历史与文化的特定解读，其作品背后包含着极其深刻的文化意旨。

刘君

在其《玩偶系列》作品中，其观念意旨与造型语言更加隐晦，刘君将中国佛教典型的光头造像置换为普通的儿童玩偶形象。而这一置换却呈现于受众面前一个既非男、女、老、少、的中性形象，而这一中性形象恰恰是我们“此在”的后现代社

会及其生活的极为重要的社会缩影。在此基础上刘君又将这一系列作品继续延伸，他稍后又创作了一系列处于泄气状态的玩偶。粗旷简约的雕塑手法彰显其技术的更加成熟与完善。而作品所呈现或提示给我们的则是一个佛家探讨与研读的终极话题——繁华背后的虚空。艳丽与颓废、繁盛与虚无、充气与泄气，有与无，一切皆因这口气而来，一切皆因这口气而走。中外古今概莫能外……

就刘君艺术创作的方法论而言，其作品强调对历史与现实生活元素的抽离与“解构”。即在各种不同“语言游戏”的互译与“误读”中将个中元素进行抽离、置换与重构以期实现自我对历史、文化及艺术的独特认知。其作品在轻松、调侃的背后昭示了作者对历史与文化的深刻读解及对现实世界的敏锐洞察。

刘君作品

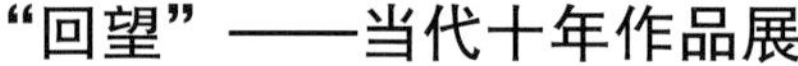

“回望”——当代十年作品展

策展人：张思永

参展艺术家：胡向东、伊灵、王庆松、林飞、张洪波、马子恒

展览时间： 2007年8月1日 ——8月30日

展览地点：千年时间画廊

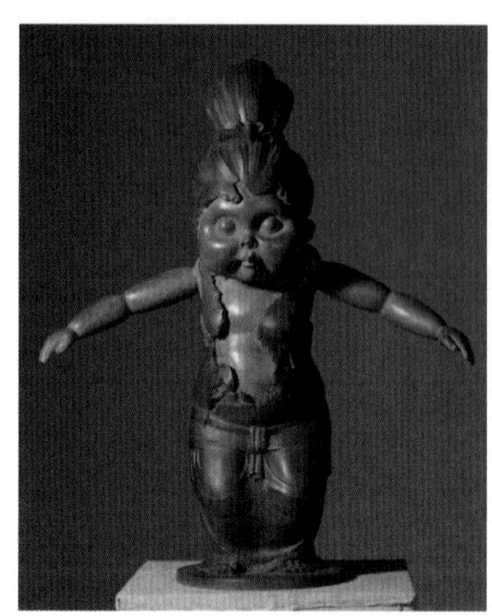
刘君作品

“傲慢与浪漫”——鄂尔多斯美术馆开幕展

策展人：亚历山大•奥克斯

展览时间： 2007年8月26日 ——2008月2月25日

展览地点：鄂尔多斯美术馆

参展艺术家：方力钧、杨少斌、萧昱、蔡国强、迟鹏、冯国栋、海波、韩从武、孔巍蒙、李津、李路明、缪晓春、宋永红、田原、妥木斯、王广义、王迈、王音、Wolfgang Laib、徐冰、徐舜、杨茂源、贞贤、朱金石

刘君作品

“庄”——2007宋庄当代艺术巡回展

策展人：李铁军

展览时间： 2007年8月30日 ——9月3日

展览地点：上海多伦现代美术馆

参展艺术家：白新城、班学俭、蔡富军、陈剑锋、陈美、陈曦、陈鱼、程广、程伟、邓华、方力钧、高惠君、关健、郭仁杰、韩金英、韩旭成、洪帆 胡军强、花哥、华继明、贾穹、邝老五、朗小祁、李佳、李大鹏、李光林、李凯亮、李太默、李伟、李璇、李一丙、李月领、李志强、林春岩、刘枫华、刘港顺、刘海舟、刘丽、刘桐、刘毅、鹿林、罗艺 马野、马越、毛珺、母军、庞宏伟、庞永杰、片山、祁百成、饶松青、任辉、任戎、日出、荣晗、石立峰、四毛、孙光华、索探、索秀、谈一峰、唐建英、唐涛、田小赤、万力、王能涛、王强、王庆松、王秋人 王志平、吴德武、吴庭华、谢仁辉、邢波、徐辉、徐微强、徐志伟 杨大味、杨得清、杨少斌、杨洮、野雪、伊灵、易明豪、尹俊、尹坤 原国镭、张谷、张海鹰、张继生、张建俊、张小红、张小华、张学海、赵光臣、赵朔、赵浥、赵映岚、赵振岩、钟天兵、周跃潮、朱九阳、庄保林

展览推荐艺术家：王强 、尹氏兄弟

艺术“玩家”——王强

佚名

如果说在艺术家里能从艺术作品中感受到“大聪明”气质的人，王强一定算上一号，强调聪明，是因为作品不拘泥一格，主题明确并且透着眼光的独到和“毒”——一针见血的调侃和沉稳兼而有之。

认识他的作品先要感受作品的聪慧之处，因为你不得不服气于他收放自如的传达技巧。架上绘画、装置、综合材料、行为，面对不同的主题的作品，我们能看到他畅游于其间的游刃有余，正所谓会玩也玩的精到，才能称其为“玩家”。他的作品体现出的气质有时是轻松调侃、有时深沉厚重、有时却气淡若浮云，但透过他的作品，个性的鲜明，眼光之敏锐都跃然其间。《衣服系列》、《钱币系列》《模糊系列》以及装置《疲

软系列》都是他作为大聪明的艺术“玩家”的一些代表作品。

他著名的《衣服系列》从九十年代末至今，主题概念有着无限的延展性，作品在时代的运动中显示了旺盛的生命力，视觉处理上也独树一帜，将架上绘画和衣服及综合材料相结合，显示了他作为艺术家的超出常人的机灵劲儿。

他的《钱币》系列分两个阶段，早期的《合资钱币》和现在的《模糊钱币》，《模糊钱币》作为《模糊系列》中的一个重要主题具有承前启后的作用，是一种观念的体验过程的体现，从体现方式和方法的转换，我们能够清晰地感受到他捕捉时代脉搏的敏感和不断深化认识的能力，这种能力来源于艺术家的天赋和后天努力而成的大聪明。之所以说他大聪明而不说大智慧，是因为大智慧从语言格调上不够灵动、也不够痞气，因为面对王强的时候，你会觉得他更像一个大孩子或者小混混，身上有股子艮劲，这种劲放在他的身上，变成了一个个叫绝的好想法，而绝不会是撞南墙的笨。这些从他的装置《疲软系列》等作品中可见一斑。“疲软的椅子”从其暧昧的肉色和像皮肉一样的质感中令人惊奇他体现情色于古典审美的独到眼光，有拍案叫绝之冲动。

聪明的王强是个不断行走中的孩子，对一切保持着未知的乐趣，也因此看他的作品不会感到匪夷所思的沉重，而多的是实在地感慨：这小子玩得好！

王强作品

王强作品

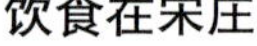

饮食在宋庄

文/尹坤

我是1998年夏天搬到宋庄居住，那时宋庄镇上没什么象样的餐馆，依稀记得930区间车站路两旁有几家卖面条，烧饼的小店铺，吃饭得自己做，手艺好的吃得有滋味些，手艺差就把自己糊弄饱了了事，条件好些的用煤气罐，一般都是烧煤球，那时大伙也都穷得叮当响，外面的朋友来了还都是自己带菜过来，慰问咱们。印象深刻的是在四毛家，四毛和他媳妇金燕做得一手好菜，人缘也好，城里的朋友也多，饭局自然也多。我那时就常在他家蹭饭。肚皮饱了一帮人辩论起来。氛围挺好。

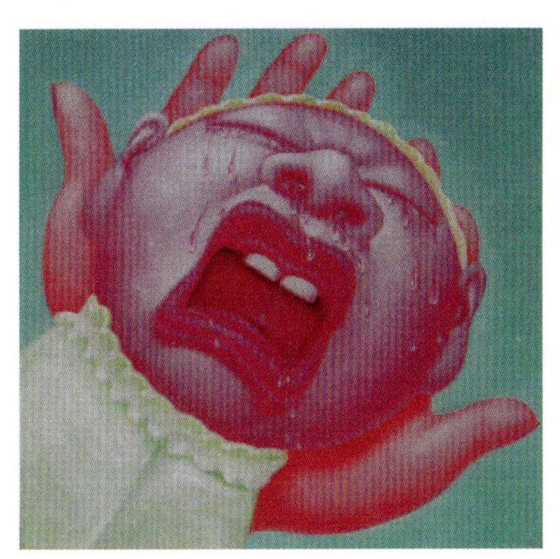

尹俊作品

谈艺术，哲学，宗教，音乐，诗歌。四毛喜欢老崔的音乐，自己也会不少，末了他常会用茶叶箱当手鼓敲，一曲“花房姑娘”把气氛推向高潮。那些日子，我是四毛家一个忠实的食客和一个忠实的听众，现在回想起来，我是受益非浅，当然不只是肚里捞到了些油水。

去年见到金燕，我说起内心这份感激，她讲不只是在大兴庄，在圆明园时，家里吃饭时就会有好多人。数起名字来，其中好多位如今在艺术圈里已经成名成腕的了。

1999年夏，我的成都哥们尹航来到宋庄玩，在小堡游泳时遇到张东，他们曾在西藏见过面，所以聊得很投机，张东大方的请我们去他家吃饭。张东院子很大，一院荒草，院子中还自己搭了台子，准备站在上面朗诵他的诗，还没正式用过， 台子就塌了个大洞。张东家四壁空空，除了堆了大半间屋子的画。他媳妇紫青提醒张东，家里就只剩下了个土豆，张东说要出去借钱，后来尹航买了只公鸡和其它菜，做四川火锅。张东叫来了周围的一帮哥们来喝酒。在院子里，又吃又喝。真的很开心。喝酒当然要玩行酒令，于是拿出一盒火柴，多少个人就数多少根火柴。从中拿出一些或全部握在手心里，伸到面前让你猜，要是猜的数字和行酒令人的手里同一数字，就要罚酒，要是一圈下来，没有人猜中，那就得自个儿喝了。

国强素来就实在，他猜中了，并不推让，拧起酒瓶就喝，该他行酒令了，他还特意把手藏在身后，可能不小心掉了根火柴，国强找了火柴盒，打开，拿出一根，点着了，去找掉在草丛中的另外一根火柴，众人很诧异，但国强很执着，一定要找到那一根火柴，他又划了根。

2000年在宋庄镇上终于有了家像样的餐馆——四合餐厅，档次算是村里的五星级饭店，做画展，过生日请客的，手头宽裕的都来这家。一次老鹿城里来了朋友请大伙去吃，其中要了道菜“大盘鸡”。结果众人一吃都是些鸡头，鸡脖子，鸡脚 ，老鹿叫来老板娘，磕头作揖地感谢老板娘：我只点了一只鸡，你给我们上了一盘九头鸟，感谢了！老板娘一脸绯红，叫了跑堂的小姑娘送了五瓶免费的啤酒。

老三的三元里饭馆是2000年最风光的，饭馆一半是老三投资，一半是画家入股。红是分不了的，可以分杯羹。一个人一顿饭3元。三元那就只能馒头，萝卜，豆芽，汤汤水水把肚皮装满罢了。树大招风，人多招记者，这不老三找到了感觉，舞文弄墨，抚琴击剑，赋歌占卜，无所不通。从山东老家带来做饭的小李子说：咱三哥在老家要这样玩，人当他是神经病。老三没过多久就开始腐败了，要命的是他开始脱离现实，脱离群众。大雪天的上午，画室里冷，想去三元里烤烤火，等着开午饭，一进门，见老三一个人端着一碗萝卜羊肉汤喝着，宝玉也在一旁蹲着。口水流得哗哗地，我也狠狠吞了一口唾沫，心想中午可以见油水了。好大的一场雪，院子里白皑皑，老三有些激动，他用山东临沂的腔调对我说：尹坤，你来得正好，我刚写了一首诗，读给你听听。他把那碗羊肉汤放在台上，深情吟诵起他的大作，一旁的宝玉见机就去喝他的羊肉汤，吧嗒吧嗒地……我告诉老三，他打了几下宝玉的头；呵斥几声， 又看了看他的汤，还剩下些，端起来一口就喝干了，下巴的胡须沾上了些亮晶晶的汤沫。中午的饭桌上还是以往的饭菜，没有羊肉汤。老三吃独食了。其他的几个画家也遇到过这种场景。大家伙要散伙，虽然老三还有好多宏伟的计划，像要签约代理画家之类……

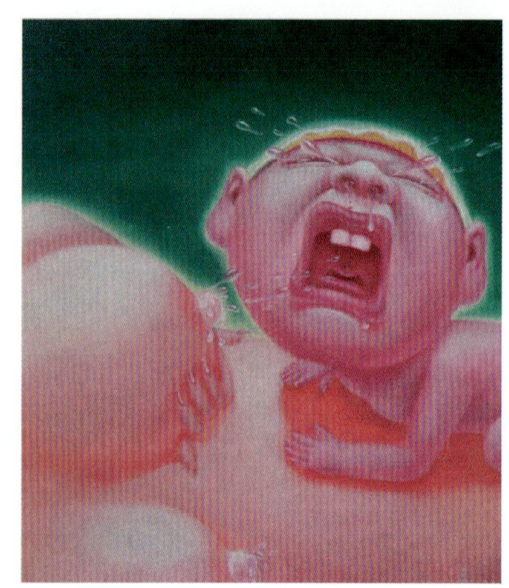

尹俊作品

尹坤作品

一次去三元里，很冷清，桌上插了几面小旗，好像不只是中国国旗。老三在拖地，电话响了，老三拿起电话就说了声HELLO ，马上就没了声响。那天是他山东家里的老婆，听说老三在北京混得不错，国际友人经常来见他 ，记者一大帮缠着他，于是打电话向老三要钱——美金。放下电话，老三一脸郁闷，见着我说：你嫂子，财迷。

2001年我搬到小堡村住，收拾院子时请了村里两邻居大哥帮忙，干活后吃饭去了村东鱼塘边的小饭馆。其实还算不上是饭馆，老板一面看管鱼塘，一面卖饭菜，去吃饭都是周围干力气活的人。要了份京酱肉丝，那个咸呀！我和尹航回家喝水都快肚皮撑破了。

夏天的时候了，大鹏家的亲戚在小堡村开了第一家饭馆——农家乐，栗老爷子题了牌匾。生意红火，一到黄昏，坐满了村里村外的画家，大鹏家亲戚乐得喜滋滋地。一派繁荣，别人心动了。尹航和我当时就打算白天画画，晚上在村中摆摊卖四川麻辣烫，咱们虽然好吃，但是咱们太懒，又怕累，说说就算了。江苏的艺术家老马，鼓动他的舅舅——在他们当地做早餐水煎包，生意不错的，要他来北京发展。早餐店离农家乐

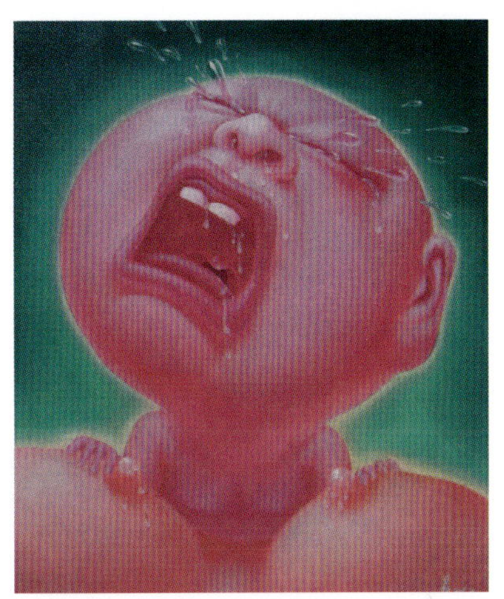

尹俊作品

尹坤作品

几步之遥，我们好些画家都把自己的画挂在店里。开业哪天，人头涌动，当然早点店牌匾也请栗老先生题的。好景不长，有人传言看见农家乐洗菜的盆在给小孩洗屁股；早上去吃早点——水煎包，人家大门紧锁，一问，睡觉呢，要吃得等到下午。黄昏去吃晚饭，早点店的老板也刮了个光头，锃亮。

这一年里，最风光要数片山开的贵州酸汤鱼店，片山家的饭馆开在宋庄的菜市场，饭馆很小，但是菜做得好吃，吃饭的艺术家经常在这儿能见到大腕也坐在里面，生意红火得不得了。

片山决定大干一番，找我入股，我也想试探一下自己在别人眼里有多大的财富，就问他想借多少，片山说：二万吧。我当时几乎飞出窗外，哥们太看得起我了！

这年底，农家乐，水煎包早点店，贵州酸汤鱼店纷纷倒闭了。

“寻找艺术”——岳敏君个展

展览时间：2007年9月1日 ——10月15日

展览地点：北京公社

岳敏君的“自我形象”

文/冷林

岳敏君在近十年来的创作中以其鲜明的形象和风格特征在中国当代艺术界里占有独特的位置。这一位置不仅是一个“自我形象”放大的位置；同时也清晰地显示出某种市场化的商标性的特征。在岳敏君的艺术中，“自我形象”放大变成了一种市场策略。在这里，“自我形象”也就不仅仅是文化上的指涉物，而且也是市场经济条件下一个最重要的鲜活的因素。这是理解90年代以来中国当代艺术发展的通道。岳敏君的艺术正好站在了这个通道口上。

岳敏君从90年代初就在画布上着意一个有夸张意味的“自

我形象”的塑造，近年来这一形象蔓延到其雕塑和版画领域里。“它”有时独立出现，有时又以集体的面目亮相。“它”开口大笑，紧闭双眼；动作夸张，但却充满自信。“它”总出现在某种场合中。这些场合是可以说是十年来中国文化发展与争斗的空间与背景，其中有关于生存状态的、关于成长历史的、关于东西方文化关系的、关于男女性别的、关于全球化下的经济与政治（暴力）事件的。但所有这些场合都在这种“自我形象”的放大夸张下变成了一场场的游戏，“我”好像不是成长在这样的一个环境里，而是恰巧出现在这里。在“自我形象”里，眼睛总是紧闭的，外界发生的事对于“我”来说并不重要。某种自恋、自信、熟识一切而无睹的“我”占据着世界的中心。这就是中国当代艺术中的“自我”。她不是个人价值的发现和尊重，而是带有某种专制主义特点的个人崇拜。这种个人崇拜是在某种市场条件下由个人物质迅速满足后而产生的一种身体舞台感。“自我”成了自我的放大，成了“英雄”，成了需要在舞台上表演出来的东西。“自我”没有具体的社会身份，或者说还没有来得及形成具体的社会身份，“自我”是最普通化的，同时也是最自我崇拜化的。她带有很强烈的后专制主义特征。岳敏君本人将之称为“新偶像”，并把他的工作解释为制造“新偶像”。

岳敏君作品

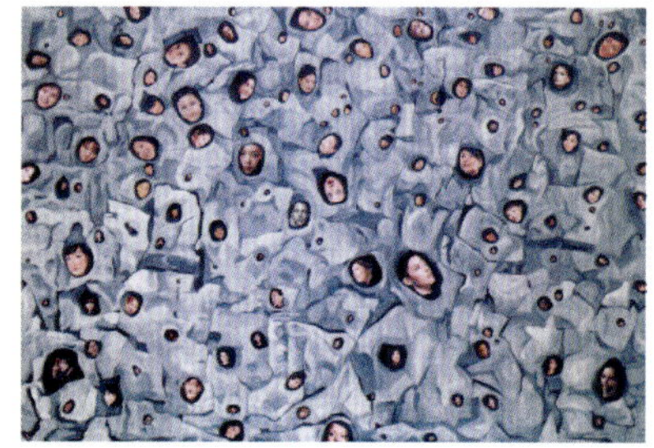

岳敏君作品

偶像化的“自我”以一种具体的放大了的形象在全球化的舞台里找到了某种类和文化的属性，这既可以看做是中国艺术家在全球化过程中最初和最直接的自我定位，同时也可以看做是中国当代艺术的自我定义。但“新偶像”很难被具体化，她更像一个商标的设计，是为了更快、更易、更直接的辨认。在这点上，和当代西方艺术家Udomsak Krisanamis的比较也许是很有意思的。Krisanamis把自己设计成了高尔夫球手的模样，穿着优雅，接受过良好的教育，一派中产阶级的举止。他不同于现代主义时期的流浪汉和造反艺术家的形象，而把自己看成是高度商业化社会的一分子。作为这一分子，他在告诉人们他是一个坚定的社会秩序的维护者，正在享受着作为这一分子的乐趣。Krisanamis有明确的身份定位，这一定位是针对对现代艺术家的传统定位和理解的。而在中国艺术家岳敏君的自我定位里，更多的还是某种辨认和自我崇拜。在当代对艺术家的位置的反思和清理中，中国艺术家岳敏君和Krisanamis都带有同样的热情。

岳敏君作品

岳敏君作品

Krisanamis对职业的具体性和历史性有着清醒的认识，而岳敏君始终纠结于特定文化中人的状态的展露。岳敏君虽然是以艺术家自我形象的个别特征来描绘，但不断数量的“自我形象”的积累却反向地产生了需要用作品来定义艺术家个人的形象。这里，艺术家个人变得无比重要，是需要崇拜的偶像。艺术家的作品就像宣传品一样，不是某种精神的归宿，而是现实艺术家的陪衬。而现实艺术家又是一个已经被偶像化了的形象，这一形象成为一个公共性的期待。

60、70年代中国很多公共性雕塑作品的夸张与扭曲姿态被不经意地运用在岳敏君的作品里，“自我形象”成了民族性的“自我形象”，“自我形象”成了公众的代言人的形象。与其说90年代以来中国当代艺术家的对“自我形象”的自恋式描绘是社会对个人性的需要，毋宁认为是个人在新的经济条件下对权威的新的变了种的爱。

对“自我”的定义是90年代以来中国当代艺术的主题，对于中国艺术家个人来说，这种“自我形象”的崇拜性认定已经成为某种国际和国内认同的商标。岳敏君的形象（新偶像）广泛地被媒体和公众所接受，同时以其当代特有的自我认识满足了杂志对当代个人新英雄塑造的需要。岳敏君的“自我形象”出现的场合可以认为是一个展现市场策略、发展公众交流技巧的场合。这些场合的变化不在于把人们目光转向这些事件或由此产生的认识上，而是专注于广泛地、深入地、并持久地推销这一形象。即使在他的雕塑领域里，其作品的特殊方式的组合也是完成其形象宣传的特殊技巧。2000年开始的“现代兵马俑”试图把某种历史的能量吸纳进对“自我形象”的制造上，而“兵马俑”这一对当代来说所具有的文化旅游性质的意向则会普遍地引导出外界对“现代兵马俑”制造者个人文化英雄主义者的期望。这不同于像Damian Hirst，Marc Quinn那样的艺术家，他们通过个人的、具体的对当今物质世界的疯狂认识，形成了特有的处理这种感觉的方法。外界把这种洞察力和感觉力作为他们个人文化英雄主义者的标志。在岳敏君这样的艺术家这儿，“传统”却成为理解当代中国艺术家的个人文化英雄主义的一个重要方法。

岳敏君这一代的艺术家成长于一个中国市场经济政策开始实施并加速发展的时期，同时这一时期也是一个世界经济繁荣的时期。国际艺术市场好像是计划好的并怀着友善的态度来接纳他们这一代艺术家。他们充分在这一合适的氛围里发展他们的市场策略和公众交流技巧。他们个人几乎变成了自己发明的商标的化身。无疑，在这一代艺术家中，岳敏君是一位非常成功的艺术家。

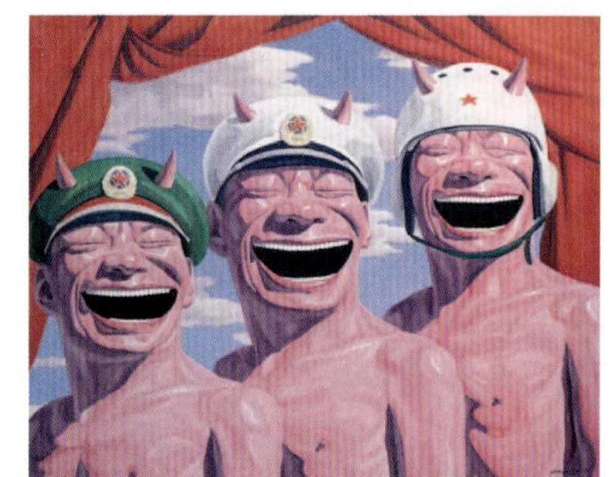
岳敏君作品

“动物凶猛”——动物艺术的中国方式

策展人：高岭

展览时间： 2007年9月1日 ——10月14日

展览地点：上海多伦现代美术馆

参展艺术家：萧昱、隋建国、张小涛、杨劲松、苍鑫、沈少民、陈文令、陈志光、华庆

岳敏君作品

“新界面3”——搜索未来

展览时间： 2007年9月6日 ——9月16日

展览地点：刘海粟美术馆

参展艺术家：刘炜、唐志冈、毛旭辉、曾梵志、周春芽、叶永青、娄申义、张晋熙、黄宇兴、秦琦、韦嘉、兰庆伦、王光乐、林国成、史新骥、许珂、张华、何伟、尚一心、文川、破水、舒杨、刘邓

主办方：红桥画廊

SH Contemporary 2007上海艺术博览会国际当代艺术展

策展人：Lorenzo A. Rudolf Pierre Huber

展览时间：2007年9月6日 ——9月9日

展览地点：上海展览中心

参展艺术家：方力钧、艾未未、陈邵雄、陈箴、顾德新、卢昊、宋东、王度、王广义、张培力

“山水有清音”——当代艺术展

策展人：杨卫

展览时间：2007年9月8日——9月29日

展览地点：新山画廊

参展艺术家：高惠君 张东红 马东民 柯明琪

展览推荐艺术家：张东红

可能的现实与现实的现实

——谈张东红的绘画

文/高 岭

摘要：张东红绘画中透露的这种唯美并不是一种矫情，而与他个人的精神诉求和宗教浸染有着十分密切的关系。在相当长的时期里，他笃信佛教，诸佛所常说的“软语”作为一种“温言适人情之语”，对他的处世哲学影响很大。在张东红的内心深处，艺术首先是一种为人的艺术，而为人首先就应该是在与他人相处时以自己的言行成全他人，使他人感到快适，倘若艺术无法使他人感到愉快，则有悖为人之道。而要做到这一点，艺术家本人首先得认同它。正是对这种为人之道的体认，使得张东红在自己的精神世界里确立了一个十分重要的基点，即以人为本，说得再准确些，以人的感觉为本。

张东红照片

《花2》100x100cm

从这种以人的感觉为本的基点出发，张东红的绘画中那种四处洋溢着温情和快适的私密化个人空间也就容易被人理解了。即使是在当代激烈变化的社会语境中，这种温情和快适的个人感觉诉求也是存在的，只不过它被那些更加强烈和明显的外部社会的压力和控制所覆盖和遮蔽，只不过它还没有合适的空间和时间能够获得自己合理的存在条件。一旦机会成熟，它就会冒出来，就会使人恢复到快适大于压抑、温情浓于焦虑的自然本真状态。也正是从这种基点出发，张东红绘画中对个人化空间的关注也就不能够被理解成是对社会现实的逃避，而是对一种原本人性能达的本真境界的复归，是对超越于现实的现实的一种可能的现实的呈现。

这种追求人的感觉的内向性视角，一方面使得张东红的绘画在题材上有别于时下许多直面当代社会变迁的第二次宏大叙事（这是在告别了较近时代反映集体记忆的第一次宏大叙事之后出现的）的作品，另一方面也使得他在艺术表现的风格和手法上有可能根据自身的需要，找到个性化十足的绘画语言。我们从他的画面上可以看到，无论是人物还是器物，甚至是画面背景本身都基本上采取了模糊化的处理方式。这种方式的贴切之处在于，画面中的一切景物都仿佛处在同一平面上，一切都是平顺和柔软的，甚至连光线也是柔软地和均匀地撒照在景物上。透视和构图的处理方式也为了营造这种平面化视觉效果，做了极大的努力，若大的画面中极近简约的景物被安置在散淡的空间里。色彩方面，画面中虽然被红色、兰色等原本靓丽的色调笼罩着，但依然能够营造出温馨和雅致的气氛。这充分证明艺术家具有控制画面效果的有效能力，将原本以色彩和透视见长、以刻画现实真实为能事的油画语言做了一次有效的中国式转换，饱含着东方人生意趣的生活理念就这样跃然于并非宣纸丝绢的画布上。

张东红对可能的现实的呈现也并非可以用温情和快适一概而论，他近期的新作对人物局部肢体语言的关注和描绘就是明证。这是一种转变，一种从对感觉的气氛的表现到对感觉的身体的表现，更准确地说，是一种从对感觉的认识的把握到对感觉的主体的把握的转变。这是一种深化，是他艺术基点以感觉的人为本的逻辑必然。就感觉本身而言，舒适是第一位的，而当视觉艺术要表现出这种舒适感，就不得不放弃开放性和公共性的社会事件，将视点投放在相对封闭的私人化的空间的描绘上。而如果就感觉的实施者即作为主体的人的生理性存在而言，则体验感觉的器官是最为根本的，因此，视觉艺术对作为感觉器官的身体的描绘也就是理所当然的。正因为张东红的艺术基点建立在以人的感觉为本之上，所以眼前的这些对诸如嘴唇等人物局部身体器官的刻画和描绘，总显得生动异常，令人过目不忘。

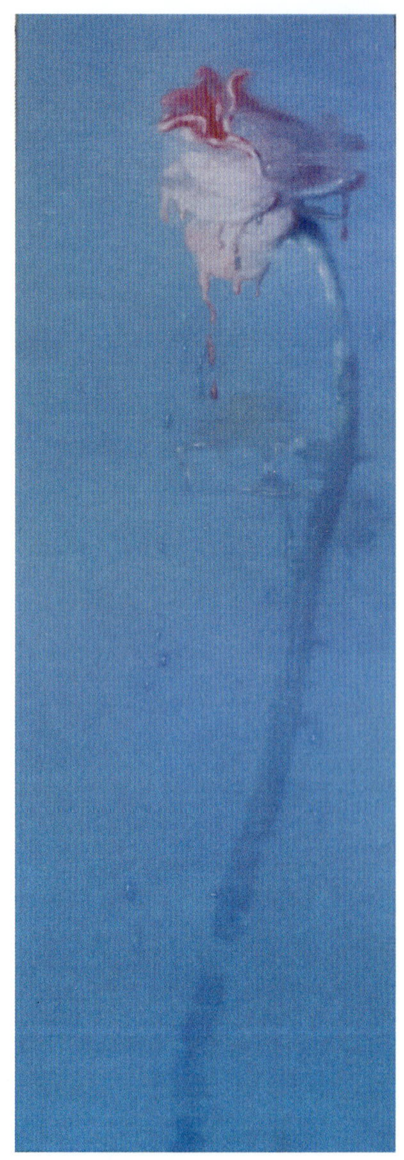
《一支玫瑰NO. 3》

艺术长沙

策展人：谭国斌

展览时间： 2007年9月16日 ——10月15日

展览地点：湖南省博物馆

参展艺术家：方力钧、王音、李路明、毛焰、李津

“艺术突破”——亚洲画廊学术邀请展

展览时间：2007年9月20日 ——9月23日

展览地点：全国农业展览馆（新馆）

参展艺术家：夏小万、王广义、JITISH KALLAT、雷本本、窦唯、马良、宋冬、海波、荣荣、何云昌、邱志杰、陈波、王庆松、王傾、UNMASK、苏旺伸、连建兴、秦琦、Shin Ki Woun、朱兴华、王无邪、邱世华 、 杨茂林、王怀庆、陈恺璜、陈慧峤、Cody Choi、朱加、Ann Tiukinhoy、琴嘎、斯利瓦尼奇蓬、刘韡、郑国谷、段建宇、缪晓春、迟鹏

展览推荐艺术家：夏小万

作为一位画家，夏小万经过不断的实践突破了绘画的边界，建立了一种新的看画的方式。他从医学手术的X光切片中获得了灵感和方法，把平面绘画转化成了立体效果集材料、科技、绘画的综合，既保持了绘画的手工性，又注入了装置和雕塑因素，并表现了一种冷酷、荒诞而怪异的魔幻现实主义艺术特征。在这个意义上，他的绘画装置改变了观众的看画方式，观众被这种介乎雕塑、装置、绘画的人物形态所着迷，并被牵动的移动的不同视角去欣赏作品，去思索画家是如何创作的。显然，如果要界定夏小万的作品，就会发现具有非常模糊而暧昧的特点雕塑、绘画、装置、摄影、医学技术的综合。因此，他的这种鲜明而个性的艺术方法代表了中国当代新绘画的趋向——(黄笃)

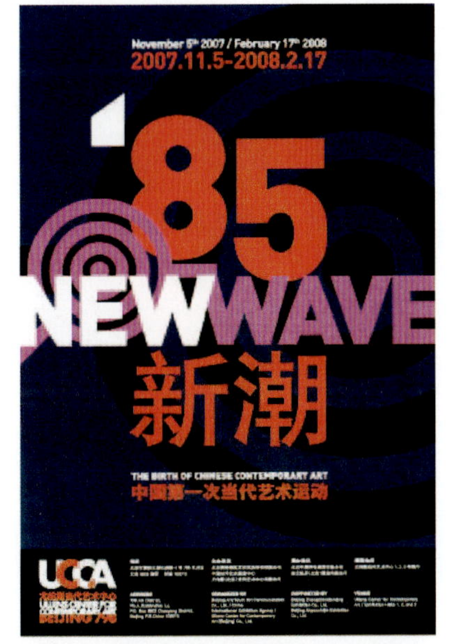

2007年北京尤伦斯“‘85新潮’：中国第一次当代艺术运动”展览海报

夏小万：空间绘画的探索之路

文/文殊

在众多了解当代艺术史的人来说，认识夏小万是从上世纪80年代中期开始的，因为他在中国“85美术新潮”时期即已是一位重要的艺术家，并且参加了“89现代艺术大展”和“后89中国新艺术展”等中国当代美术史上的重要展览。虽然是位老艺术家，但是不代表他就不“新锐”，最近围绕夏小万的话题和讨论全都是集中在他近些年新锐的“空间绘画”。

作为“85老将”的夏小万

1982年，夏小万毕业于中央美术学院油画系，当时正逢

中国当代艺术的发轫期，于是他的创作也融入了当时的美术潮流。那时，夏小万的画面中的事物都是超现实的，事物看似有型但却又什么都不是，画面色彩阴暗，气氛神秘。这些因素大概符合了上世纪整个80年代的绘画特征。当时的艺术家受西方现代主义艺术及哲学思潮的影响，在绘画中都普遍表现对生命和自身存在等问题的思考，夏小万也不例外。不过，那时的夏小万并不是一个对国内的艺术潮流很明感的人，只是通过为数不多的几个朋友了解到国内的艺术界发生着什么。而且当时人们的集体意识还很强，从社会性、共性去思考也决定了夏小万的绘画代表着当时一批人的绘画，只是关注点有所不同。人们以“荒野、天穹、幽灵以及天地上的红色亮光”来描述对他这一时期作品给人的印象。他画面里那些肆意变形的人体被人们看作是“魔鬼”、“灵魂”，于是他的作品被贴上了“灵魂”、“生命”、“个体”等标签，也因此成为上世纪80年代较有风格特点的一位艺术家。

艺术突破：亚洲画廊学术邀请展

转型到探索人体本身

进入上世纪90年代后，夏小万开始脱离早期宏大叙事以及哲思性绘画的风格，其中一个比较成熟的转型就是他的“人形”系列作品。在这一系列作品中，他刻意地不去再现人体的本来形状，而是再创造出一个人体形状来。虽然前期绘画中也出现过人体的变形，但是“人形”系列完全摒弃了魔幻和厚重的叙事方式，而只关注于形体本身。于是再造“人形”成为他第二个比较成熟的绘画系列。

在这一系列作品中，可以明显感觉到艺术家在有意地解构传统的观看方式。艺术史学家宋晓霞曾如此评论：“夏小万的‘看’法，比起学院经典的‘看’法，是更为原始的方式。直觉、感性、欲望、爱欲、性感——这些与身体直接相关的品性，在经典的‘看’中往往都被筛洗清理过了，但在夏小万的素描里它们却恣意生长，他在不自觉中以身体作为生存的根基抵抗和质疑‘看’的霸权。”

由平面绘画到空间绘画

2002年，在一次个展后，夏小万发现自己的平面绘画作品完全支撑不起来一个偌大的展览空间。于是他试着把画后面加

夏小万作品

夏小万作品

一个灯箱，让画凸出来，但怎么看都觉得缺少点什么。怎样用绘画这种平面的东西来解决空间问题？西方传统中的空间感是以明暗、线面的组合达到虚幻的空间感，而他则找到了另一种方式：同样运用了诸如明暗、虚实的手法，但图像是通过玻璃切片上的每一个局部的重叠来建构的。艺术史家巫鸿将这种图像称之为“自为”图像，他说：“由于作品使用的不是画布而是透明的玻璃或薄膜，绘画形象和媒材之间的张力被消解了，取而代之的是一系列局部图像在画面外部的重叠组合，造成一个‘悬浮’着的完整形体。艺术家的企图是把绘画从媒材的约束中解放出来，创造出三维空间中的‘自为’图像。”

艺术家试图给人们营造一种不同于观看平面绘画和立体雕塑的另一种“看”的方式。这一步使夏小万这些年对“观看”方式的探索走得比以往任何一步都为深远，这一次的转型也有可能使他走上了由平面绘画向空间绘画转换的不归路。而他那时之所以选择古代山水画，是因为中国古代的山水画不是以对照实景写生为基础的真山真水，而描绘的是画家的“胸中山水”，也就是说古山水画中“可游”、“可居”的空间同时是一种“观看”方式的创造，这和夏小万对于“看”的方式的思考有着某种契合。

夏小万的艺术创作发展到上述“空间绘画”应该说暂告一段落，但是不断的创新才能使艺术家的艺术生命延续下去。在夏小万最新的“空间绘画”创作中，其手绘的“人形”作品替代了以古山水为印刷品的图像，将他对“人形”的创造和这种“空间”的概念结合了起来。继续改进和创作这批作品也是他目前正在从事的重要工作。夏小万的创作之路还在延续，如果问他：“还有可能回到平面绘画吗？”他的回答是：“如果有必要，完全有可能。”

“剧”——环球同此凉热

展览时间： 2007年9月22日 ——11月11日

参展艺术家：萧昱

展览地点：阿拉里奥北京艺术空间

“无尽的灰茫”——唐建英作品展

策展人：王宝菊

展览时间：2007年9月28日——11月11日

展览地点：挪威卑尔根3.14画廊

无尽的灰茫

——唐建英绘画印象

文/王宝菊

作为一位生活在宋庄多年的艺术家，唐建英的绘画似乎并没有受到宋庄艺术潮流和流派的影响，他深深的沉溺于过往的经历和回忆中，压抑和囚禁成为他绘画的母题和主体。

唐建英

无论大画、小画，唐建英对画面的处理都是整块的灰白，肌理单纯、平实，无尽的灰茫带给人无尽的绝望和苍凉；迎面而来、突出画面的是黑色刺目的铁丝网，粗粝而狰狞；铁丝网后是平薄的面无表情、毫无生气地被禁锢、被压抑的人物。在对画面的处理上，唐建英是冷静的，他抽离了曾经被打压、被凌虐的触目惊心的残酷场面，只将人在内心被不断剥蚀、肉体在被不断摧残后的黯淡无光、呆滞在反复的探询和追忆中一一呈现。

唐建英作品

唐建英是一个完全注重个人体验的艺术家、纵然世事苍云白狗，但他仍然执着的探入到记忆的底层，在对过往的执着的回忆中，将痛楚的点集中、放大。

宋庄几乎集中了中国当代艺术的各种流派，但在唐建英的艺术上，他忠实于自己的内心感受，他不玩世，也不艳俗，更不波普，他只是很淡定地不受任何干扰地走自己的路，纵然路途坎坷，纵然路途漫长。

俄国作家契柯夫以他讽刺夸张的手法塑造了套中人的形象；现代派文学的鼻祖、奥地利的小说家卡夫卡的《变形记》则表现了人在外界压榨下的扭曲的人虫状态；可以说，唐建英以他灰白的色调、黑重的丝网、扁薄的人物完成了网中人、笼中人的塑造。无人不在网中，无人不在彀中，无人不在狱中。有人在有形的网中，有人在无形的网中。。。

唐建英作品

实际上，唐建英并非是对现实视而不见，而是不停地把现实与回忆进行暗中的比照。与其说唐建英是陷在悲伤而刻骨铭心的回忆中不能自拔，不如说，是他面对无奈而残酷的现实仍心有余悸。因为回忆如此，现实亦如此。

御雅居当代艺术画廊开幕展

展览2007年10月5日 ——10月24日

展览香港：御雅居当代艺术画廊

参展艺术家：吴冠中、岳敏君、祁志龙、叶永青、潘德海、何森、庞茂琨、李爽

展览推荐艺术家：祁志龙

形象的追忆

——祁志龙的艺术与中国现代叙事的断层

文/杨卫

古希腊哲学家赫拉克利特曾经说过一句名言：“人不能两次踏入同一条河流。”这句话作为时间流逝的某种凭证，表明了过程的不可逆转。正是这种不可逆转性从失落的根源导致了哲学意义上精神道路的出现，使语言成了一个联系过去与今天的索道，延伸到了脚下。过去永远是一个遗失的黑洞，无法探寻，更无法回去。但通过追忆的情感激发出巨大的历史热情，却能够把我们引向已经消失的完整情境中，弥补这个时间的黑洞，并同时从里面获得形象的启示。初民时期的祭祀活动正是从这个意义上创造了人类文化的最初形式。通过祭天拜祖，人类不仅找到了跟过去的精神联系，而且也感受到了“与众神在一起”的力量。古希腊人对人本的最初认识就破胚于此，正如古希腊人意识到了人类这一基本概念一样，作为人不再是孤立的存在，而是历史的延续，人类的一员。这种认识所开创出的人文主义视野，也为后来的文艺复兴提供了追溯的对象和发展的基础。

事实上，中国人也有着同样好古的激情，从孔子时代起，便已开拓出了“与古为新”的思路。孔子把恢复“周礼”当作他毕生的追求，为中国文化埋下了复古的种子。下承到朱熹一代，更是有了“问渠那得清如许，为有源头活水来”一说。朱熹之下，代代无穷，绵延不绝，中国人徜徉于古代的经典之中，把对过去的追忆作为现实的出路，从而也就奠定了“通古

今，决然否”的知识传统。如果不是1840年西方列强入侵，中国人仍然能够在这个知识系统中保持文明的连贯，感受价值的完整。而1840年西方列强的炮火轰炸，不仅造成了文化的废墟，同时也破碎了这个知识传统。于是，在这个满目疮痍的废墟之上重续一种知识话语，并有效地建立起自我的文化新形象，便成了“五四”以来中国人的精神出路。

祁志龙作品

中国的新艺术便是产生在这样一个大的时代背景下，即中国人在集体“告别传统”，转入现代叙事的征途。对于中国人而言，这种现代叙事的转入很大程度上是一种被动选择，主要是受国门打开后世界观的改造。由于1840年后门户的开放，造成了一种外强内虚的强烈对比，使原来支撑中国人的天下观念随之塌陷，继而不得不借助于西方文化的进步势头来重塑自己的价值取向。可尽管中国现代化的征途受控于西方文化的影响，带有很强的从属性，但在自强的道路上中国人仍然体现了不息的热情和顽强的生命力。从魏源“师夷之长技以制夷”的文化观念，到张之洞“中学为体，西学为用”的思想主张，再发展到毛泽东“自力更生”的政治纲领，我们能看到这一漫长的历史转型过程中国人对于自我强盛的渴求。在艺术创作领域，这种意识也被不断演绎与放大。正如“民族化”自“五四”的“美术革命”（陈独秀语）以来就已作为一个重要议题充斥在整个二十世纪中国艺术史进程一样，将油画等西方语种的中国化改造也早就被徐悲鸿、林风眠等人所尝试，并相继探索出了新的方法。然而，由于“民族化”问题跟现代性的世界潮流之间有着某种难以化解的矛盾，所以，后来除了一部分探索为了迎合革命形势的需要，加上了某些底层老百姓“喜闻乐见”的内容以外，更主要的探索还是集中在了视觉形式的调和之上。这也就导致了后来所谓“中西合壁”的风格主义盛行。

应该说，中国的现代叙事真正在视觉上再次出现自我主体的文化形象，还是二十世纪八十年以后，即罗中立所创作的《父亲》形象出现。我曾在多处谈到过罗中立的油画《父亲》是一个划时代的文化标志。之所以这么说，并不是因为这幅作品以过去“领袖象”的超大尺寸前所未有地描绘了普通农民的形象，也不是因为这幅作品出现在中国社会改革开放之初的1980年前后，而在于这幅作品继承了朱自清在二十年代创作的散文《背影》中的情感原素，将中国儿女对父辈们的苦难摄取到了情感的画面上,赋予了整整几代中国人对衰老背影的历史性凭吊和告别传统以后的深情回眸。这是一段隐蔽在革命激情背后的形象追忆，正是因为有了这段追忆，才弥补了革命所造成的文化空白，使得中国人在经历了近百年革命浪潮的冲击之后还能有情感的回味、形象的追溯。这无疑是一种理性的回归，源于浩劫之后更大弧度的视野开放。

祁志龙的艺术就是在这样一个基础上的延续与发展。在创作观念上，他所走的正是一条“文化寻根”的道路，而并没有直接受到“八五新潮”的影响。尽管作为他这一代人，其知识来源主要还是西方现代艺术，即八十年代的教育背景，但也许是性格使然，他内敛的性格和紧张的情绪注定了他的沉思状态，以至于没有成为青年追新一族，而是作为冷眼旁观者悄然躲过了八十年代的文化喧嚣。在谈到八十年代于中央美术学院的学习经历时，祁志龙这样说过：“八五新潮时我在中央美院读书，我们班的赵建海与我在一个宿舍，他当时搞行为。我在看别人做艺术的时候，也在思考艺术问题，但我始终没有掺和到八五新潮里面去，对八五时期艺术运动中的许多东西不能理解。我解释不清楚，也看不懂。我没想清楚就绝对不做，也做不出来。”祁志龙这种必须要想清楚才能做出来的性格，注定了他要去探究事物的来龙去脉，以至于直接影响到他的艺术观念，那就是不在现实表面，而在历史深层。

当然，性格只是艺术表达的一个内因，如何将这种性格有效地释放到艺术中则还需要有新的方法论。因为只有借助于新的方法，沉闷的性格才能被重新打开，找到与时代同步共震的突破口。可以这么说，虽然学生时代的祁志龙没有参与到“八五新潮”当中，但“八五新潮”所开辟出的一种新的文化气象却对他造成了一些间接的影响，至少在某个层面上打开了他认识的眼界，使他在学生时代就意识到了在正统的学院教育之外，艺术还充满着各种各样的可能。

祁志龙是1983年考入中央美术学院版画系的学生，他的学生阶段正好是“八五新潮”闹得最为欢快的时段。祁志龙所在的中央美院因为地处在北京的王府井，毗邻着中国政治的中心，有着得天独厚的地理优势，所以，一直是一个新思潮的集散地。祁志龙跻身于这样一个文化氛围中，耳濡目染，必然会呼吸到一些新春的气息。我就曾听说祁志龙在中央美院读书期间还组织过摇滚乐队。由此可见，祁志龙性格的打开，还是要归功于“八五新潮”的，我甚至想，如果没有“八五新潮”的文化引进，后来的祁志龙也许不会找到视觉表达的方式。事实上，这也正是“八五新潮”作为一场文化启蒙运动所具有的意义。新潮美术的西方文化引用，不仅带来了意识的解放，而且也提供了许多新的表现方法。正是借助于这些新的方法，年轻一代的艺术家们才能突破既定的文化局限，找到表达时代心声的途径。

在谈到自己的艺术成长历程时，祁志龙曾直言不讳地说过自己受过美国波普艺术家沃霍尔的很大影响。那么，在八十年代流行的各种西方文艺思潮以及诸多西方现代艺术大师当中，为什么祁志龙会对沃霍尔情有独钟、产生浓厚的兴趣呢？也许这跟祁志龙身为版画系学生的背景有关。因为沃霍尔作为波普艺术的集大成者，其主要作品均是运用的版画形式。当然，除了这样一层语言关系，我想可能还有一个更重要的原因，那就是沃霍尔作品中充斥的广告意味。对于像祁志龙这样六十年代出生，少年时代经历过“文化大革命”的中国人来说，沃霍尔所营造出的那种平面复制的视觉效果很容易唤醒他们的历史记忆，使他们联想起早年看习惯了的宣传画、大字报等等视觉样式。因而，在视觉心理上祁志龙又能从沃霍尔的作品中找到某种经验的关联。

祁志龙真正进入到自己的艺术创作是1992年，这一年祁志龙辞掉了公职，举家从自己的老家内蒙古呼和浩特市迁徙到北京，加入了“京漂”的行列。此时，他不仅失去了稳定的收入，而且也失去了相对稳定的人际圈子。种种这些生活上的动荡加剧了他内心的焦虑，也使他更加敏感到整个时代的变迁。这一年，恰好是中国历史进入到一个全新的阶段，邓小平在这一年的南巡讲话，不仅把中国从某种深陷的僵局中解脱了出来，而且还为未来的经济建设制定了航向。这就意味着中国社会将进入一个全新的消费时代。作为一个丢弃了铁饭碗的“盲流”，漂泊在举目无亲的北京，祁志龙对周围所发生的这些变化自然有着更多切身的体验。所以，从这一年开始，他便把注意力放在了消费引起的社会心理的变化上，并把自己创作的作品一律命名为《消费形象》系列。

《消费形象》系列是祁志龙赖以成名的一批作品。他将许多时尚美女形象与过去的政治领袖毛泽东的符号加以并置，揭示出了政治文化的衍生与消费文化的复制之间某种内在关系，因而被艺术批评家栗宪庭归纳到1989年之后流行起来的“政治波普”潮流当中。

关于“政治波普”潮流的兴起，最主要的原因恐怕还是因为时代的剧烈变革导致了社会心理的落差，即由于市场经济的突然来临与原来的计划经济形成了巨大的差异，致使原有的价值体系全面崩塌，社会生活一时间失去了重心。因而，由发展带来的这种不平衡也就使得社会上泛起了种种怀旧的思潮。这就像八十年代末毛泽东的形象在民间社会被无穷放大，并不断神化一样，诸如此类也都成了“政治波普”在稍后流行起来的一个历史内因。

“政治波普”刚出炉的时候，被批评家栗宪庭定位在反讽的语义上，这多半还是应时的考虑，主要是为了对应一种全球化的商业浪潮。之所以强调反讽，即是希望从文化针对性的角度，给予波普艺术以鲜明的社会主义标签。但其实“政治波普”作为一种更为宽泛的社会思潮，其内涵远要丰富得多，也复杂得多，至少对于祁志龙，他的作品除了反讽的原素以外，还有一种记忆的正面打捞。正如他把毛泽东的形象符号置于花朵之中，呈现出一种绽放的状态一样。这种图式处理联系着过去“向阳花”的某种意向，也使祁志龙的《消费形象》作品在消费社会的表面现实之下具有了历史的纵向感。其实，这也反映了祁志龙的某种性格倾向，即作为一个内敛性格的人，与真挚的内心相伴，注定了祁志龙难以真正轻松地调侃起来，也注定了他不会在社会思潮的表面停留太久。

“政治波普”之后，祁志龙放弃了毛泽东的符号，这一放弃成了他艺术转折的一个关键，也使他自此走向了艺术创作的某种成熟。事实上，任何一个艺术家的成熟都会或多或少受到别人的一些影响，但真正成熟的艺术家不会拒绝影响，而是会将影响转换为动力，成就自己的艺术人生。祁志龙并不避讳自己在艺术上受到过别人的一些影响，但这仅仅只是影响，影响之后的祁志龙却能变被动为主动，将外界的影响转换成自我爆破的能量，催开自己久以封存的记忆。可以这么说，当祁志龙在自己的画面上去掉了毛泽东符号，继而又把原先画面上妖艳的美女形象从时尚氛围中抽离出去，换上一身干净利落的绿色军装之后，他的艺术观念便从中得到了确立。我之所以这么说，首先是因为他的画面比过去更显单纯。这种单纯当然不是一种内容的简单，而是一种对于意义的肯定，实际上是一种自视的明确，亦是一个对外界影响的剥落过程。

我能够感受到祁志龙在这之后所表现出的某种自信。正如他的作品稍后又被批评家命名为“艳俗艺术”，但作为创造性的个体，他却一直跟“艳俗艺术”保持着若即若离的关系一样。如果说早期的祁志龙参与到“政治波普”潮流主要是基于一种亮相的策略，那么，成熟后的祁志龙则可以按照自己的意愿进行取舍了。这是一个艺术家真正走向自我的一步，就这一步所迈出的正是一个人的自信。

艺术创作从来都是个人的事件，但个人并非一个孤立的存在，而是相对于整体的部分之和。一个艺术家只有把集体的生命经验带入到自己的思想经验中，才可能在自己的世界里呈现出人类共同的世界，在个人的经验基础上象征出普遍的人性。当然，这一切都要回到个人的单位，也就是说只有个人才能使这一切在精神内部复活，否则，永远停留在潮流表面，我们便无法找到文化的典型。祁志龙后来这批作品的典型性就在于他已超越了潮流的表面，而将自我的文化回眸转换成了对过去一个大时代的形象追忆。

文明是积累起来的，进步也是建立在过去的基础。所以，对于过去的反思一直是人类求取发展的途径。近代中国由于受西方强势文明的冲击，被迫走向现代化的求取之路，导致了传统文化的断裂，这就使得我们的现代化在某种意义上成了无源之水，再加之近百年来翻天覆地的革命浪潮，进一步破碎了自身的文化形象，更使得这个现代化的求取之路出现了难以愈合的鸿沟。故而，反思过去、追忆历史就显得尤为重要。因为通过这种追溯不仅可以为我们自身的这种现代化重建业已失传的文化证据，而且还可以从中铺垫出一条记忆的道路，连接过去与今天的现实，使历史在内心复活的同时，作用于现实与未来的参照。祁志龙对“文革”那个“不爱红装爱武装年代”的形象追忆，即是从自己的生命经验出发而对当代现实所作的一种美好连接。

二十世纪六十年代出生的祁志龙，赶上了中国现代历史上最为激荡的年代。正所谓“大风起兮云飞扬，五洲鼓荡排巨浪”。他少年时代所经历的“文化大革命”，无疑是一场极具现实破坏性的狂热理想主义运动。虽然，这场运动对于更多置身于其中的大人们来说是一次灾难，但对于懵懂无知的少年祁志龙，感受到的则完全是另外一幕。那是热血沸腾、锣鼓喧天的一幕，那一幕烘托着祁志龙的少年，使他的记忆始终带有阳光明媚的灿烂意向。正是这些挥之不去的意向丰富着祁志龙的内心，使他在后来的艺术创作中有了这种不断复现的冲动，也因此于复现的过程找到了“文化寻根”的价值坐标。

事实上，任何运动都会带来双重的社会影响，有利也会有弊。历史上有许多事情在当时看来是有利的好事，可到下个时代就不一定是好的，就会产生出许多弊病来；而历史上也有许多在当时有大弊病的坏事，到下一代就不一定是坏事，反倒会产生很大的好处。包括“文革”，短时期看也许只能看到创伤，但如果把时间放远，也许我们会发现它也给历史留下了一笔保贵的精神财富。其实，历史的追忆，重要的不是还原，而是发现，是从今天的角度重新发现过去的意义。后来的祁志龙正是这样做的，他对“文革”时期的形象追忆不是一种简单的还原，而是一种价值的拾取。正如他笔下那些“武装起来”的少女形象均都脱离了“文革”的运动背景，被不断赋予纯真的内容、美丽的光环一样。实际上这是一种历史的重构，而这种重构所包涵的理想色彩，不仅是对那场已经成为过去时的理想主义运动从精神意义上的继承与发扬，同时也是对现实的一种价值弥补，是对今天支离破碎的文化现实与物欲横流的消费社会一种不失温馨的感情填充。

“能量：精神·身体·物质”——2007年首届今日文献

策展人：黄笃

展览时间： 2007年10月17日 ——11月16日

地点：今日美术馆

参展艺术家：岳敏君、胡向东、夏小万、陈文波、李继开、他们、周子曦、尹齐、曾浩、李青、刘维艰、韦嘉、罗珲、陈卉 周松、展望、刘建华、焦兴涛、唐勇、向京、陈文令、秦凤玲、崔岫闻、隋建国、王晋、罗振鸿、史金淞、朱金石、蒋志、王鲁炎、胡介鸣、秦玉芬、姜 杰、史晶、倪海峰、杨千、朱加、刘瑞、刘卓泉、琴嘎、姚斌、陈杰、郭鸿蔚、徐震、施勇、汪建伟、杨福东、杨振中、卢意、高世强、吴俊勇、邱志杰、李广锌、郑端祥、缪晓春、王子、管怀宾、程然、许昌昌、王国锋

“西域之光”——李光林专题油画展

展览时间： 2007年10月20日 ——11月9日

展览地点： 北京红子兰画廊

“疯狂的理性独白”——庄保林油画展

策展人：王赫

展览时间： 2007年11月1日 ——11月23日

展览地点：北京雨画廊

“追补的历史”——馆藏中国当代作品展

展览时间： 2007年11月1日 ——12月9日

展览地点：广东美术馆

参展艺术家：杨少斌、岳敏君、方力钧、蔡国强、丁方、冯梦波、黄永砯、林明弘、缪晓春、欧宁、曹斐、沈远、舒群、宋永红、王广义、王友身、魏光庆、吴山专、谢南星、徐冰、杨诘苍、曾梵志、张晓刚、周春芽

Dr画廊秋季联展

展览时间： 2007年11月3日 ——12月7日

展览地点：Dr画廊

参展艺术家：庞永杰 薛珺

“85新潮”——中国第一次当代艺术运动

策展人：费大为

展览时间： 2007年11月5日 ——2008年2月17日

展览地点：尤伦斯当代艺术中心

参展艺术家：夏小万，陈箴，触觉小组，丁乙，耿建翌，顾德新，谷文达，黄永砯，李山，刘正刚，吕胜中，毛旭辉，潘德海，沈远，舒群，宋海东，孙良，王广义，王毅，王友身，魏光庆，吴山专，厦门达达，肖鲁，新刻度小组，徐冰，杨诘苍，余友涵，张培力，张晓刚

第三届中日行为艺术交流计划展

展览时间： 2007年11月6日 ——11月7日

总策划Contriver-in-Chief：

展览地点：雨画廊 北京市朝阳区酒仙桥路 798艺术区4号院

参展艺术家：中国艺术家 ： 陈进 戴光郁 高娜 高雅 刮子 黑月-季胜利 马燕冷 韩冰 杨清 也夫 魂游

日本艺术家 ：Seiji Shimoda, Harumi Terao, Kohji Ohike, Makoto Maruyama, Kana Fukushima, Shohei Nomoto, Asao Sekine, Yusuke Ikuma, Yoshio Shirakawa

其他国家艺术家 Artists from other countries: Ronaldo Ruiz (Philippines), Kaye O'Yek (Philippines), 金光徹 Gim Gwang cheol (Korea), Made (Indonesia)

07 影像档案展

策展人：张海涛

展览时间： 2007年11月8日 ——11月23日

参展艺术家：吴幼明、李凝、石头、黄旭、柯里、李文、杨志超、王宝明、劳里·安德森、张斌、张燕翔、陈学刚、蔡志勇、何颖雅、彭湘、汪源渊、汪东升、王利波、刘勃麟、傩小组、卫铁、黄文亚、李娃克、薛珺、鸿鸿、吴米森、颜兰权、朱贤哲、沉波、黄文、林兵、覃畲、朱捍东、张巍

上海艺博会青年艺术家推介展

策展人：王林

展览时间：2007年11月15日 ——11月19日

展览地点：上海市延安西路2299号世贸商城三楼

参展艺术家：孙侃、马东民、王强、周宏斌、蔡东、赵峥嵘、

宋光智、陈克、徐波、江衡、程翔、熊雪娇、邱光平、曹静萍、朱海、叶强、李昌龙、刘芯涛、魏言、吴以强、王嘉伟、陈欣、林印吉、史怡然、损红娟、大相、关矢、金辉、陈彧君、高歌、龚彦、蒋之龙、孙青峰、土风、王凯、王海霞、郑秀玉、田奉烈、吉铉秀、Awtnomy Breslin、池田嘉人、好宫佐知子、今津景、横井上泰、喜大业

展览推荐艺术家：孙侃

留在视觉盲点里的战争影迹

——孙侃“战争盲点”系列作品观感

文/张谧诠

近年来，中国当代艺术的视觉进程正在向着多元的方向发展，多以题材的突破和形式方法的突破为主要策略，像孙侃这样以视觉现象与印迹现象相互掺融的状态确是罕见，人类生存的历程印迹在艺术家心底的投影是艺术表现题材的一个重要领域，这一领域的重要性在于，以影象的绘画方式感知视觉，这一方法我们也可以称作时代视觉特征之一，它也同样让观者从其视觉印迹中读解其特定的时代文化指向，另外，我们也可在其中读解艺术家视觉个性以及形式内容取向的视觉本语。在中国近三十年的实验艺术发展中，读解和猜晰艺术家的视觉特征仍然是中国当代艺术批评的重要理论指向，我们多见的艺术批评，多以文化线索为特征进行批评指向，很少见到关于艺术家心底影像印迹猜晰的特征评语，在孙侃的“战争盲点”系列作品中，我们可以从其视觉本源现象中读解其视觉隐私，以及视觉本语文化指向等多方面的重构读解。孙侃是七零后的艺术家，本世纪初曾留学于俄罗斯列宾美术学院，作为人生的经历，他们这一代人是没有经历过战争的，他们读解的战争是从史料中对战争的间接感知，他的画面战争是制造的“视觉战争”，这种制造的战争间接来源于影像感知，以及自我文化本语对战争的读解。

孙侃作品

我所说的战争盲点有两个方面的问题，一个是“盲点”，人在日常的视觉状态中是会经常出现一些视觉盲点的，在盲点的现象中，我们的视觉感知只能是印迹，孙侃把现实生活中所看到的事物作为一个视觉盲点出现在画面中，目的在于现实的

视觉生活并不重要，而重要的是，在现实的视觉状态中感知心底视觉战争的印迹，这样，在画面中就出现了现实盲点里的战争；第二个问题是关于“战争”，作为七零后的艺术家，他们所读解的战争是文献性的，这种对文献性的感知不是亲历而是间接感知，这种感知不是在战争中人们所感知的残酷，而是视觉状态中的靓丽风景。另外一个问题是战争文化的指向问题，在孙侃的画面中，现实和战争是视觉的错位，这一错位标志着艺术家的文化立场以及战争立场，近百年来，世界上发生过数十次战争，从政治的意义上读解，战争的理由是各种各样的，从人类的生存意义上看，这样的理由的可成立性仍然是时代的盲点。另外一个问题，在我们日常生活的时间里，留在人们心底的战争阴霾仍然若隐若现，这也许是留在人们心底中和平年代的战争阴影。孙侃在画面中揭示的重要现象是没有经历过战争的人们对战争的感知，以及他们想要感知的战争欲，这种战争欲的感知在人类的和平面前是危险的。在孙侃的“漂移的头骨”的作品中，我们首先已经感知的是战争的久远，同时又让我们感知战争就在我们身边，在其“在战争遗骸中留下的沙发”这一作品中，又让我们在战争的废墟中看到战争的残酷性，以及对战争遗留下的生存的珍惜，在“反光镜”这一作品中，我们看到的现实的海平面是美丽的，但从“反光镜”中所看到的却是战争，这种心底印迹在画面中的巧妙使用是艺术家的智慧，从“原子弹爆炸”这一作品中，我们看到被遗留在荒地中的“文明棍”是对战争高科技文明的高度讽喻，在这一讽喻过程中，我们又看到了艺术家的文化智慧。孙侃是一个九十年代吉林艺术学院美术学院的毕业生，后留学于国外，在他的作品中，我们能够看到东西方文化交融对其产生的艺术影响，在他的艺术智慧中，既有西方的文明智慧，又有东方的视觉感知，我觉得孙侃是一个具有视觉突破潜智的艺术家，在与其为友的多年过程中，我兴奋于他视觉智慧的灵动，也感动于其艺术创作的态度，在未来中国当代艺术的发展中，我们仍将观注其本语的艺术走向。

孙侃作品

方力钧个展

策展人：张晴

展览地点：上海美术馆

展览时间： 2007年11月18日 ——11月29日

展览推荐艺术家：方力钧

方力钧:告别“泼皮”

文/麦青

虽然方力钧被称为中国新艺术潮流最重要的代表人物，中国当代艺术“四大天王”之一，但这次在上海美术馆的个展却是他第一次在国家级的美术馆举办展览，开幕式上来人众多，张晓刚、岳敏君、王广义，"四大天王"悉数到场。

从各个角度看，这都是一次非常个人化的展览。方力钧说，“对于我个人来讲，我是进入了更微观的世界，以前我关心的是大家都关心的主题，现在所有的这些主题都是我特别切身的体现。”

此次展出的30件作品包括油画、雕塑装置、版画和水墨画，除了两件雕塑是2004年完成的以外，其它都是新作。这些作品中，可以看出方力钧的创作手法和思想意念都进入一种更为舒展的境地。

方力钧作品

“婴孩更接近生命本源”

展厅里油画尺寸都很大，最大一幅挂满了一整面墙。飞鸟、蜜蜂、苍蝇、羽毛、水珠、婴孩，这些意像反复出现，“手法和意念较之从前都更加舒展”。除了方力钧一贯爱画的蔚蓝色天空，其他的画面内容比之前更加艳丽和夸张。他早先“泼皮无聊”的面貌已不见，取而代之的却是温暖幸福的升腾景象。云雾、海浪翻卷着，配合着巨大的画幅，一切仿佛都是无边无际的，却又都是不确定的。

如果说油画是对方力钧自己生活美好部分的写照，那装置作品则表现了他对生活另外一部分的思考。球形玻璃罩里躺着一个硅胶做的婴孩，透明的球面上画着各种昆虫。方力钧认为，婴孩比光头更接近生命本源，更不具有身份指代性。

昆虫代表了生活的各种麻烦、问题。方力钧说，“人干干净净到世界上来，随着你的成长，无论是得到也好，失去也好，麻烦和问题都会越来越多。成功的人或者失败的人，都会被麻烦覆盖住，这是没有办法的事情。”

一组金色铜质头像雕塑是方力钧在2004年完成的作品，32根长柱子上放着32个金色头像，是在真人的头上用石膏翻镀，高度与头像主人的身高相当，头部上扬，双眼紧闭。石柱上贴着名字，艾未未、崔健等等，大都是方力钧的好友和艺术圈名人。因为石膏要覆盖住眼睛，所以做出来的头像也都闭着眼。方力钧说：“做完以后也发现，闭着眼的效果比睁着眼更好。”

方力钧作品

而另外一组水墨肖像画，画上也都是方力钧多年的朋友。方力钧说，“都是生命中的贵人，画他们并在这里展出，是对他们多年来的感激，也算是一个交代。”

此次展览的作品也维持了方力钧一直以来的习惯——没有名字，以编号代之。方力钧不想对作品有限定，他希望每个人都可以有自己的理解。

“生活与艺术的关系如同水和小便”

之前方力钧的作品在长沙展出时，就有人认为他的风格已经转变。而在上海展览开幕式上，方力钧对“转变”之说做出了回应，他强调艺术创作的一脉相承，不能简单地称作转型。他认为，当代艺术不应是一种声音，而是多种声音。如果当代艺术自认是绝对的，唯一的，那就埋葬了自己。

但无论改变与否，可以肯定的是，方力钧那最著名的打着哈欠的“光头泼皮”形象，在这次展览中是不见了踪影。取而代之，婴儿的形象大量出现，“婴儿就是人的代名词。小孩的形象代表了人的概念的原点，无论是希特勒还是雷锋，都是从几乎无知无觉的孩子发展过来的。所以说回到原点更合适。主题就是生命是原点。”

自从栗宪庭为方力钧的画贴上了“玩世现实主义”的标签，方力钧的名字就与“光头泼皮”联系在了一起。自中国后89新艺术潮流以来，“光头泼皮”形象，已经成为一种经典的语言符号，表现了当代人叛逆、戏谑、躁动、迷惘的内心。

究其起源，也许来自他少年时期的一次叛逆经历。方力钧上中专时，学校规定不许留长发，他和几个挨批评的同学把头发剃个精光，校长气得不行却又无可奈何。这种少年的反叛为他日后选择光头作为自己作品中的形象埋了伏笔。方力钧觉得，光头叛逆，但又含义暧昧，和尚光头，犯人也光头。他选择画光头，是因为这样可以模糊个差异性，而突显人的整体象征意义。

但方力钧认为，标签只是标签，“原始的出发点，其实89年之后就没有什么变化，就是关于人的。有时是人性的和自己立场的，有时关于人的处境的，有时是人的欲望的，有时是人的生命的，但总体来说核心的东西还是关于人的生命的。”

方力钧觉得创作的经历如同高台跳水，观者可以将跳水动作一一分解，但是对跳水的人来说，这却是一气呵成的动作，“是一个连续的过程，没有办法避免。所以说做作品到现在，对我来说只是不同时间的一个自然的过程。”

他从不认为艺术是崇高的，“有人觉得只要有崇高的理想，就能创造出伟大的作品来”，他觉得这种想法很可笑。方力钧不想当那种闭门造车的艺术家，“这样的一种社会状态我觉得就相当于你断了上面的水源，却非要小便一样。”

生活和艺术的关系如同水和小便，是他近来最爱说的一个比喻:"喝了水自然就要小便，艺术和生命，是共生的关系，但同时艺术品也是生命的副产品。理论上来说，只要生命存在，艺术品就会不断的出现。那你摄取的营养和你排泄的成分是有关系的。"

方力钧作品

“我希望成为一个正常的人”

方力钧的人生经历紧扣着中国当代艺术发展的脉络:1985年，他考入中央美院版画系，赶上"85新潮";1989年，他的毕业作品又入选了"89中国现代艺术大展;毕业后，他成了中国第一批体制外的自由艺术家，搬进了圆明园画家村;1993年的威尼斯双年展，他和他的"光头泼皮"一起进入了国际视野，成为第一批"走向世界"的中国当代艺术家。

展览上，一件长39.6米的装置作品悬空横贯在上海美术馆一楼大厅的中央，一把特制的塑料透明长尺上，站满了裸体小人。刻度上每一毫米的刻度相当于生命的一天。

方力钧作品

方力钧在标尺上标出了"月"、"年"的刻度，但"绝大多数的观众在看作品的时候，虽然上面清清楚楚的写着刻度， 但是还是没有什么人会真的去注意这些。人在看这个作品的时候，差

方力钧作品

不多是五六十公分一步一步地迈过去，那很快，这'人的一生'就看过去了。"

但方力钧的人生并不是这么"跨"过去的，他每一步都走得小心翼翼，也造就了他今日的成功。1963年生人的方力钧是河北邯郸人，可以说，正是他的小心经营，让他成为当代艺术家中起点最高的一个：第一次卖画就以高价卖给了国家级美术馆。

上世纪80年代末，方力钧从中央美院毕业，进驻北京圆明园画家村。为了生存，他画过巨幅户外广告和教学示意图，租过柜台卖衣服，但"穷得要死也不出售自己的作品"，因为他要让它们一起展示。1992年，机会来了，"在澳大利亚举办的一次当代艺术展览中，我首次出售自己的作品，澳大利亚博物馆收藏了我的3张素描，每张1500美元"。

他理所当然成为第一批"富起来"的中国艺术家，又是第一批搬离圆明园画家村，搬进宋庄的人。再后来，他开餐厅，开客栈，客串电影，收藏古玩，养狗，最近两年还结了婚生了女儿。

他不想当梵高那样靠本能画画的人，这十几年来，他的每一步都是有计划、有控制的进行。对于方力钧来说，生活的方方面面，包括接受采访、开餐厅、处理一些餐厅事务，又或者偶尔的去算算账，因为餐厅的问题去跟公安、社会上的一些人去打交道，都构成了对生命的一种滋养。他认为，只有通过这种滋养，人的创造力，或者说作品才会源源不断地出来。

“最可怕的就是一个艺术家长期一个人在工作室里，慢慢的跟外界失去关系。所以必须得警惕，因为你不知不觉就脱离群体，就变成一个疯子了。"方力钧说。”这样的一个画家有可能是成功的，但我自己不愿意这样，我希望成为一个正常的人。

“爱上江山”——当代艺术联展

展览时间：2007年12月8日——2008年1月15日

展览地点：北京市朝阳区酒仙桥路2号798艺术区先声画廊

参展艺术家：马东民、童振刚、高惠君、王建、刘君

“忽左忽右”——当代艺术作品展

展览时间： 2007年12月8日——2008年2月9日

展览地点：第五元素

参展艺术家：张东红、萧瑟、贺洪志、郭伟、付磊、高芳

“图像—中国新绘画”——2007《艺术当代》架上艺术学术提名展

展览时间：2007年12月13日——12月23日

展览地点：上海美术馆一楼展厅

参展艺术家：周春芽 曾梵志 毛焰 张恩利 刘国夫 赵能智 张小涛 杨劲松 韦嘉 秦琦 贾蔼力 李青

主办方：《艺术当代》 上海美术馆

墨画廊力捧艺术家亮相展

展览时间： 2007年12月22日——2008年1月20日

展览地点：墨画廊北京朝阳区酒仙桥路2号798艺术区

参展艺术家：高风、库雪明、李明铸、李佳、石立峰、司永萍、唐杰、吴勇、余霞、张继生

翟墨航海 | Five

翟墨航海路线

翟墨：中国人首次单人无动力帆船环球航行

2007年1月6日，宋庄艺术家翟墨驾驶贴有“中国・宋庄”标志的“日照”号无动力帆船，在山东日照启航，进行预计历时500天航程3万海里的“文明之路•世界文明环球纪行”大航海行为。翟墨，山东泰安人，2000年2月，38岁的翟墨开始自驾无动力二手帆船航海，而这次，他将用一年左右时间，途经雅加达、好望角、巴拿马，穿越中国海、孟加拉湾、阿拉伯海、红海、地中海、加勒比海等海域，横跨太平洋、印度洋、大西洋流域的40多个国家和地区，最后归航日照，总航程3万多海里。

我的环球航海梦

“只要有一条船，就能带你到世界的任何地方。”翟墨说。

“但关键的一步是，你一定要上船去。”

很难说清，这个长在泰山下的中国人是怎么和大海结缘的。从2000年突发奇想到现在 ，翟墨已经航行了2万8千海里，而他的理想，是将地球环行3圈。

突发奇想

和很多人一样，在还没有见过海洋的时候，画家翟墨就曾梦想，如果有一条船，就能沿着这个圆形的充满水的星球，到世界任何想去的地方去。

2000年9月，游历于欧洲的翟墨接到来自新西兰的邀请，到奥特兰筹备自己的个人画展。闲暇的功夫，他帮当地的一家电视台拍片子，在那里，翟墨见过了无数的白帆。一天，当他问一个来自挪威的老头：“您去过多少个国家？”航海者略微沉思了一下，说：“我不记得了，不过我已经绕地球一圈半了。”

那个早已忘却的梦想突然被激活了。

翟墨在一个海岛上买下了一条产于70年代末期的旧帆船。这条年龄有20岁的船外壳为玻璃钢，内为木制，看上去状态还是很好。办完过户手续后，翟墨请卖家帮他把船开到奥克兰，顺便教教他怎么操控帆船。翟墨的帆船培训课就在这5个小时的航程中完成了。

船到奥克兰，翟墨把他岸上的房子退租，搬到了船上住。

有了这条船，翟墨觉得自己变成真正的自由人了，他于2000年2月至2001年8月自驾帆船环新西兰一周，考察当地波利尼西亚土著艺术。让他记忆犹新的是，有当地华人看见他这条悬挂五星红旗的帆船时，过来搭讪并告诉他，在这里住了几十年了，终于第一次见到一个驾帆船的中国人。翟墨当时惊了，他很想问：“你看了这么久，难道就没想过租条船下海？”

翟墨

宋庄朋友送翟墨出航

向海洋深处进发

在熟悉了帆船的属性后，翟墨向大海深处进发。2001年9月，翟墨驾着他的8米无动力帆船再次从奥克兰出发，跨越南太平洋马德克和汤加两大海沟，游览太平洋群岛的风光，并从这里回国。这是一次真正具有挑战性的航行，他尝到了长时间航海的孤独，还有被风暴刮到海上的滋味。

“在海上，6到8节的风是最让人心驰神往的，这时你的帆船跑得很快，和快艇的速度差不多，而且很平稳，到了10节

日照号 启航

以上的风时，你只能感到晕眩，并祈祷风赶紧小一点。”翟墨说。

“在风暴里，这么小的帆船一定很危险吧？”

“不不不，”翟墨急忙摇手，“在风暴中的大海，再大的船也只是海上的一片叶子。帆船的构造独特，能够像一个不倒翁那样保证永远在海平面上保持平衡，它实际上比万吨货轮还安全。”

在太平洋沿岸各国，翟墨受到了当地华人和中国使领馆贵宾一样的欢迎，这让他有点受宠若惊。

人们设想的在海上的那些奇遇，翟墨在太平洋里遇到了一部分。在太平洋里，翟墨看到了鲨鱼。有一次甚至遇到一条比他的船还大的鲸，突然出现在船前面，喷了一次水又下潜了。翟墨觉得，它们对他和他的船并不感兴趣。他认为，“在深海航行是最安全的，你所听说过的航海事故，什么搁浅，触礁，撞船了，都发生在浅海。”

危险不是没有发生过。在一次遇到11节大风时，翟墨让风刮到了海里，他抓住绳子，又爬回自己的领地上。

“如果这时鲨鱼跑过来怎么办？”

翟墨笑了：“鲨鱼和风暴，是不会同时出现在海面上的。”

绝大部分的时间里，既没有鲨鱼，也没有风暴，一个人孤

宋庄艺术家送翟墨出海

孤单单地在海上，周围只有一种颜色和浪涛的单一节拍。这种感觉，相信大部分的国人不会习惯。

“闲着的时候你做什么呢？”

“在海上除了驾船，还是驾船，你没有空闲的时间。当然你的大脑是有空的，在海上能让你想到许多陆地上所想不到问题。”

在世界各地的海港，翟墨见过许许多多的老头子老太太，他们在退休后，把家搬到了海上，悠闲地环游列国。但在素无海洋运动传统的中国，无动力帆船被看成是一项耗费大量体力的高风险和高技术性质的运动。而事实上，无动力帆船让翟墨感受到的，就只是“自由”两个字：

“在公海，一艘船就是一个漂浮的领土，如果你不乐意，你可以拒绝其他国家的人到船上搜查。在陆地上，去一个国家必须办理复杂的签证手续，而在海洋里，这些繁复的手续都与你无关，你所要做的就是让风带着你走，如此而已。”

中国海疆万里行

2003年3月18日，翟墨从大连启航，沿着中国近海，去完成他的“帆船环球航海行”的第一部分“中国海疆万里行”。这次历时54天的航行总的来说还算平稳，只有一次，他的船漂离了既定航线，和岸上失去了联络，让他在岸上的朋友惊吓了一次。

让翟墨意想不到的是，沿途的媒体记者和各地民众对他这次航行是如此的热情——到岸之处，行人夹道，俨然已经把他当成了了不起的英雄。在这欢呼声中，翟墨充分感受到了中国人对于海洋的热情，但这种热情，却总是仅仅限于站在岸上的欢呼。

这种情形，和奥克兰的海湾有多大的差异啊！

“他们在岸上跃跃欲试，所需要的只是一个能把他们带到船上的机会。” 翟墨深有感触。

早在600年前，中国人郑和就曾率领世界上最庞大的船队，走过了大半个世界，不过在此之后，这个王朝却怦然关上了海上大门。

“和我一样，绝大部分的中国人都是山民，对海总存有望洋兴叹的遥远感。如果我能够证明，只身环游世界是一件轻而易举的事情，我相信很多人会迅速扑向大海的怀抱。” 翟墨感慨。

这样的故事在航海史上早有先例。

上世纪60年代，英国人多次挑战环球航行，这激起了自尊心极强的法国人的爱国心。一位年迈的探险者不顾身体衰弱，只身挑战环球航程，在法国引起轰动。在他的推动下，法国人了解了此项运动的魅力。目前，法国已经是欧洲平均拥有帆船最多的国家之一。

翟墨与印尼小姑娘

心与大海的距离

由东向西，随着季风穿越马六甲海峡，掠过斯里兰卡，从苏伊士运河进入地中海，经过佛得角和安地列群岛，穿越大西洋，经过巴拿马运河，进入太平洋，然后穿过南太平洋诸岛回到中国，这是翟墨给自己设定的单人环球旅程。

曾有无数人挑战过这条经典航程，1970年，英国人Chay Blyth乘无动力帆船挑战成功，他总共用了292天完成全部航程，此后，他的这个纪录被不断改写，2004年法国人Uean Luc Van Den Heede仅用了122天就航完该线路。

帆船的力之美，似乎是必须经过冒险来证明，而翟墨希望以自己的环球航海行来向公众证明，帆船与海洋，是每个中国人都可以拥有的梦想。

“但是，许多中国人还连游泳都不会呢！”

“你不需要会游泳。”翟墨咧嘴一笑，“无动力帆船不需要驾照，你甚至不需要学会游泳，航海者在船上永远系在一条绳子上，通过这条绳子，你的生命和这条船系在一起。如果船毁了，你也别指望游回去。”

在航海史上，也真有不会游泳的水手。1895年，一个不会游泳的美国人Joshua Slocum从美国麻州出发，南下合恩角，西进太平洋逆风而行，用了三年多的时间，终于环绕地球一圈。他根据这三年的经历写成的游记 《一个人的环球航行》，是航海史上的经典之作。

“法国著名航海家探险家保罗•埃米耶•维克多说过，惟一注定失败的事，就是不去尝试的事，我希望以我的尝试让所有的人意识到，我们与大海的距离，主要是我们的心与大海的距离。”翟墨说。

翟墨的梦想还不止这些。如果他能够于2005年的秋季顺利开展由东向西的单人环球航行，如果航行顺利完成，他将挑战环绕南极之旅，最后冲刺无动力航海最难的环绕北极圈之旅，完成他的环航世界之梦。

穷人也有穷人的玩法

翟墨在塞舌尔港与码头总管合影

翟墨跟南非码头工人们在一起

翟墨现在拥有了一条洁白的帆船。在青岛那个漂亮的码头，通常孤零零地只停着他这一条帆船。

中国的帆船运动刚刚萌芽，这一点从城市边的海岸就可以看到，青岛为2008年奥运会而建的码头快完工了，日照的码头则早已完工，此外，深圳、海南等地也在为私家游艇建码头。航海俱乐部也在中国应运而生。不过，高达四五十万的会费让人感觉到：这是一个比高尔夫还奢侈的运动。

翟墨对此颇有些不以为然：“那是专为富人而服务的，帆船绝不是富人的专利，穷人有穷人的玩法。”

在新西兰奥克兰市，翟墨见过了无数的白帆，当地人告诉他，这里平均4个人就有一条帆船，这并不意味着当地人都是百万富翁。“有钱人可以花几百万或者几千万人民币去买一条豪华游艇，再花上百万买一个直通车库和俱乐部的泊位，但没钱的人一样可以花10万(人民币)左右买一条旧船，再花很少的钱钱租一个船位。有了帆船，你的吃住都在上面，可以省下度假的许多费用。”

在航程中，翟墨发现了许多在陆地上永远无法发觉的秘密。“在过去，你会觉得外国人都是富人，因为他们有钱作环球旅行。但当你自己也在旅行的时候，你会发现他们的许多秘密。”

比如，50块钱的浮球。在奥克兰，翟墨采用短期租用的方式租借了一个码头的泊位，价格大约合人民币1000元一个月，比在岸上租房子便宜多了。但后来他发现，有些地方更便宜，只要花约合50元人民币，就能租到一个浮球，把船固定在浮球上。在南太平洋沿岸，经常有一种简易的码头，每个船位就是一根木桩。

“在欧洲，无动力帆船因为玩的成本较低，通常被看作一种经济环保的运动。而在中国，帆船被当作一种奢侈品。有钱人因此为了显示自己的财富去购买帆船，相关的配套设施也会越来越贵，而让真正喜欢这项运动的人玩不起帆船，从而扼杀了这项运动向大众普及的可能性。”翟墨说。

他希望凭借自己的环球航海，向所有喜爱这项运动的人证明，帆船，其实是一个普通人能够拥有的梦想。

翟墨离开雅加达

翟墨在英属迭戈·加西亚岛美军基地

中国人的海上之旅

2003年，一个英国退伍海军军官孟菲斯的著作，论证了第一个驾船环游世界的人应该是中国的郑和。这一消息在那些具有海洋情结的中国人当中引起了轰动，郑和的故乡昆明为此召开了世界级的研讨会。同年，一艘名为“绿眉毛”的仿造郑和船队中的运输船的复古船开始建造。人们开始怀念和探寻中国人在600年前昙花一现的航海史诗。

中国文字记载的第一次大规模航海应当是秦朝徐福率众入海求长生药，据史书记载，庞大的船队上载有上千名士兵随从以及预备献给神仙的童男童女。在公元前200年，尽管中国的造船技术已经领先于世界，但在指南针发明以前，人类还是不足以担当如此远距离的航海。徐福的船队也就一入东海而渺无音讯。

到了汉唐，中国的木材加工技术和钢铁铸造术均领先于世界，使中国的造船术进入一个新的高度，同时，中国的海域也开始繁忙起来。从日本和东南亚各国而来的遣唐使频频出现在长安，中国儒家文化在此阶段传播到东南亚。根据史书记载，当时的外国商人，必优先选择性能良好的中国商船。在此期间，中国最著名的航海是僧人鉴真于公元732年(唐天宝年间)第六次东渡获得成功，从鉴真东渡屡屡不成可以看出，当时的航海不仅凶险，也存在相当多的非议和阻挠。

最晚在南宋末期，也就是12世纪时，中国的海船上已经在

翟墨作品

普遍使用指南针，而且匠工技巧更为成熟，制造大型船舰的技术日趋成熟，海上贸易开始变得频繁。中国的海上优势一直保持到600年前的郑和时代为止。

明中叶以后，西班牙和葡萄牙的舰队控制了太平洋的大部分水域，中国的航海路线被一再缩短，国力优势也逐渐萎缩。140年前，也就是清同治年间，洋务派开办江南机器制造总局以图在船舰制造上重振雄风，大国海洋梦延续至今。

山东人翟墨:“我已经习惯了漂泊”

2007年5月11日凌晨6时，中国海疆万里行的第一人翟墨在三亚大东海登陆，结束了他历时54天、独自驾驶小帆船航海3000多海里的旅程。昨天，记者终于拨通他的手机，采访了这名志在航行全球的山东汉子。

记者采访片段

记者：这次航行最大的收获是什么？

翟墨作品

翟墨：验证了自己的体能，意志力也更强了，只要船能大一点，将来航行全球没问题。

记者：在海上漂泊了50多天，有没有恐惧的时候，感觉最大的困难是什么？

翟墨：我很庆幸能顺利地完成这次航行，毕竟这艘帆船太小了，遇到八九级的大风，帆船基本上被浪竖了起来，那时候我真的感到很恐惧，很绝望，茫茫大海上没有一个人能来帮我，只能靠自己去拼搏。我感觉最大的困难就是大风浪，有一次连我的海图都被浪卷走了。

海豚曾经伴他前进

记者：有没有想到退缩？

翟墨：我已经习惯了漂泊的感觉，学会用欣赏的眼光来看待风浪。在三亚外海，我看到有三十多头海豚簇拥在我的帆船两侧，那种成就感是在陆地上无法感受的。

翟墨作品

独立航海人的入港经历

记者：描述一下港口生活，比如塞舌尔或雅加达的港口生活，水手们都在干吗？发生了怎样的故事？

翟墨：每一个港口通关程序大致一样，主要环境不同，在印尼雅加达我停靠在临时码头，比较脏，离开时船体一层油垢，雅加达我是根据海图进入港口停靠的，而塞舌尔我没有详细的海图，停靠比较麻烦。当时到达塞舌尔是凌晨五时，天漆黑一片，等到天亮才缓缓入港。周围全是珊瑚礁。稍微不慎可能触礁，迫不得已，绝不能这样航行。

在到达塞舌尔的印度洋上，因我的船液压系统与舵连接的螺丝断掉，周围没有停靠岛屿，离我最近的是英属美军基地迪戈加西亚岛，距离5度，用临时舵在25节－35节的风速航行，非常困难。正常航行需要两天半时间，我却用了五天。

接近岛，出来11名荷枪实弹的英军押我进港，并交与警察。警司告知我非法进入他国领域，临时拘留。考虑我的情况特殊，就特殊对待，但把我的船修好，明天十点离开，只得遵命，真希望他们多拘留我十天半月的，让我好好休息一番。睡觉至天亮，船已修好。六名大兵护送离岛，我往西北航行至塞舌尔。

记者：长时间在海上享受孤独，把所有东西都想完的时候，你会向往出现怎样的奇迹？

翟墨：在印度洋航行29天，最希望好天好风。

记者：每到达一个目的地，与陆地签证的差别在哪里？

翟墨：大致相同，比陆地简便，接近港口时联系办理通关手续。

翟墨摄影

翟墨终于靠岸 Zhai Mo berths finally

南非上海商会会长及家人

翟墨离开雅加达

7月6日翟墨离开雅加达开始了穿越印度洋驶向毛里求斯。7月19日翟墨在东经78度38分，南纬11度52分的方位时风力增大，越靠近毛里求斯纬度增高时风力将继续增大，翟墨打算转向马达加斯加驶去；此时“日照号”帆船方向舵失灵，启动备用舵，靠人力掌舵航行。

7月25日18时40分密切关注翟墨单人航海委员会秘书长东方少阡来电：经过一周的艰苦航行，身心疲惫的翟墨已经在20分钟前停靠在印度洋的一个小岛，该岛是美军的一个军事基地，进口在岛的西北，方位： S 7° 14.44分，E 72° 23.25分；一名美国工作人员在翟墨打通给密切关注翟墨单人航海委员会秘书长东方少阡的电话中承诺会协助翟墨在该岛对“日照号”进行维修。

在获知上述消息后魏军，东庆，许璐，安文彬，邹波，佟小舟，洪红及中国海洋学会的成晋豫，申家新等对此表示宽慰，希望翟墨能在修船的同时休息调理好身体。此时在西藏的洪红也在佛教圣地为翟墨祈祷和祝福。

翟墨给杨洮的短信

杨洮歌艺（戈溢） 马越过年好！十日离开开普敦在海上航行三十二天，今早刚看到南美大陆山峦，预计二天以后将停靠巴西最北面的福塔莱萨港，借过年的酒，祝贺已穿越大西洋。

2007年

已到巴西福塔莱萨，行走在白人、杂色人、印第安人相处的大街上，有种熟捻、恍惚之感。梦中的巴西，在此停靠两天补给前往法属圭亚那。见安。

2007年

宋庄房讼 | Six

宋庄房讼

文/盛学友

宋庄已经成为首都一张城市名片。自1994年以来，全国各地的1300多名艺术家聚集宋庄——其中包括近百名海外和港台艺术家，这个坐落在京城东部的乡镇因而成为中国最大的艺术家集聚地。

艺术家进入宋庄后，其中200多人购买了当地农民宅基地上的住房，盘活了闲置房屋并使其空前升值。为此，有的农户反悔，要索回出售的房屋——先后有13名艺术家被告上法庭。

假如艺术家败诉，宋庄房屋讼争就会像推倒了第一张“多米诺骨牌”。因而，大批宋庄艺术家担心流离失所；倾情打造“首都名片”的宋庄镇党委书记胡介报也忧心忡忡……困扰各方的是“农民对其私有房屋依法享有处置权，但宅基地却归农村集体所有，如何化解农民私房所有权和宅基地使用权本质上相分离的矛盾”的问题。

如今，一连串并非简单意义的诉讼已引起北京市有关部门的关注，综合“考虑艺术家、农民以及宋庄镇三方面的利益，顾全大局，近期从方法上、长远从政策上解决二者之间的争端”的思路已经显现。

中国宋庄：13名艺术家成被告

“法不禁止即可为”和“诚实信用”的原则如何在司法审判实践中得以体现？如何处理经济快速发展和法律、法规相对滞后产生的社会矛盾？这些都是画家村这场房屋买卖合同纠纷引发诉争给我们带来的思考。

“近段时间以来，我们艺术家成为了焦点人物，”王立则说，“这其实不是我们所期望的！”

被誉为中国艺术家群落（百姓称之为“画家村”）的北京市通州区宋庄镇，因为当地农民索要早已出售给艺术家的宅基地上的私有房屋而引发诉讼，13位艺术家因此被告上法庭，并且其中一位画家一审败诉。一时间，宋庄成为媒体关注的焦点。

在这些艺术家当中，第一个被告上法庭的，是王立则。最近接到判决书的，是画家李玉兰。“法律是保护诚信，还是支持不诚信？”李玉兰对其一审败诉的判决结果不服，提起了上诉。“我们很无奈！”她说。

“农民和艺术家之间的房屋买卖合同纠纷，暴露出农村宅基地作为农村集体建设用地如何开发流转的软肋。”王立则认为。也有人指出，如果处理不好农民和艺术家的这个纷争，文化创意产业的发展就会受到阻碍，“艺术家和农民多年来形成的互利互惠的社会经济结构就会被打破，这不是危言耸听！”接受采访的几位艺术家都这样表示。

第一个被告：“应依法保护公民权利”

宋庄镇位于首都东部，通州新城北部，地处首都东部发展带和十里长街东线上，潮白河与温榆河之间，距天安门24公里，是东北及环渤海地区进京的交通要塞，下辖47个行政村，是国家级的小城镇。

2004年2月，通州区永顺镇镇长胡介报到宋庄镇任党委书记，经过调研，当年提出了“文化造镇”的口号。

2005年10月22日，中国宋庄文化艺术节拉开帷幕。“艺术节是我们文化造镇的前奏，”胡介报表示，“希望经过努力，将宋庄打造成为中国的苏荷区，就像艺术圣地法国的巴比松！”2006年，宋庄镇被确定为北京市文化创意产业基地之一。目前，宋庄已吸引全国各地约1300名艺术家，其中有200多人已购买当地农民宅基地上的住房。

“宋庄领导对画家村的这个长远规划，让我们对未来充满了信心。”王立则对记者说，“但农民起诉我们买卖合同无效，要求退房，这不是个好兆头。13名艺术家被告上法庭，其中一位一审败诉，我们为此充满了忧虑。”

王立则是第一个被农民诉至法庭的艺术家。

李玉兰的院子

今年57岁的王立则当过大学教师、公务员、报社总编。“对法律比较熟悉，艺术家都找他咨询。”艺术家常宗贤告诉记者。

常宗贤于1995年在宋庄镇白庙村花1.85万元买了一个院子，1997年6月搬到到白庙村。

1998年9月20日，西安美术学院教授、雕塑家徐人伯购买了白庙村张建立一处房院，包括正房7间、房前屋后树木及院内所有设施，徐人伯付给张建立人民币1.85万元整，“即日起房院产权归徐人伯所有”。

常宗贤当时作为买方徐人伯的中证人，在契约上签了字。

购房后，徐人伯又加盖了五间厢房，筹办雕塑学校。不幸，徐人伯突发心脏病去世。“房子闲置了两三年之后，徐老师的夫人王玉彩又把房子卖给了我。”王立则介绍。2003年10月9日，他和王玉彩签订契约，购买了徐人伯这处房院：正房7间、厢房5间、后房2间，前大门及院落，王立则付给王玉彩人民币6.6万元整，“房院所有权归王立则所有”。

记者看到了1993年3月28日下发的通集建(93宋)字第05470号《集体土地建设用地使用证》，“土地使用者”一栏为“张建立”。

“从买房至今，不算时间和精力，我光钱就投入了十二三万元了。”王立则说，“2004年张建立找过我，对我说，如果我要卖房的话，就先卖给他。我当时同意，要卖的话，就先卖给他。2006年八九月间，张建立带着他老婆找到

李玉兰在法庭

我，要赶我走，说房子是他的。我说房子不是从你手里买的，房子不是你的，是我的。你有证据证明房子是你的，可以打官司。”

2006年10月10日，张建立一纸诉状将王玉彩、王立则告上了法庭，请求判令他和被告房屋买卖无效。随后，法庭依法变更王立则为有独立请求权的诉讼第三人。当年11月，宋庄法庭开庭审理此案。“2007年1月，此案件由原来的简易程序，改为了普通程序。”王立则说，“现在，法院又依法延长了审限，还没判决，但不管怎样，都应依法保护公民权利！”

43岁的张建立告诉记者，他卖房、起诉都有难处，“卖房是因为当时爸妈都有病，急需钱治病。虽然我有楼房，但都是借钱买的，现在我儿子要结婚，老婆也有病，我将无处可住。”

张建立介绍，他曾找过第一个买他房子的人，告诉他们要是不卖房子他们就住着，“要是卖的话，一定要先通知我，我要赎回来。”王玉彩后来把房子卖给王立则，他并不知情。城里人不许买农民房，“10年前我不懂这些，但王立则应该知道，他属于钻法律空子”。

对于案子迟迟不判，张建立说他不懂是咋回事。“记者应该替我们呼吁呼吁，农民就一定要吃亏吗？农民就没有权利了吗？我不后悔打官司，无论输赢，都相信法律是公正的。”

王立则等人走出二中院

第一份判决：“我们感到不理解”

张建立起诉王立则索要已售房屋后，陆陆续续又有十多位艺术家被告上法庭。其中，李玉兰的案子是法院第一个做出一审判决的。

8月7日晚上，记者在辛店村一个院落里见到了李玉兰，她怀里抱着一个孩子，“这是我们的女儿，刚5个多月大。”

李玉兰1969年生，河北邯郸人，丈夫谭小勋1980年生，湖南娄底人，2006年元月16日在娄底涟源市民政局登记结婚。

李玉兰一边给孩子喂奶，一边介绍官司的来龙去脉。

2002年7月1日，李玉兰和辛店村马海涛通过中证人签订买卖房屋协议，李玉兰以4.5万元人民币的价格购买马海涛正房5间、厢房3间房屋及院落，“以上级颁发的土地房屋使用证为准，房屋款项自签字后一次交清，双方遵守协议”。这份协议上，辛店村委会加盖了公章。2003年10月27日，辛店村委会给李玉兰颁发了私人宅基地内建房许可证，允许李玉兰在其本院内建筑40平方米的房屋。

1993年4月6日颁发的通集建(93宋)字第7—055号《集体土地建设用地使用证》“土地使用者”一栏中填写的是马海涛之父“马万春”的名字，在“变更记事”一栏中，辛店村委会于2002年7月1日加盖公章并注明：“马海涛于2002年7月1日将上房5间、厢房3间出售给李玉兰使用。”

“买房时见过一次马海涛，至今未再见过他。”李玉兰告诉记者，“他妻子董秀梅2006年下半年找过我，说要花7万元买回我们这个房子，我说这是我们唯一的家，多少钱都不卖。她说我们买房不合法，如果不同意把房子卖给他们，就到法院起诉。结果，他们把我告了。从起诉至今，都是董秀梅打官司。”

2006年12月，李玉兰收到马海涛的起诉状，马海涛的诉求是确认双方签订的房屋买卖协议无效，被告将房屋退还给原告，原告按有关部门评估的房屋价款退还给被告。

通过打官司，李玉兰才知道，马海涛在2000年9月就已经取得了城市居民户口。

2006年12月28日、2007年6月21日，法院两次开庭审理该案。

通州区法院审理认为：违反法律行政法规强制性规定的合同无效。李玉兰系居民，依法不得买卖农村集体组织成员的住房。马海涛要求认定买卖合同无效的诉求，理由正当，证据充分，本院予以支持。合同无效后，因该合同取得的财产，应当予以返还。

2007年7月10日，法院判决李玉兰在判决失效之日起90日内腾房给马海涛，依据评估马海涛在判决生效之日起15日内给付李玉兰补偿款93808元。

“对这份判决，我们感到不理解。”李玉兰认为这份判决完全出乎他们的意料，“首先，我们没想到合同无效并且违法，其次，没想到评估违法却被法院认可！”李玉兰说，“买房后，我们光是纯资金投入就超过了12万元！”

这份判决书，犹如一颗原子弹，立即在画家中间炸开了锅。“如果这场官司我败诉了，其他画家也将面临同样厄运，”李玉兰说，“这场官司，不再属于我个人！”

7月23日，李玉兰以一审法院认定事实不清、判决没有法律依据、审判程序违法以及评估报告显失公平、评估人员无鉴定资质等理由向北京市二中院提起了上诉。

记者拨通了董秀梅的手机，她听说是记者采访，便以“有事”为由挂断了电话。

法律之困惑：如何保障农民私权利

经过数日多方调查，记者发现，农民与艺术家房屋诉争焦点是，农民有无权利将宅基地上的私有房屋出售给城市居民？

法院一审判决村民张海涛与居民李玉兰签订的房屋买卖合同无效，依据是他们签订的合同“违反法律、行政法规强制性规定”。

宋庄艺术促进会法律顾问饶云峰对农民出售住房问题进行了专门研究：“农民出售宅基地上的私有房屋，没有违反任何禁止性规定。”

李玉兰在二中院门口接受采访

第一点，依据《宪法》规定，“国家保护公民的合法的收入、储蓄、房屋和其他合法财产的所有权”、“公民在法律面前人人平等”、“公民享有宪法和法律规定的权利”。《民法通则》第71条规定：“财产所有权是指所有权人依法对自己的财产享有占有、使用、收益和处分的权利。”

无论是居民，还是农民，都是中华人民共和国公民，公民虽然职业不同，但都依法享有宪法赋予的相同的权利。既然农民依法对其私有房屋享有所有权，那么就依法享有对其私有财产占有、使用、收益和处分的权利，而在这4项权利中，处分权又是最核心的权利，是所有权最根本的一种标志。“因此，农民有权处置其宅基地上的私有房屋，”饶云峰告诉记者，“农民出售其私产房给居民，是在行使宪法赋予的权利。”

第二点，依据《合同法》第52条规定，“有下列情形之一的，合同无效：(一)一方以欺诈、胁迫的手段订立合同，损害国家利益；(二)恶意串通，损害国家、集体或者第三人利益；(三)以合法形式掩盖非法目的；(四)损害社会公共利益；(五)违反法律、行政法规的强制性规定。”

法院一审判决依据的是“违反法律、行政法规的强制性规定”，但是，违反了哪条法律、哪条行政法规的强制性规定呢？判决书中并没有明确指出来。

第三点，《土地管理法》第62条第4款规定：“农村村民出卖、出租住房后，再申请宅基地的，不予批准。”这条规定说明，法律并没有禁止农民出卖、出租住房，不存在对农民拥有私权利的宅基地上房屋处分权的限制问题。

第四点，关于未经产权过户的农村房屋买卖关系是否有效问题，最高人民法院(1992)民他字第8号复函中明确规定：“农村房屋买卖应当具备书面契约、中人证明等要件，要求办理过户手续的地方还应依法办理该项手续。”

“只要具有书面契约和中人证明这两个要件，双方买卖房屋的意思表示真实，农民宅基地上的私有房屋的买卖合同就有效，”饶云峰说，“登记与否不是农民私有房屋买卖合同有效的要件，仅是生效房屋买卖合同履行内容之一。”

第五点，2004年2月15日京高法发(2004)391号《北京市高级人民法院关于印发农村私有房屋买卖纠纷合同效力认定及处理原则研讨会会议纪要的通知》(以下简称《通知》)提出，“与会人员多数意见认为，农村私有房屋买卖合同应当认定无效”，《通知》要求北京市各级法院“在审判中参照执行”。

张建立在法庭上将《通知》作为支持其诉求的唯一依据。“尽管下级法院大都把上级法院的文件、纪要、请示、通知精神作为案件审判依据的现象普遍存在，但这都是不合法的，不具有法律效力。”王玉彩的诉讼代理人赵利全认为，根据全国人大的授权，只有最高人民法院和最高人民检察院才有权制作并发布司法解释，北京市高院没被授权，“所以，《通知》不具任何法律效力，作为学术争论观点的会议纪要，对司法审判机构不应该产生任何约束力。”

饶云峰认为，从宪法到法律、行政法规，再到司法解释，没有一条规定禁止农民向居民出售其宅基地上的私有房屋，“所以农民可以向居民出售其私产房——对于公民来说，法不禁止即可为”！

虽然1999年5月6日国务院办公厅《关于加强土地转让管理严禁土地炒卖的通知》规定“农村的住宅不得向城市居民出售”，但饶云峰认为：“关于农民处分其私有房屋的权利，宪法和法律以及最高人民法院司法解释规定十分明确，法律上没有空白和模糊地带，不存在需要政策调整的问题。”

民法通则第6条规定：“民事活动必须遵守法律，法律没有规定的，应当遵守国家政策。”正在北京出差的黑龙江省龙江县人民法院副院长、被评为全国首届“中国法官十杰”之一的张晓红法官告诉记者：“如果政策与宪法和法律相抵触，只能依据宪法、法律和法规，而不能依据政策，相反，和宪法、法律相抵触的政策，应当废止。”

关于司法审判能否依据政策的问题，王立则还持有独立看法。他认为，对公民而言，民事活动的遵守原则，包括守法和不违反政策两个层面，还包括法律和政策没有规定时，也可以按民间习惯办。其总原则是：法无禁止就可为。而人民法院的司法工作，作为公共权力的行使，则比民事活动要严格得多，其基本原则是：法无授权不得为。在我国，就必须遵循“以事实为根据，以法律为准绳”的司法审判原则。就判定合同是否有效的问题，他说最高人民法院《关于适用合同法若干问题的解释(一)》说得很清楚：“合同法实施以后，人民法院确认合同无效，应当以全国人大及其常委会制定的法律和国务院制定的行政法规为依据，不得以地方性法规、行政规章为依据。”他据此认为：“政策就更不能作为否定合同的依据了。”

通州区法院研究室张涛2004年在一篇文章中写道：“法院研究分析后认为，农民住宅出售给城市居民的房屋买卖合同有效。如果将农村房屋的处分权予以限制，这与我国保护农民利益的国策完全背道而驰。同时，限制农民向城市居民出卖住房，也与合同法合同自由的基本精神相悖。”

以前对法律并不重视的李玉兰，当了被告以后，开始恶补法律知识，并对她这场官司有了更深层次的理解，认为如果禁止农民出售私有房屋给城市居民，等于限制了农民处分私有财产的基本权利，“宪法规定公民在法律面前人人平等，为什么城市居民出售私房对买主没有限制，而偏偏对农民出售私房的买主进行限制呢？这对农民来说公平吗？”

深层之困惑：如何破解宅基地流转难题

对于李玉兰案件的一审结果，有律师认为，法庭判决的依据可能与1999年国务院办公厅颁布的《关于加强土地转让管理严禁炒卖土地的通知》以及北京市高级人民法院的内部通知有关。

但类似李玉兰的案件，在不同地区、不同法院，有的判决合同有效，有的判决合同无效。

通州区法院研究室张涛在他的文章中认为，同案不同判的现象不但无法起到定纷止争的作用，而且损害司法部门的权威，极易造成较大的负面影响。

宋庄镇党委书记胡介报认为，这是现有农村土地管理法律、法规和政策不完善原因导致的，处理起来难度也很大。

农民住房是其私有财产，拥有所有权，但房屋依附的宅基地却归集体所有，农民对宅基地只有使用权，没有处分权。地随房走、房随地走，这种房地一致的原则，又使得农民在处分其私产房屋时，因为政策限制宅基地使用权转让而无法行使权利。

李玉兰在辛店的家里

胡介报告诉本刊记者："一权不落实，其他都没有！"胡介报指的"一权"就是指对私有财产的处分权，"如果依法处分私有财产的权利无法或者被限制行使，其他权利又从何谈起呢？"

了解中国历史的人都知道，解放初期的土地革命，使农民得到了土地包括土地的所有权和使用权；合作社和人民公社之后，土地的所有权又收归集体所有；家庭联产承包责任制又使土地归农民个体经营，所有权是集体的，虽然农民拥有土地使用权，但没有解决集体财产权的归属问题以及由此带来的收益分配权问题。

属于集体土地性质的宅基地，和耕地一样同样面临着这个问题。

"宅基地不能流转，只能闲置，这在农村是一个不争的事实，"王立则曾对农村房屋利用率进行过调查了解，"农民私房是他们最大的一笔财富，但不少地方闲置率达30%，有的地方到了50%。"王立则介绍，一个家庭，爷爷、奶奶去世了，房子可以继承而保留下来，后来子女成家结婚，又可以获得宅基地，于是宅基地和农民私家房屋只增不减，随着城市化进程的加快，不少农民进城务工、有的升学进入城市，有的富裕后在城里买房……使得农民房屋闲置现象越来越普遍，因为宅基地无法流转，房屋闲置的时间也越来越长，农村房屋大多是土木结构，三年墙皮脱落，五年墙倒，七年房子就塌了，"这不仅是严重的资源浪费，也是对农民权利的践踏！"

我国改革开放30年，但大部分农村房屋至今还没有像城里人一样拥有房屋产权证和土地使用证，"这等于农民没有进入市场交易的证件和条件，和城市居民相比，不能享受同样的公民政策和改革成果。"王立则说，"农民房屋只允许在本村农民之间交易，不能或很难实现利益最大化，于是才有私下把房子出售或出租给城市居民的现象普遍发生。”

王立则说，其实，这种现象自建国以来一直没有停止过。农民卖房后反悔了起诉艺术家索要住房，又发生在作为首都文化创意产业基地之一的“艺术家村”，而艺术家对宋庄发展举足轻重，所以才引起了众多媒体的关注。

自1994年以来，全国各地的1300多名艺术家聚集宋庄，其中包括近百名海外和港台艺术家，宋庄为此成为中国最大的艺术家集聚地。

宋庄艺术家促进会会长洪峰介绍，艺术家进入宋庄以后，可以看到的事实是，盘活了闲置房屋并使其空前升值。

艺术家进入宋庄后，以高于村民交易5至10倍的价钱购置当地闲置房屋，现在买房的艺术家近200户，定居的近1500人，小堡村村民几乎家家都改建了供艺术家租用的工作室，三四间房的工作室，租金已由3年前的3000元攀升到了1.5万元以上。

艺术家进入农村，盘活了死产，同时也提出一个课题，“宅基地上只要盖的是住房，依法就不能收回，毁房退地，是愚蠢的，也不会得到任何人的赞成”。

王立则一个观点是，“宅基地如何利用？如何把死产盘活？转让、出售、出租，才能盘活，才能进入流通，才能成为商品，才能增值，农民才能实现利益最大化！否则，就是浪费。本来我们就人多地少，宅基地又收不回来，为什么不开发利用、进入流通，使其商品化呢？作为已经是公权渡让为私权的宅基地的使用权，当它和私房不可分割时，农民出售、出租闲置私房，是发挥这一建设用地效率的最佳途径之一。”

李玉兰走出法院

链接：小产权房和农民私房

最近，小产权房话题成为人们关注的一个焦点。有一种说法，在农村建设用地上盖的房屋统称为小产权房，农民在宅基地上盖的房屋，也属于小产权的范围。

王立则对小产权房和农民私房从土地使用性质、财产权、处分权等6方面总结出两者区别：

1、土地使用权的合法性不同

小产权房土地使用权是集体性质，没有依法转让给个人；而农民私房的宅基地使用权是依法转让的，是完全合法的，包括从祖上传下来的私房，哪怕没有任何手续，其土地使用权也不能认定为非法。

2、房屋财产权不同

小产权房的产权或为集体，或为合股，到个人名下还须经商品房销售这个环节；而农民宅基地房屋，它从开始就是私房，就归农民个人所有，它的私产性质从来就没有改变过。

3、财产处分权不同

小产权房的处分权或为集体，或为股份公司，售出前，任何个人无权处分；而农民私房的处分权，始终是农民个人的私权利，就是1962年的《农村人民公社条例修订草案》，也是允许农民出售私房的，也没有侵犯农民的财产处分权。

4、历史渊源不同

小产权房问题是改革开放以来，甚至是近年以来的新问题；而农民私房问题则是建国近六十年来的老问题，是计划经济体制的产物。

5、问题性质不同

小产权问题的核心是农民有没有开发权和发展权的问题；而农民私房涉及的宅基地使用权能否随同私房一起依法转让的问题，其核心是农民的财产权是否和其他公民的财产权一样受法律保护的问题。

6、涉及法律问题不同

小产权问题，在法律上有空白，需要立法填补；而农民私房问题，从法律、法规到司法解释，对宪法“国家保护公民的合法收入、储蓄、房屋和其他合法财产的所有权”、“公民在法律面前一律平等”这些原则，都是贯彻始终的。

艺术家聚集宋庄，不仅盘活了农民闲置私有房屋，还带动了当地的经济发展。

十几年前的宋庄，以小堡村为例，村民人均年收入仅三五百元，艺术家进入小堡村以后，宋庄镇及时制定了文化造镇计划，策划并实施了两届“中国·宋庄”文化艺术节，短短几年，宋庄艺术村国际名望空前提升，而且文化搭台、经济唱戏，宋庄经济发展呈现最好态势。

饶云峰介绍，宋庄镇2006年总投资20多亿元，其中文化产业3.2亿元，高达18%，全年利税3.5亿元，创历史新高。艺术家作品公开拍卖，成交额近亿元。艺术家中心区小堡村，全村1300人，2006年总产值却高达3.5亿元，上缴利税1816万元，人均纯收入1.2万元。据不精确分析，直接由文化因素产生的收益，约占该村人年均收入的45%。

艺术家和当地农民形成了一种互利互惠的社会经济结构，艺术家群落成为一种社会和经济资源，“不仅带动了当地经济的发展，还从根本上改变了我们地区的文化现状。”饶云峰介绍，“不少农民开始理解艺术家，不少农家子弟考上了艺术院校，艺术常识在农村得到了相当大的普及。”小堡村支委委员李学来，原来仅是艺术爱好者，“如今，他的一幅画能卖到几千元了”。

但是，李玉兰一审败诉“让宋庄艺术家坐卧不宁”。王立则说：“如果二审维持原判，我们都将面临流离失所的尴尬境地。”

艺术家呼吁政策

1999年在白庙村买了一处院落的画家刘作瑞，“丈夫和孩子都在广西，之所以没搬过来，就是因为艺术家被告上法庭，现在还没有说法，我们只能两地分居，并焦急地等待着最终结果”。“虽然我现在没被告上法庭，但不敢保证以后不被告啊！”

刘作瑞平时不接触法律，“艺术家被告了，我才看宪法、合同法、物权法这些法律，因为官司涉及我们所有的艺术家。”刘作瑞认为，法院一审判决合同无效，“这是一个大问题，是一个诚信问题。”民法通则第4条规定：“民事活动应当遵循自愿、公平、等价有偿、诚实信用的原则。”个别人看到原先出售的房屋如今价格飙升，“不讲诚信，恶意毁约，诉至法庭”。诚实守信是千年古训，是民族灵魂，是道德底线。“但判决不应该也不能支持不诚信啊，鼓励不诚信，实际是对社会道德的摧残！”

“其实，诚信不仅是道德原则，也是法治原则。”王立则对记者说，“法治原则与道德原则在价值取向上如果不保持高

宋庄艺术家集资支持李玉兰

度一致，就会造成价值体系彻底崩溃，社会就会产生混乱。”如果道德沦丧，而法律又不能守住这个底线的话，“就无法建立起一个诚信体系”。

宋庄艺术家都不希望“因为个别农民的不诚信造成十几年来已经形成的一种互利互惠的社会经济结构被打破”。接受本刊记者采访的艺术家都表示，如果这个问题不能很好地解决，不排除到宋庄之外的其他地方去发展，“他们给出的条件都很优惠”。

但实际上，这些艺术家“还是不舍得离开宋庄”。为此，7月31日，栗宪庭、杨少斌、岳敏君、高惠君等315名艺术家，就维护农民私房处分权问题，联名致信最高法院、北京市高院、北京市二中院、通州区法院、北京市委、市政府、通州区委、区政府等有关方面及领导，请求尽快出台相关政策。

对于艺术家的这些做法，宋庄镇党委书记胡介报认为这是他们的权利，“目前的症结在于农村土地现有的管理法规还不完善，农村集体土地所有权被无形限制，国家应该采取相关政策，将农民闲置的集体土地进行盘活，这样交易问题也迎刃而解。”

而如何盘活闲置的集体土地，却是一个不小的难题，尽管很难，但还是有地方开始尝试如何盘活了。

今年7月1日，重庆市工商局出台新政，允许农民以土地承包经营权直接入股，支持探索农村土地流转新模式，该市九龙坡尝试农村宅基地换城市住房、其他部分区县试点“土地换社保”等新方式；四川成都通过宅基地的置换整合出新增耕地，与城市建设用地的同等面积对换；河南鹤壁推出集体建设用地使用权流转办法，正在改革探索中……

《中国经济周刊》记者在广东实地调查中发现，该省农村宅基地转让出租的地方法规尽管还未最终出台，但农民的私下交易已较为普遍，并自发形成了一个宅基地流转的地下市场。

据报道，今年广东省“两会”期间，时任广东省国土资源厅厅长的林浩坤向媒体表示，由该部门草拟的《关于加强农村宅基地管理的通知》已上报广东省政府审批。其中明确了农民合法的宅基地可上市流转，其中包括宅基地的转让、出租，并拥有收益权。

此消息一出，立即引起了各方高度关注。

此后，在全国“两会”上，温家宝总理在政府工作报告中指出，包括农村集体建设用地和宅基地，都要控制增量，盘活存量，提高土地利用效率和集约化程度。专家认为，“盘活”一词显得特别醒目。

十届全国人大五次会议审议通过、10月1日即将实施的《物权法》第153条也规定，“宅基地使用权的取得、行使和转让，适用土地管理法等法律和国家有关规定”，而此前的“禁止城镇居民在农村购置宅基地房屋”的条文被删去了。

《土地管理法》第10条第一款规定，“农村集体所有的土地依法属于村农民集体所有的，由村集体经济组织或者村民委员会经营、管理”，根据这条法律规定，“属于农民集体所有的宅基地，当户主放弃使用权后，村委会自然依法有权进行经营和管理。”王立则认为，“既然有权经营和管理，就有权转让和出租，并收取转让金或者租金。”

依照王立则这个说法，宋庄镇小堡村似乎早已进行这种尝试了。

记者在采访中发现，画家王秋人与小堡村崔大为于1995年7月18日签订购销(房屋)协议书，购得其院落一处，王秋人一次性付给崔大为“房屋及宅基地使用权款合计人民币4.75万元”。

小堡村委会不仅在《集体建设用地使用证》“变更记事”一栏加盖公章将“本证所标尺寸”的宅基地“于1995年7月18日转让给王秋人使用”，还在和崔大为1993年5月17日订立、经过公证处公证的《土地使用合同》，将土地使用者名字变更为王秋人。这份《土地使用合同》中规定，土地使用者每年向村委会交付土地使用费17.35元。王秋人认为，他支付购房款中含有宅基地使用权费，“我是有偿使用宅基地”。

一言难尽的宅基地

关于农村房屋和宅基地问题，最高人民法院1984年8月30日讨论通过的《关于贯彻执行民事政策法律若干问题的意见》第64条规定：“公民在城镇依法买卖房屋时，该房屋宅基地的使用权应随房屋所有权一起转归新房主使用。”

联合国粮食和农业组织的土地词汇手册中文版中关于宅基地的定义是："农村集体经济组织为保障农户生活需要而拨给农户建造房屋及小庭院使用的土地。用于建造住房、辅助住房(厨房、仓库、厕所)、庭院、沼气池、禽畜舍、柴草堆放等。宅基地的所有权属农村集体经济组织。农户只有使用权，不得买卖、出租和非法转让。农户对宅基地上的附着物享有所有权，有买卖和租赁的权利，不受他人侵犯。房屋出卖或出租后，宅基地的使用权随之转给受让人或承租人，但宅基地所有权始终为集体所有。出卖、出租住房后再申请宅基地的，不予批准。农户建造房屋及小庭院使用土地，不得超过省、自治区、直辖市规定的标准。"

"这个定义综合了我国宪法、法律和法规中关于宅基地的相关规定，并且是代表国家提交联合国粮农组织的，"王立则认为，"因而具有权威性，也具有法律效力。"

山东贝特律师事务所刘京林认为，这个定义中并没有禁止或者限制宅基地上房屋的转让，同时明确了土地使用权的相应转移。从国家立法本义来看，对集体土地的使用权的法律限制，仅是不得用于非农建设，而宅基地的用途却已经定性为农业建设用地。

中国宪法强化了公民私权利的保护，宅基地上的房屋是公民的合法私人财产，是权利圆满的所有权，宅基地是国家对农民给予的土地专用权利，具有物权性质，也是近乎圆满的权利。因此，虽然法律上实行"房地一体"的原则，但农村宅基地及农民住宅却"房地分离"，也就是说——农民宅基地所有权归集体所有，使用权归个人所有，在个人生活期间，集体不得干涉，不得收回。而农民处分自有住宅，集体组织是不能干涉的，同样，农民处分授权使用的宅基地使用权，集体组织一般也是不能干涉的，只是对处分住宅的农民再申请宅基地的做了限制。

"依照宪法和合同法对权利的规定，农民处分其私房以及公权渡让为私权的宅基地使用权，是合法的，不违背国家公共利益和集体利益。"王立则十分赞成刘京林律师的这个观点。

全国人大在审议《物权法》的说明中指出，宅基地使用权的转让，从全国范围全面实施，时机尚不成熟。"但我认为，在局部地区，条件应该是成熟的。"王立则讲着讲着，似乎兴奋起来，“即将实施的《物权法》，为修改当前违宪或与法律相抵触的有关政策和规定，实际上已经扫清了法律上的障碍。”

315位艺术家的联名信指出，建国近60年来，农民私房以民间约定俗成的方式转让，在全国是普遍现象，尤以北京为甚。由此引发的利益冲突、经济纠纷和社会矛盾，随着郊区的开发、房产价格的飙升，已经到了全面爆发的临界状态。宋庄文化造镇在首都郊区率先成效，相关社会矛盾也先期爆发。如不及时化解，蔓延之势在所难免。出台相关政策，确实到了刻不容缓的地步。

“北京作为首都，城乡统筹发展比其他省市更具紧迫性，社会和谐对全国更具示范性。”饶云峰告诉记者，“这些艺术家们希望在北京十大文化创意产业聚集区先予试点，尽快出台相关政策，及时化解社会和谐隐患，以确保首都新农村建设和文化创意产业健康快速发展。”

这些艺术家建议：从农民的根本利益出发，在不完全打破现行法律和政策框架的情况下，认定买卖私房不违法，房屋买卖合同有效；卖房可视为同时放弃宅基地使用权；为保证农村土地为集体所有的现行制度，在未改变宅基地作为建设用地性质的情况下，宅基地使用权由所有权人——村集体收回管理，再由村集体与确实是用于居住的艺术家签订使用合同，酌情收费。这个收益归全体村民所有，既保护了全体所有权人的利益，也杜绝了个别人的“利益驱动”。

难题正在破解

315名艺术家的联名信发出以后，引起了有关方面对农民与艺术家房屋纷争的高度重视。就在艺术家白子被诉案8月10日在宋庄法庭开庭的同一天，北京市委研究室文教处副处长何明到宋庄调研，听取了部分被诉艺术家和农民的意见。

何明到宋庄深入了解情况，“就是综合考虑艺术家、农民以及宋庄镇三方面的利益，顾全大局，近期从方法上、长远从政策上解决二者之间的争端。”

何明接受中新社记者采访时表示，宋庄已经成为首都一张城市名片，据了解，有200多位艺术家在这里买房，“如果艺术家把这个官司打输了，那可能就会像那个多米诺骨牌效应，推倒第一张，它影响后面，其他农民起来仿效。”实际上，这200多位艺术家在宋庄艺术家群体中是非常核心的一个群体，对宋庄的发展起了一个稳定的作用。“如果艺术家官司输了，它对宋庄长远的发展可能带来不利的影响。”真正出现这个局面，是宋庄农民不愿看到的，也是宋庄镇政府、艺术家不愿看到的，“我个人认为，这是土地制度创新的问题。一个可能就是通过文化创意产业综合性的政策，通过‘一篮子’政策，才能从根本上解决问题。”

通州区委宣传部一位副部长告诉记者，最高人民法院也对农民私有房屋及其宅基地问题十分重视，“已从法律的角度进行调研了，相信将来会有一个说法。”

无论是农民、艺术家，还是地方各级领导，“可以说，几乎所有的人，都非常关心高层如何破解农村集体土地流转难题，我们迫切地期待着！”饶云峰充满希望地说。

宋庄镇政府针对房讼案所做的调解工作：

1．政府解决艺术家的居住生活问题

在2006年年底村民状告艺术家后，宋庄镇镇党委、政府立刻责成宋庄艺术促进会对艺术家各种状况进行了解。根据调查的结果，宋庄艺术促进会组织工作人员对宋庄镇域内的闲置房屋进行了摸排，对镇域内各村的闲置房屋进行了登记。目的是为了让这些被告艺术家一旦因判决败诉失去房屋，导致无处居住后可以提供最为便宜的房屋给艺术家们。

对于部分被告艺术家，宋庄艺术促进会每月拿出资金用于补贴被告艺术家租房。

2．做好艺术家的思想工作并保持稳定的心态

在2006年年底第一起艺术家成为被告之日起，宋庄镇党委、政府就责成宋庄艺术促进会对艺术家们在法律上进行帮助，在思想上进行维稳工作，具体措施如下：

（1）成立专门的法律援助团队

宋庄艺术促进会在得到宋庄镇党委、政府的指示后，第

一时间派出宋庄艺术促进会的法律顾问，让其对艺术家进行全程的法律服务，对艺术家所提出的各种法律知识进行专业的解释，得到了广大艺术家认可与支持。

此外，法律援助小组成员积极与宋庄法庭、通州区法院进行积极的沟通，多次参加由法院组织的研讨会，在会上将相关的情况进行介绍并提出解决的思路，并积极的反馈给艺术家，得到了艺术家的大力支持。

（2）组织近十次的座谈会，安抚艺术家激动的情绪

由于宋庄艺术促进会的仔细工作，每次在艺术家出现激动情绪时都责专人组织座谈会。特别是在李玉兰立案后，许多艺术家想到区政府进行静坐示威，得知该情况后，宋庄艺术促进会马上召开了艺术家座谈会，介绍案件的进展情况及宋庄镇党委、政府做出的努力，让艺术家认识到大局的稳定对艺术家的重要性，通过工作，让艺术家激动有心情得到稀释进而放弃冲动的想法。

在2007年年底，李玉兰案二审判决宣判前，宋庄艺术促进会及时掌握了艺术家的相关动向，即如果判决与一中院不同，则将组织宋庄镇域内的艺术家游行示威的想法。宋庄艺术促进会及时与法庭、法院的同志进行了沟通，并召集了艺术家的代表进行了座谈，劝说艺术家先放弃游行示威的想法。艺术家在此次座谈后，在判决当日，由宋庄艺术促进会的负责人陪同艺术家骨干一同前往二中院，未组织大批艺术家前往，使得局面往好的方向发展。

通过座谈会，让艺术家们知道宋庄镇党委、政府的文化造镇的大局及发展文化创意产业的决心，由此让艺术家们安心创作。从目前的情况来看，镇域内的艺术家并没有因为房讼案出现流失，反而吸引了不少新的外地艺术家来宋庄进行生活创作。

（3）协调艺术区内各村村委会班子成员工作，取得良好效果

宋庄艺术促进会在宋庄镇党委、政府的领导下，组织召开了艺术区内的各村村委会领导的会议，特别是有艺术家成为被告的村委会，宋庄艺术促进会向各村的领导介绍了各村被告艺术家的情况。这些村的村领导回去后均做了大量的工作，说服原告放弃诉讼。通过工作，大兴庄的两位村民与艺术家达成调

解协议，顺利的以调解结案。

（4）协调艺术区的画家村召开村民代表大会，向村民介绍文化造镇及文化创意产业的重要性。

宋庄房讼案出现后，宋庄艺术促进会组织部分村的村委会，召开村民代表大会，让会民代表向各村民介绍艺术家给村民带来的好处，房屋租金上涨，由原来的3000元一年涨到现在的2万元到4万元。由于艺术家的到来，各村的就业人口得到解决并增加了收入，通过做村民代表的工作，使得广大村民了解艺术家给各村的好处及各村村委建设文化创意新村的意义。使得村民认识到艺术家对其自身的利益所在，进而不再起诉艺术家，使得艺术家们不安的心得到平抚。

宋庄房讼案件回顾：

2002年7月1日，经人介绍，李玉兰和马海涛签定了房屋买卖协议。李玉兰以4.5万元买下了马海涛父亲位于宋庄镇辛店村的小院，院里正房五间、厢房三间。

2006年10月10日，宋庄村民张建立将油画家王立则被所购农家院原房主告上法庭，要求退还其房屋，王立则成为画家村第一个因购买农民房而走上法庭的画家。继王立则之后，宋庄画家村的开创者之一方力均第二个被告了，第三个是李玉兰，还有杨大味、白子……从2006年10月王立则第一个被告开始，不到一个月，宋庄有13个画家被起诉。

2006年12月，李玉兰的原房主马海涛向北京市通州区人民法院提起民事诉讼，要求确认与李玉兰签署的《买卖房协议书》无效，要求李玉兰向其返还房屋。

2007年5月23日，李玉兰接到了评估报告：11间房屋总评估价为93808元。

2007年7月10日，通州区人民法院对李玉兰案进行一审宣判，认定“双方所签定的房屋买卖协议无效；被告将房屋退还给原告，原告按有关部门评估的房屋价款退还给被告”。

2007年7月31日，包括栗宪庭、方力钧、岳敏君、杨少斌等在内315名宋庄艺术家，联名致信刘淇、肖扬、王岐山等领导，呼吁维护农民私房处分权问题。

2007年12月17日，北京市第二中级人民法院作出终审判决，判决双方签署的房屋买卖协议无效，李玉兰向马海涛返还房屋，马海涛向李玉兰支付原房及添附部分的折价补偿为人民币93808元。同时，该判决确认了马海涛系导致该协议无效的主要责任方，应当在全面考虑被告因土地升值或拆迁补偿所获利益，以及原告因房屋现值和原买卖价格的差异造成损失两方面因素的基础上，对李玉兰的信赖利益损失进行赔偿，李玉兰如对赔偿问题不服可以另行起诉。

艺术机构 | Seven

宋庄艺术机构

凹凸空间

创立时间：2006年10月

面积：700平米

负责人：庞勇

地址：小堡嫘院凹凸空间10—12号

北京当代艺术馆

创立时间：2006年

面积：9800平米

负责人：秦风

地址:宋庄大兴庄村委后

北京艺术110画廊

创立时间：2007年4月

面积：580平米

负责人：曾文锦 杨晋南

地址：宋庄美术馆西侧

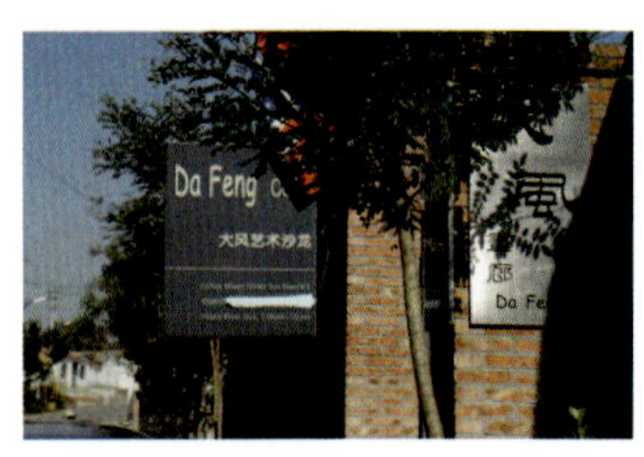

大风画廊

创立时间：2006年9月

面积：120平米

负责人：高雷

地址：小堡北街241号

当代艺术文献馆

创立时间：2007年11月

面积：150平方米

负责人：沉沙

地址：小堡北街103号

东区艺术中心

创立时间：2006年10月

面积：6000平米

负责人：崔金铎

地址：小堡环岛向北400米

韩燕画廊

创立时间：2005年7月

面积：400平米

地址：靳东升

地址：小堡南街76号

和静园美术馆

创立时间：2007年11月

面积：3185平米

负责人：李冰

地址：宋庄美术馆西北

虹湾艺术馆

创立时间：2006年12月

面积：4000平米

负责人：宗昊 马建明

地址：小堡环岛向北800米

画家村画廊

创立时间：2002年3月

面积：1500平米

负责人：严宇

地址：任庄村北一号

京威画廊

创立时间：2007年12月

面积：150平米

负责人：孙威

地址：小堡商业街

境界画廊

创立时间：2006年10月

面积：300平米

负责人：刘金秋

地址：上上美术馆内

嫘苑画廊

创立时间：2008年

面积：6000平米

负责人：崔金和

地址：嫘苑内部

龙德轩当代艺术中心

创立时间：2007年5月

面积：3500平米

负责人：徐晖

地址：小堡文化艺术中心

偶·艺术空间

创立时间：2007年2月

面积：300平米

负责人：杨大味

地址：画家大院内

前哨画廊

创立时间：2005年1月

面积：600亩

负责人：刘楠

地址：小堡大街

任戎空间

创立时间：2007年5月

面积：500平米

负责人：任戎

地址：小堡北街224号

上上国际美术馆

创立时间：2007年

面积：3万多平米

负责人：李广明

地址：宋庄小堡环岛

尚东艺术车间

创立时间：2007年8月

面积：300平米

负责人：徐君

地址：

尚上仁和画廊

创立时间：2007年5月

面积：400平米

负责人：陈卫国

地址：上上美术馆内

宋庄1号美术馆

创立时间：2005年11月

面积：4000平米

负责人：梁克刚

地址：宋庄镇六合村

宋庄A区美术馆

创立时间：2007年11月

面积：7400平米

负责人：王建军

地址：小堡警务站西100米

宋庄美术馆

创立时间：2006年10月

面积：5000平米

负责人：栗宪庭　李强

地址：宋庄小堡村

宋庄艺术工厂区

创立时间：2005年3月

面积：30000平方米

负责人：王志诚

地址：小堡街

苏蒙画廊

创立时间：2006年12月

面积：138平米

负责人：韩燕

地址：小堡南街66号

王强私人美术馆

创立时间：2006年9月

面积：200平米

负责人：王强

地址：宋庄镇任庄村

先觉画廊

创立时间：2007年11月

面积：100平米

负责人：

地址：小堡南街101号

小堡驿站

创立时间：2007年11月

面积：3000平米

负责人：周宝军

地址：小堡西街

中坝河艺术中心

创立时间：2007年11月

面积：680平米

负责人：崔光海

地址：艺术园区

ART18号

创立时间：2007年11月

面积：占地面积8.5亩，建筑面积11000平方米

负责人：黄永鸣

地址：宋庄小堡村艺术大道18号

北向阳光艺术区

创立时间：2007年4月

面积：占地面积15亩 建筑面积7000平米

负责人：崔大武

地址：宋庄美术馆南街

方舟艺术中心

创立时间：2007年11月

面积：4200平米

负责人：刘兴民

地址：宋庄小堡北街18号

国防工事艺术区

创立时间：2007年7月

面积：120亩

负责人：崔长宝

地址：

原创艺术博展中心

创立时间：2007年11月

面积:20000平米

负责人：崔春雨

地址：小堡环岛向北500米

左右艺术区

创立时间：2006年

面积：占地面积：103812.80㎡

建筑面积：125803.00㎡

负责人：谢四祥、孙承铨

"宋庄当代文化专项基金"启动仪式

宋庄当代文化专项基金

北京文化发展基金会简介

北京文化发展基金会创建于1996年12月，是北京作为国家文化中心和北京文化发展战略的需要，由中共北京市委宣传部发起联合北京有关文化机构和新闻媒体创立，中国人民银行审批和北京市民政局核准登记为公募性的基金会法人机构，是北京最有影响权威的基金会之一。

北京文化发展基金会的宗旨是：以广泛联系海内外关心首都文化发展的社会团体、企业和人士，多方筹集文化发展资金，以各种形式资助、扶持、推动北京公益文化事业的发展，推动文化创新，扶持文化新人，促进首都北京文化建设和文化交流，致力于首都北京文化事业的繁荣发展，展示国家文化中心的魅力。

北京文化发展基金会成立以来，在中共北京市委、北京市政府的关怀和市委宣传部的直接领导和社会各界的支持下，通过各种开创性的工作，多渠道募集社会资金，为促进和繁荣北京的文化建设和文化发展做出了积极的贡献。

基金会的历任领导：创会理事长 李志坚 名誉理事长：徐惟成 张健民 王大明 张百发 何鲁丽 王立行 程世峨 于均波 陈广文

常务副理事长：龙新民 蒋效愚 蔡赴朝。

宋庄当代文化专项基金简介

宋庄当代文化专项基金（以下简称专项基金）由北京市委宣传部所属的北京文化发展基金会发起设立，是专为推动和促进北京宋庄当代文化艺术发展提供资助的民间性管理基金，也是中国首个为打造文化名镇而设立的专项基金。

“宋庄当代文化专项基金”将充分发挥其募集和资助功能，汇聚社会各界力量，整合宋庄当代文化资源，促进北京宋庄当代艺术及宋庄文化创意产业集聚区的良性发展。基金通过开展、资助多种形式的文化艺术项目，不断扩大宋庄的影响力，使其成为世界知名的艺术群落。

宗旨

专项基金紧密围绕市委市政府关于大力推进文化创意产业发展的战略思想，旨在促进北京宋庄文化创意产业的良性发展，增强宋庄原创艺术与卡通产业集聚区的凝聚力和吸引力。

愿景

打造中国宋庄品牌，构筑当代“艺术之都”；发展文化创意产业，繁荣首都文化事业。

使命

传承文明　保护文化精髓

弘扬精神　促进文化创意

因势利导　实现文化造镇

任务

·募集

专项基金是为社会、企业、个人与宋庄之间搭建的一个捐赠平台，凡致力于当代文化艺术发展的海内外企事业及有志之士，均可通过专项基金对宋庄当代文化艺术进行捐助。专项基金可以与多方合作共同推动宋庄当代文化艺术的发展和繁荣。

· **资助**

专项基金对有利于宋庄文化创意产业发展，有利于宋庄当代文化艺术的建设及相关文化艺术项目进行资助。

机构设置

“宋庄当代文化专项基金”捐助热线：010-66016052

传真：010-66010228转813

网址：www.bcdf.com.cn

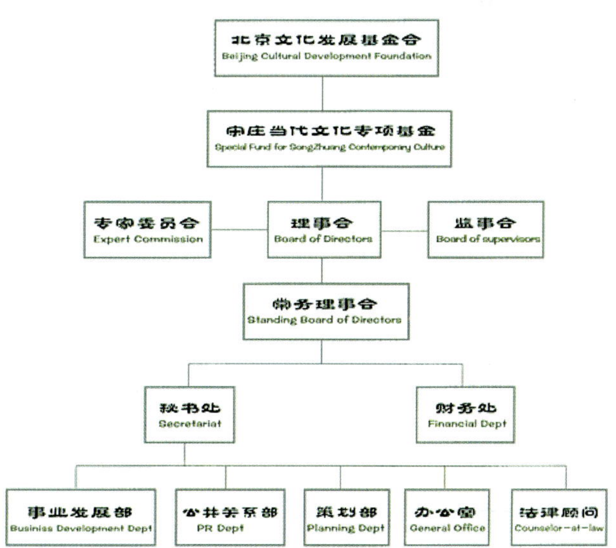

宋庄当代文化专项基金文化大使黄永玉

Brief Introduction of Beijing Cultural Development Foundation

To meet the need of Beijing's cultural strategic development and the orientation of Beijing being the nation's cultural center, Beijing Cultural Development Foundation (BCDF) was established in Dec. 1996 by CCP Beijing Municipal Commission Publicity Office, and in cooperation with related cultural organizations and media in Beijing. BCDF is a social organization approved by the People's Bank of China Beijing Branch and registered in the Beijing Administration for Social Organizations. Under the direct operation of CCP Beijing Municipal Commission Propaganda Bureau, BCDF is one of the most influential and authoritative foundations in Beijing.

Dedicated in the prosperity of Beijing's cultural enterprise, and in demonstrating Beijing's glamour as being the nation's cultural center, the foundation aims to assist, support and improve public cultural development in Beijing, to accelerate cultural creativity, assist new cultural talents, and to promote Beijing's cultural construction and communication. The foundation widely connects and encourages all social members, enterprises and social organizations from home and abroad to collect and manage funds so as to care and support cultural undertakings in Beijing.

Since the setting-up of BCDF, under the direct supervision of CCP Beijing Municipal Commission, Beijing Municipal People's Government, and CCP Beijing Municipal Commission Propaganda Bureau, as well as support from many other social sectors, BCDF has made significant contributions to the promotion and prosperity of Beijing's civilization construction and cultural development through various kinds of initiative works and channels of funds collections.

Leaders of BCDF in all pervious sessions:

Founding Director: Li Zhijian

Honorary Director: Xu Weicheng, Zhang Jianmin, Wang Daming, Zhang Baifa,

He Luli, Wang Lixing, Cheng Shi'er, Yu Junbo, Chen Guangwen

Vice Executive Manager: Long Xinmin, Jiang Xiaoyu, Cai Fuzhao

Brief Introduction of Special Fund for Song Zhuang Contemporary Culture

"Brief Introduction of Special Fund for Song Zhuang Contemporary Culture " is established and supervised by Beijing Cultural Development Foundation, which is directly under the CCP Beijing Municipal Commission Publicity Office. It is a publicly managed fund that specially targets at promoting and boosting the development of Song Zhuang contemporary culture and art through adequate financial support, and it is also the first Special Fund in China aiming at making cultural towns.

The Special Fund will be dedicated to make full use of its fund-collecting and financial supporting functions to converge the strengths from all sides of the society and integrate Song Zhuang contemporary cultural resources, thus in the end promoting the sound development of Song Zhuang contemporary art and the industry block of Song Zhuang cultural innovatives. Through carrying out and aiding various art projects, and continuously strengthening the influence of Song Zhuang, the Special Fund will make it as a world famous art community.

Tenet

Closely sticking to the strategic thoughts of Beijing Municipal on driving forward the development of art creative industries, the Special Fund aims to promote the sound development of Song Zhuang cultural innovatives industry, and strengthen the cohesion and attraction of Song Zhuang indigenous art and cartoon industry blocks.

Vision

To create a Chinese Song Zhuang brand, build the contemporary “art capital”, boost the cultural innovative industry, and prosper the capital cultural undertaking.

Mission

To pass on the civilization and protect the cultural essence

To carry forward the spirit and promote the cultural innovatives

To make the best use of the circumstances and realize the culture-made town

Tasks

Fund Collection

The Special Fund is established to serve as a donation platform for individuals, enterprises, the whole society and Song Zhuang. Any home and overseas enterprises and institutions or individuals with lofty ideas who are devoted to develop the contemporary culture may endow the Song Zhuang contemporary culture activities via the Special Fund. The fund can also promote the development and prosperity of Song Zhuang in cooperation and coordination with various participants.

Fund Granting

The Special Fund will give financial assistance to any related cultural projects in favor of the development of Song Zhuang cultural originality industry and the construction of Song Zhuang contemporary culture.

栗憲庭電影基金
LI XIANTING'S FILM FUND

栗宪庭电影基金简介

栗宪庭电影基金是由艺术批评家栗宪庭先生发起的非盈利基金，于2006年10月6日在首届北京独立电影论坛上成立。栗宪庭电影基金的宗旨是扶持中国独立电影的发展和研究，增加人们电影欣赏的选择，增进对电影艺术的理解；促进国际电影文化的交流，为有志于电影艺术的人们提供机会。

栗宪庭电影基金将完整系统的收藏和保护中国的独立电影特别是独立纪录片，资助小成本的独立电影特别是独立纪录片的创作、推广和发行，特别是，这些支持包括项目发展、制作、后期和发行的资金支持等。电影基金还在藏有中国独立电影最丰富的一个电影数据馆，该数据馆连同电影基金的收藏品一起为来自国内外的电影研究者的学术研究提供便利条件。同时，电影基金还办有严肃的专业电影刊物《电影札记》。

另外，栗宪庭电影基金还是中国两项最重要的年度独立电影节：北京独立电影论坛和中国纪录片交流周主办机构。

栗宪庭在独立电影展上

寻找独立电影在中国生存的可能性

栗宪庭谈独立电影

问：我看了您写的第二届北京独立电影论坛的序言，感觉您的关注点已经转移到了独立电影方面。现在在中国，独立电影的现状和当代艺术早期一样，非常边缘，生存艰难，甚至连自身的“合法性”也没有，没有一个正常的面向公众展出、交流的渠道，而当代艺术则已经进入了美术馆，在拍卖会上创造了奇迹，成为了主流文化现象。请问您目前的精力是否主要放在独立电影的推广和传播方面？

栗宪庭：我目前的主要精力是在宋庄艺术园区的建设和独立电影“硬件”——资料收集、放映和开放的场地建设这两方面。我把精力放在这两方面，也不是因为当代艺术成为了主流我才转向更边缘的艺术，只是我喜欢“随遇而为”。其实，当代艺术在中国并没有成为主流文化现象，充其量只是被大众知道有这么回事而已，知道这回事，还不是因为中国当代艺术在国际上被拍出很高的价钱，之后又通过中国媒体的炒作，才被大众知道的吗？更糟糕的是媒体只是制造了一个假象，这个假象是因为中国媒体离开中国当代艺术的最基本的艺术价值，把艺术家当成了财富明星去炒作之后才被制造出来的，那是一个被歪曲了的当代艺术的形象。我以为当代艺术在中国，如果真正改变了中国的审美价值体系，改变了大众审美的习惯时，它才能成为主流文化现象，实际情况是我们离这个目标还差得远呢。

问：您对目前的电影基金的活动满意吗？

栗宪庭：不满意也得满意，现在需要的是怎样生存下去，让它继续发展下去，逐渐找到一种操作模式。在中国，文化基金是个敏感的问题，我这个电影基金只能是一种个人的方式。有两个麻烦，一是钱的问题，要坚持下去，就要找钱，能够坚持多长时间，我也不知道，现在只是维持。一个是意识形态问题，去年春天的第四届中国纪录片交流周，审查非常厉害，虽然我们顶着压力，但最后有个片子我们退了一步换地方放映了。

问：您去年12月举办的第二届北京独立电影论坛呢？

栗宪庭：宋庄艺术节期间我们向宋庄艺术促进会写了申请，包括向他们申请资金，但是没有结果。我知道当地政府也为难，所以还是我们自己找的钱。时间安排上也放在了宋庄艺术节之后。等于说我们还是退了一步。完全不讲策略在中国可能行不通。我很在乎理想的现实可能性。独立如果只是你在自己屋子里的独立，就离开了我做电影基金的初衷。但是策略的临界点在什么地方，常常需要具体情形具体解决。不断地在为独立立场寻找一种现实的可能性，是我的电影基金能够存在下去最重要的关键，只有生存了，你才可以谈别的：生存说到底不是钱，还是和意识形态的关系。将来我想找一些投资做一个影院，以个人的工作室这种角度去放映独立电影，这样的话，把公共场合的放映，在名义上变成了个人工作室的艺术探讨，效果是一样的。这是不是能避免一些麻烦，还要走着瞧。

问：我觉得这是一个很好的方式。

栗宪庭：小范围的放映，而且要长期坚持，将来要变成一个不是一年两次的活动，最好做成每个星期都有，变成一个长期的有人想看就可以去看的交流空间，这样比较好。

问：对，因为在宋庄美术馆这个公共空间，您不可能不受制约的操作独立电影的交流活动。

栗宪庭：对，我得考虑一些实际问题。

问：比如说上面领导会给您提意见的，这次活动他们有审查影片吗？

第二届北京独立电影论坛海报

栗宪庭：反正我退了一步，艺术上内部探讨嘛。

问：我觉得您做的这件事是非常有建设性的，里面放的片子我大部分很喜欢，有的影片非常真实地记录了中国的现状。

栗宪庭：对，我这次也在影厅里看了不少片子，有几部很优秀的电影，关注的问题引人思考。

问：就目前来说，您的电影基金最大的困难还是钱和意识形态的问题？

栗宪庭：目前钱还不属于大问题，要具体做得稍微大一点的话就有问题了。比如坚持每年放映两次，这个钱容易找，我现在已经把我原来住的房子腾了出来做电影基金办公室和收藏馆，免费对外开放我们的收藏，以及更进一步扩展独立电影和大众之间的关系。另外比如建立网站，发行等问题，就会遇到资金和扩展渠道的问题，尤其是找到一种合法的发行渠道，现在我们正在了解相关的法律，也正和一个公司探讨合作的问题。当然，保持公益性质依然是基金会的基本立场。

问：但是现状的独立电影，它本身的合法性还没有啊？

栗宪庭：这得争取，合法性是怎么来的？是靠争取来的，不是靠上面恩赐的。当代艺术所以能发展到今天，就是靠大家不断努力争取来的。这涉计到对中国独立电影的界定问题，比如，独立电影的提法在美国是针对好莱坞电影厂的商业垄断角度提出来的，在中国，这个语境发生了变化，国家意识形态成为独立电影主要的文化针对点。所以，我们会强调作品自由和独立的文化立场，我们在乎导演的基本文化态度，在乎导演是不是以独特的视角和方式，表达对文化、生存环境以及对人生的独特感觉，而不是制造娱乐产品，这是我们选择作品的基本标准。

问：如果真做大了，被某些部门关注了，会不会反而可能把您现有的活动空间都丧失掉？

栗宪庭：走一步算一步吧。电影在中国，有一个比当代艺术还麻烦的管理体制，主管就是国家广电总局，与文化部平级吧，这就意味着政府首先不把电影这一类的东西当作艺术，而首先把它当作意识形态宣传。但是这里面也有界限不清楚的地方，比如DVD的发行就不属于广电部门的管理范围，它是属于文化部门管的，属于音像市场嘛，它和电影的院线发行不是在同一个部门审查。

问：电影的院线发行得有审批，比如广电总局的什么批文、公映许可证之类的。DVD的发行可能相对容易一些。

栗宪庭：对，所以这是一个我们可以合法争取立脚的一个渠道，或者说，DV电影的作者在艺术创作上的自由和当代艺术家是一样的了，他们的独立制作尤其是纪录片的制作，和当代艺术家的工作方式几乎是一样的。

问：我看现象工作室不是做了三部片子的发行吗？这是基金会操作的吗？

栗宪庭：那是朱日坤现象工作室做的，是他自己做的一个尝试。朱日坤是我们基金会主要执行人嘛，将来他会探讨发行的具体问题。

问：朱日坤他是拿工资的吗？

栗宪庭：没有，朱日坤现状和我一样都是义工。

问：是义工？

栗宪庭：义工。我首先给自己定位是独立电影的服务人员，慢慢把自己变得有点内行，继续学习呀。

问：我觉得电影基金的整体运作全靠您一个人去拉钱，这个其实也是很困难的呀？

栗宪庭：不，朱日坤也找钱，目前钱还没有太大的困难，因为现在钱的需要量还没有那么大。目前电影基金主要在做两个工作，一是资助一些小型的纪录电影项目：二是收藏整理中国的独立电影资料，建立一个独立电影档案馆。其实我更在乎的是一个独立电影档案馆的建立，建立之后让它具有长期收藏整理中国独立电影的功能。因为这些电影大家不去收集，以后有可能会散失或者不容易集中看到。独立电影档案馆建立之后，可以对中外电影研究者和导演们开放交流或者作学术研究，也会对普通观众做些小的放映活动。慢慢的，我们的社会肯定也会不断的开放，更宽容，更多元化，但不能等到开放之后才动手搜集，那就晚了。

问：前一两年我没想过宋庄会出现像现在这样宽松的气氛。

栗宪庭：这里面也有当地各级领导在起作用。第一届独立电影论坛的时候，有两部片子比较敏感，我让领导自己去看，让他们协助我、帮我保护这些较敏感一点片子的放映工作，就像十几年前，当地书记崔大柏保护了宋庄的艺术家一样。如果没有他们的保护，宋庄的艺术家集群就不可能存在和发展到今天。正是这个经验，让我今天才可能不回避和更多地方领导配合的态度，这种配合的前提，是增加对话和理解，要让领导了解前沿的艺术是为了建设一个新的文化，要给中国前沿艺术争取更宽松的环境，而不是放弃自己的独立立场。当然，其中不可控因素是我甚至是领导们都无法解决的，更不可能根本改变大的环境。但能宽松一点是一点。

问：这个做法是理性的，我认为有的艺术家只强调对抗，不强调对话的姿态是有问题的。

栗宪庭：对当代艺术，对独立电影的不理解乃至压制，首先是体制问题，改变整个体制不是一朝一夕的事情。而争取一些领导个人的理解，争取局部的宽松环境是有可能的。而且和平地不断争取宽容的环境，对当代文化是一种建设性的努力。在当代社会，艺术家的独立立场不是靠孤芳自赏获取的，而是靠不断地与整个审美大众的对话建立的。

问：您对电影基金的未来发展乐观吗？

栗宪庭：整体上是悲观的，对前途不抱多大希望，几十年我一直信守孔夫子的“知不可为而为之”的做事态度，尽我个人的能力，去做一些我觉得有意义的事情就是了，谋事在人，成事在天。

2007年宋庄报道 | Eight

2007媒体相关报道

（2007年1月——12月）

日期	媒体名称	报道题目	形式
1月3	南方都市报	中国首次单人无动力帆船环球航海 翟墨驾“日照”扬帆	报道
1月5	羊城晚报	中国单人无动力环球航海第一人 翟墨航海写历史	报道
1月5	日照网	翟墨1月6号将驾“日照”号进行环球航海	报道
1与6	中国新闻网	中国首次单人无动力帆船环球航海启程	报道
1与6	新民晚报	翟墨写历史 中国环球航海第一人今扬帆	专题
1月7	新华社	单人无动力环球航海启程	报道
1月7	大众日报	山东大汉翟墨环球航海日照起帆 将历时一年	报道
1月7	海南新闻网—海南日报	单人驾驶无动力帆船环球航海中国航海人翟墨昨启航	报道
1月7	大众网—齐鲁晚报	“日照”号启航 中国首次无动力帆船开始环球之旅	简讯
1月8	青岛新闻网	本网专访中国单人无动力帆船环球航海第一人	报道
1月8	山东环保网	CCTV《文明之路》“日照”号帆船环球航海启航	报道
1月9	信报	宋庄画家单人环球航海	专题
1月10	信报	通州宋庄画家驾船环球航海	简讯
1月10	北京晚报	宋庄画家单人环球去航海	报道
1月11	北京日报	宋庄画家单人孤帆环球远航	报道
1月15	信报	宋庄再添3653名村名股东	报道
1月15	财经时报	宋庄艺术家群体撤展背后	专题
1月19	北京日报	杨卫——术讨个说法	报道
1月25	信报	全力推进宋庄新农村建设	专题
1月25	建筑业导报	当代艺术社会学转向的实验文本—06’第二届中国•庄艺术节	专题
2月	世界建筑	宋庄美术馆，北京，中国	专题
3月	艺术与投资	宋庄：中国最大的原创艺术区	专题
3月1	南方周末	黄永玉的“糟心事”	专题
3月7	信报	黄永玉回馈故乡一座博物馆	专题
5月10	北京晨报	宋庄的豪华工作室	专题
5月19	北京日报	“宋庄当代文化专项基金”启动	简讯
5月30	信报	通州文化产业初露端倪	专题
6月刊	读者欣赏	宋庄概论	专题
6月5	参考消息北京参考	北京市通州文化产业基地初露端倪	报道

6月14	南方周末	周氏兄弟画梦	专题
6月29	北京日报	传统与当代艺术的对话	专题
7月17	新京报	宋庄村名状告艺术家	专题
7月18	新京报	宋庄镇书记：农民卖方合理合法	报道
7月18	新京报	宋庄农民赢了官司未必就是胜利	报道
7月20	北京青年报	宋庄画家村出了“讨房经纪人”	专题
8月4	网络收集整理	宋庄：中国最大的原创艺术	专题
8月27	信报	通州区区委书记王云峰调研基层	报道
9月20	山东卫视	第三届宋庄艺术节新闻发布会	报道
9月20	浙江卫视	第三届宋庄艺术节新闻发布会	报道
9月20	河北电视台	第三届宋庄艺术节新闻发布会	报道
9月20	北京电视台	第三届宋庄艺术节新闻发布会	报道
9月20	广东电视台	第三届宋庄艺术节新闻发布会	报道
9月20	中央电视台教育栏目	第三届宋庄艺术节新闻发布会	报道
9月20	上海卫视	三届宋庄艺术节新闻发布会	报道
9月20	通州电视台	第三届宋庄艺术节新闻发布会	报道
9月20	南方卫视	第三届宋庄艺术节新闻发布会	报道
9月20	江苏卫视	第三届宋庄艺术节新闻发布会	报道
9月20	新疆卫视	第三届宋庄艺术节新闻发布会	报道
9月20	四川卫视	第三届宋庄艺术节新闻发布会	报道
9月20	河南电视台	第三届宋庄艺术节新闻发布会	报道
9月20	湖南卫视	第三届宋庄艺术节新闻发布会	报道
9月21	京华时报	第三届宋庄艺术节11月举办	简讯
9月21	北京日报	第三届中国•宋庄文化艺术节 作品只展不售	简讯
9月21	信报	“文博会”携手宋庄艺术节	简讯
9月21	光明网	第三届中国•宋庄文化艺术节启动	报道
9月22	北京青年报	宋庄文化艺术节第三届将举办	简讯
9月24	新京报	宋庄艺术节延期无关房产纠纷	专题
9月24	宋庄ART	第三届中国•宋庄文化艺术节11月在京举办	简讯
9月24	光明日报	第三届宋庄文化艺术节将办	简讯
9月24	今日艺术网	第三届中国•宋庄文化艺术节11月在京举办	报道
9月25	中国新闻出版报	用艺术链接国内外创意产业	专题
9月25	光明日报	第三届宋庄文化艺术节将办	简讯
9月26	中华新闻报	第三届中国•宋庄文化艺术节11月在京举办	简讯
9月27	消费	宋庄 让消费变得很艺术	报道

9月29	中国改革报	第三届中国•宋庄文化艺术节11月在京举办	简讯
10月8	北京晚报	宋庄将办文化艺术节	简讯
10月8	今日信息报	第三届中国宋庄文化艺术节将得到全面提升	简讯
10月10	中国文物报	宋庄艺术节11月揭幕	简讯
10月11	青年周刊	第三届中国•宋庄文化艺术节11月在京举办	简讯
10月12	青年时讯	宋庄文化艺术节 艺术链接创意产业	专题
10月27	中国商报	宋庄文化艺术节悄然升级	报道
10月29	收藏界	宋庄的光环与尴尬	专题
10月30	昆明日报	云南艺术展亮相“宋庄艺术节	简讯
11月	投资北京	宋庄求变	专题
11月4	网络	“中外艺术家在前哨”画展8日将在宋庄开幕	报道
11月6	中国文化报	宋庄之争：如何跳出“零和”游戏	专题
11月7	中国摄影	第三届中国•宋庄文化艺术节11月8日开幕	专题
11月8	雅昌艺术网	“多重看点”第三届中国•宋庄文化艺术节	报道
11月8	艺术中国	第三届宋庄文化艺术节开幕	报道
11月9	京郊日报	宋庄艺术节主打创意	简讯
11月9	人民网	第三届宋庄文化艺术节在京隆重开幕	简讯
11月9	国际在线论坛	第三届宋庄文化艺术节11举办	专题
11月9	百艺网	第三届宋庄艺术节开幕，免费观看	简讯
11月9	四川美术网	第三届宋庄文化艺术节在京开幕	报道
11月9	光明日报	文化创意产业博览会与艺术节相映生辉	简讯
11月11	雅客艺术	中国宋庄八大美术馆勃然崛起	专题
11月11	雅客艺术	不要把艺术节变成宋庄艺术家的节日	访谈
11月11	雅客艺术	宋庄艺术节叫板国际双年展	专题
11月11	雅客艺术	王小箭谈宋庄艺术节	访谈
11月11	雅客艺术	2007，中国•宋庄横空出世	专题
11月11	雅客艺术	宋庄美术馆改变了宋庄的生活	专题
11月11	雅客艺术	关于宋庄以及宋庄美术馆与栗宪庭的谈话	访谈
11月11	北京青年报	宋庄文化艺术节 艺术链接创意产业	报道
11月11	雅客艺术	宋庄文化艺术节开幕 500艺术家集体“卖艺”	报道
11月11	中国宋庄网	2007首届中国美术批评家年会	专题
11月11	雅昌艺术网	2007首届中国美术批评家年会	报道
11月14	每日新报	宋庄艺术节看“宋庄现象”谁在恶补当代艺术	专题
11月14	市场报	北京文博会会场、第三届宋庄文化艺术节掠影	报道
11月14	中国新闻出版报	首届中国美术批评家年会在京举行	报道

11月19	四川美术网	宋庄：一个中国当代艺术的神话	专题
11月19	艺术财经	艺术链接宋庄—第三届宋庄艺术节开幕	简讯
11月21	上海证券报	宋庄：一个中国当代艺术的神话	专题
11月25	中国文化报	资本时代，艺术批评家怎样作为	专题
11月29	中国新闻出版报	宋庄 助推原创卡通艺术	报道
12月18	新京报	宋庄房产第一家终审落槌	报道
12月	第一期　升源中国	中国宋庄 中国原创艺术集结地	专题